独孤慕雨 著

澶渊之盟与宋辽军政

和天下

中国出版集团　现代出版社

图书在版编目（CIP）数据

和天下：澶渊之盟与宋辽军政 / 独孤慕雨著. -- 北京：现代出版社，2024.8
ISBN 978-7-5231-0891-8

Ⅰ.①和… Ⅱ.①独… Ⅲ.①中国历史—辽代—通俗读物 Ⅳ.①K246.109

中国国家版本馆CIP数据核字（2024）第106883号

和天下：澶渊之盟与宋辽军政

著　　者　独孤慕雨

出 版 人	乔先彪
策划编辑	姚冬霞
责任编辑	张　瑾
责任印制	贾子珍
出版发行	现代出版社
地　　址	北京市安定门外安华里504号
邮政编码	100011
电　　话	（010）64267325
传　　真	（010）64245264
网　　址	www.1980xd.com
印　　刷	北京飞帆印刷有限公司
开　　本	710mm×1000mm　1/16
印　　张	21.5
字　　数	314千字
版　　次	2024年8月第1版　2024年8月第1次印刷
书　　号	ISBN 978-7-5231-0891-8
定　　价	58.00元

版权所有，翻印必究；未经许可，不得转载

目 录

- **第一章 北宋契丹并立时期的疆域格局 / 001**
  幽云情结 / 003
  关南故地 / 010
  东征西讨 / 014
  南征北战 / 020

- **第二章 龙战在渊 / 031**
  狂飙突降 / 033
  李继迁之死 / 044
  望都之战 / 049
  风云再起 / 057
  瀛州之战 / 064
  大名鏖兵 / 073

- **第三章 契丹话事人之难弟篇 / 087**
  断腕太后 / 089
  让国皇帝 / 095
  前赴后继 / 103
  萧太后 / 110

- **第四章 大宋话事人之难兄篇 / 119**
  真宗继统 / 121
  异论相搅 / 126
  御驾亲征 / 133

- 第五章　权臣韩德让 / 143
  玉田韩家 / 145
  权臣发迹 / 149
  爱恨情仇 / 153

- 第六章　大宋排阵使李继隆 / 161
  名将风范 / 163
  重出江湖 / 168
  排兵布阵 / 172

- 第七章　二龙相见 / 185
  折冲樽俎 / 187
  干戈玉帛 / 193
  千古之谜 / 206

- 第八章　大宋都部署 / 213
  此消彼长 / 215
  庸才？将才？ / 223
  阵图 / 227

- 第九章　景德和约 / 233
  经略西北 / 235
  左右逢源 / 240
  奉正朔 / 248

- 第十章　天降祥符 / 255
  孤注一掷 / 257
  天降祥符 / 265
  泰山封禅 / 272
  西祀汾阴 / 278

- 第十一章　圣宗东征 / 283
  再燃烽烟 / 285
  损兵折将 / 289
  辽以释亡 / 296

- 第十二章　庆历（重熙）增币 / 305
  孺子成名 / 307
  富弼出使 / 313
  皆大欢喜 / 321

- 后记 / 330

第一章

北宋契丹并立时期的疆域格局

幽云情结

唐末五代时（907—960年），藩镇间混战，天下大乱，民不聊生。

趁中原板荡，无暇北顾的良机，雄才大略的耶律阿保机崛起于漠北，统一契丹各部，于916年称帝，国号契丹，建元神册，是为契丹太祖皇帝。天显元年（926），灭渤海国之后，契丹国成了雄踞北方，"东至于海，西至于流沙，北绝大漠"的强大政权。

耶律阿保机死后，次子耶律德光继位，同时也继承了耶律阿保机南下的策略。怎奈数次出兵皆损兵折将，无功而返，只得静候时机。

不久，中原政权后唐君臣内讧，意外帮助耶律德光解决了无法突破南下的问题。天显八年（933），后唐明宗李嗣源病逝，闵帝李从厚即位，只是屁股在龙椅上还没坐热，就被李从珂逼得自杀。李从珂即位，功高震主的石敬瑭避祸出镇河东。

为安其心，李从珂承诺"与卿北门，一生无议除改"。言犹在耳，旋即下旨移藩："以河东节度使、兼大同彰国振武威塞等军蕃汉马步总管、检校太师、兼中书令、驸马都尉石敬瑭为郓州节度使，进封赵国公。"

石敬瑭不奉诏，于是末帝李从珂即削夺石敬瑭官职，命数十万大军兵分五路围攻太原。眼见孤立无援，情势危急，石敬瑭派出手下前往契丹求救，厚赂德光财帛。哪知卢龙节度使赵德钧横插一脚，也派手下前往契丹，请德光立己为帝，承诺与契丹结为兄弟之国。石敬瑭无奈，只得加大筹码，派手下心腹桑维翰出使，"称臣于契丹，且请以父礼事之，约事捷之日，割卢龙一道及雁门关以北诸州与之"。

耶律德光当即应允，亲率五万大军南下解太原之围，很快又兵发洛阳，后唐灭亡。天显十一年（936），耶律德光倒也守信，依约册石敬瑭为大晋皇帝，开启了五代历史上又一王朝统治时期——后晋。

后人以为石敬瑭此举乃引狼入室，认贼作父，却不明就里。石敬瑭认耶律德光为父，并非迫不得已的权宜之举，而是事出有因，有其历史依据。

原来，唐天祐年间朱温代唐，拥护唐室的李克用与耶律阿保机于云州会盟，二人"易袍马，约为兄弟"。其子李存勖与后梁朱温争雄之时，也曾一度"以叔父事阿保机，以叔母事述律后"。后唐明宗李嗣源乃李克用养子，与耶律德光是同辈，而石敬瑭是李嗣源女婿，既为唐明宗女婿，自然继承了唐明宗的人际关系，父事耶律德光与年龄大小无关，更无心理障碍。唯有如此，石敬瑭才能以李嗣源合法继承人的身份自居，这也是为何后晋出帝石重贵，宁愿当孙子，也不肯臣服耶律德光的原因。

赵德钧出局，一来是由于开出的价码不具吸引力；二来，他与后唐明宗李嗣源乃是儿女亲家，显然是不愿自降辈分，与耶律德光父子相称。

当然，在石敬瑭做出的诸多承诺中，最令耶律德光怦然心动的当数割让幽云十六州。所谓幽云十六州，《资治通鉴》谓"卢龙一道"及"雁门关以北诸州"。具体则是幽（北京）、蓟（天津蓟州）、瀛（河北河间）、莫（河北任丘北）、涿（河北涿州）、檀（北京密云）、顺（北京顺义）、妫（河北怀来）、儒（北京延庆）、新（河北涿鹿）、武（河北宣化）、云（山西大同）、应（山西应县）、朔（山西朔州）、寰（山西朔州东）、蔚（河北蔚县）十六州。

雁门以北诸州包括新、妫、儒、武、云、应、朔、寰、蔚等九州，卢龙一道则有幽、蓟、瀛、莫、涿、檀、顺等七州。令人大跌眼镜的是，真正掌控在石敬瑭手中的似乎只有蔚州一地，石敬瑭敢于献十六州土地，完全就是慷他人之慨。

许多人以为，后唐末帝与石敬瑭内讧，耶律德光成了最大的赢家，得到了梦寐以求的幽云十六州，一举打开了南下中原的坦途。殊不知，耶律德光也是冒了巨大风险的，此番太原之行，凶险万分，极可能是有去无回。

石敬瑭请师契丹，也非病急乱投医，而是后唐军兵围太原时，正是因为耶律德光"近在云、应"。只是当时，情势并不明朗，史载"晋安未下，德钧兵尚强，范延光在其东，又恐山北诸州邀其归路"，于是耶律德光便琢磨是否顺水推舟接受赵德钧求立为帝的建议。虽说与石敬瑭有约在先，但与自己的身家性命相比，信义又算什么？

史实证明，耶律德光并没有急于介入，而是隔岸观火，坐等后唐军与石敬瑭鹬蚌相争，然后坐收渔翁之利。直到石敬瑭岌岌可危，迫不得已之下开出父事之、许以田土这样无法令他拒绝的承诺，这才下定决心，最终选择了支持石敬瑭。

与幽州相比，彼时云州地方户口稀少，最盛时亦不过两万，与幽燕之地方两千里、带甲三十万相比，实在是无足轻重。而且，云、朔等州皆位于雁门关之北。如果说雁门关乃是河东屏障，那么云、朔等州不过是雁门关屏障罢了。简而言之，与契丹云、朔等州地土相比，晋地依然有雁门关这个最后关隘可守。

幽州为中原屏障，平、营二州为幽州屏障，而平、营二州早在耶律阿保机时期便陷于契丹。此时，幽州已然是中原王朝的最后一道屏障。这也是石敬瑭被后世诟病的最主要原因。

故此，幽州与云州二者的战略地位，自然不可同日而语。

自安史之乱以来，幽州地方便在长期不奉朝廷管辖的地方势力控制之下，耶律阿保机虽雄强，却也为割据幽州的刘仁恭父子治得束手束脚。李存勖率军攻灭刘守光（刘仁恭之子）建立的大燕国，从此幽州地方属河东辖制，后唐时，赵德钧为幽州节度使，扎根幽州十一年，势力盘根错节，实力不容小觑。

即便耶律德光母子二人再不喜赵德钧，仍不得不以赵德钧养子赵延寿为幽州节度使，借此来稳定局面。

石敬瑭为一己之私，令耶律德光侥幸收得幽云十六州，使契丹一跃成为凌驾中原王朝的政权。此举彻底颠覆了过往传统华夷藩属秩序，开启了历史上北方游牧文明与农耕文明对峙的新局面，其影响中国之深远，岂能一言以蔽之？

十六州地土落入契丹掌控中后，幽州很快便建设成了契丹经略中原的根据地。很快，石敬瑭的继承者石重贵声言"称孙不称臣"，触怒了契丹人，耶律德光兴师问罪，占领了汴梁，后晋亡（947年）。志得意满之余，耶律德光改年号为"大同"，国号为"辽"，俨然以天下共主自居。

哪知道弄巧成拙，石敬瑭称子、称臣、纳土的行为，中原人民早已是深以为耻，如今越发不堪欺压凌侮，各地反抗蜂起。很快，耶律德光便感觉到了中原之地的难治，找了个耐不得暑热的借口匆匆北归，结果途中病逝。

刘知远出面收拾残局，入主汴梁，是为后汉高祖。第二年，刘知远卒，其子刘承祐继位。两年后，郭威弑承祐自立，国号周，遣使契丹，契丹亦遣使"致良马"。

立国之初，郭威欲许契丹岁币，以求取平等关系，哪知后汉宗室刘崇于太原称帝，愿称侄，"循晋室故事，求援北朝"。辽世宗大喜，遣人册刘崇为大汉神武皇帝，与周室断了往来。

同年夏，辽世宗欲率军南犯，哪知才行至新州火神淀，为乱臣察割所弑。

不久，后周太祖郭威驾崩，柴荣即位为君，是为周世宗。周世宗英明神武，志在恢复旧疆故土，欲与契丹人一较高下，却在收复了益津、瓦桥、淤口三关，夺了瀛州、莫州之后，未待扩大战果，便英年早逝。

后周显德七年（960），任殿前都点检的大将赵匡胤趁主少国疑、大臣未附的良机，发动兵变，废七岁的后周恭帝自立，国号"宋"，改元"建隆"。

赵宋肇基，赵匡胤破上党取李筠，征扬州诛李重进，很快便稳定了局面。审时度势，很快便制定出了先南后北、先易后难的国策。为此，不惜降尊纡贵，遣使通和契丹。此举一石双鸟，既去后顾之忧，又可以离间契丹与北汉的关系。天佑赵宋，彼时契丹国内政局动荡，无暇南顾，赵匡胤先取西川，次及荆、广、江南，历时十余年，渐次削平南方各割据势力。

赵匡胤对时局有着清醒之认识，明白"今之勍敌，正在契丹"，因此暂时不去攻击北汉政权，有意留了它做屏翰：命李汉超屯关南，马仁瑀守瀛州，韩令坤镇常山，贺惟忠守易州，何继筠镇棣州，以拒北虏；郭进控西山，武守琪戍晋州，李谦溥守隰州，李继勋镇昭义，以御北汉。

待有余力对付北汉，便开始了征讨，北汉主每见宋军来攻，立即派人前往契丹求援。到后来，得知宋军来攻，不待北汉来请援，契丹便主动遣大军来助。

一个强大统一的中原王朝，不符合契丹的国家利益。

宋太祖坐像 | 宋 | 佚名 | 台北故宫博物院藏

赵匡胤心下恨极，却又不得不有所顾忌，两次对北汉用兵皆无功而返。开宝九年（976），群臣请上尊号，见其中有"一统太平"字样，赵匡胤倒有自知之明，慨叹道："今汾晋未平，燕蓟未复，谓之一统可乎？"

幽云之地为契丹所有，中原屏障尽失，河北无险可守。河北若失守，则汴梁危矣。

唐末以来，契丹便是影响中原时局不可忽视的外部因素，几乎左右了五代王朝更迭。数次用兵未能撼动太原，赵匡胤越发坚定了收复幽云十六州的信心。

史载，一天，他拿了一张幽州图给宰相赵普观看，意味深长地问："卿意此图孰能为者？"

赵普仔细观看良久，叹息道："他人不能为，惟曹翰能为之。"原来，幽州地图正是大将曹翰所献，献图自然是婉转提醒赵官家幽州可取。赵匡胤心动，找来赵普问计，赵普明白他的心意，当即一针见血指出"翰可取，孰能守之"。

攻取了幽州，契丹人岂能善罢甘休，若全力来夺，北汉必然乘虚而入，腹背受敌，怕是得不偿失。

一言点醒梦中人，赵匡胤顿时省悟此事不能操之过急，只有徐徐图之，于是在汴梁建立了"封桩库"，准备存够了三五百万缗钱，去赎买幽云十六州，如果契丹不答应，就散尽财帛，招募勇士，以"二十匹绢购一契丹首"的赏格，一劳永逸解决边患。

不收复幽云故地，赵官家寝食难安。

历代王朝定都，皆凭险阻。汉唐时以长安为都，正是因关中"东有黄河，有函谷、蒲津、龙门、合河等关隘，西有大陇山及陇山关"，乃四塞之国。

中唐以来长安、洛阳相继衰落。地处运河与黄河交汇处，漕运便利的开封迅速崛起成为"舟车辐辏，人庶浩繁"的大都会。

五代政权，除后梁朱温外，后唐、后晋、后汉、后周皆选择了汴梁为都。历经四朝兴修，城池宫阙完备，赵匡胤草创之初定都汴梁，也是顺理成章之事。美中不足的是，汴梁乃四战之地，无险可守。

好在办法总比困难多，赵匡胤决定"以兵为险"。收天下精兵拱卫京师，既可防地方尾大不掉，亦可保国都安全。如此一举两得不可谓高明，只是始料未及的是，又出现了"天下甲卒数十万众，战马数十万匹，并萃京师"的局面。

如此多的军兵人吃马嚼，每日消耗惊人。

万幸的是，汴梁地处运河与黄河的交汇处，有惠民（蔡水）、金水、五丈（广济河）、汴水四渠，河网密布，漕运四通八达。江淮粮粟，陕西诸州菽粟，陈、颍、许、蔡漕米，京东十七州粟帛，皆可运抵汴梁。

随着南方割据政权渐次削平，汴梁城中禁军逐年增加，冗兵之弊日趋严重。汴梁军民衣食严重依赖漕运，内政外交处处受制于运河漕运。都汴梁，既有漕运之便利，又有无险可守被动防御之国防问题。

为长治久安计，赵匡胤不得不考虑迁都。思来想去，南临伊阙，背靠邙山，东有虎牢关，西有函谷关的洛阳易守难攻，或者可以。

赵匡胤开始经营洛阳，才稍一流露心思，胞弟赵光义便跳出来公然反对，说什么治国之道"在德不在险"。赵匡胤无奈，只得作罢。

赵光义如此讲，并非出于公义，实在是他在汴梁经营十余年，迁都洛阳，他的一切努力将成为无用功。

很快，赵匡胤暴卒，赵光义兄终弟及，留下了"烛影斧声"的千古之谜。

赵光义继位之初，与契丹维持了表面上的友好往来。待宋人出兵讨伐北汉政权，双方迅速交恶。当辽使责问兴师伐刘继元的原因时，赵光义终于怒不可遏，撂下了狠话："河东逆命，所当问罪。若北朝不援，和约如旧，不然则战！"

果然，当宋军与北汉激战正酣之时，辽再次派援军来阻挠。在平灭太原后，赵光义挟战胜之威，率军兵临幽州城下。无奈师老兵疲，被辽军打得大败，赵光义乘驴车落荒而逃，第一次北伐铩羽而归。

对此，左拾遗张齐贤上表章，认为"百战百胜不若不战而胜，若重之慎之，契丹不足吞，燕蓟不足取"，居然建议赵官家不必与契丹争尺寸之地。

自从赵宋王朝建立以来，契丹国内一直存了彼此相安无事的心思，赵光义试图打破均衡之势，令契丹君臣心下不安，他们转而开始以攻为守，不断南下侵扰。三番五次后，赵光义被撩拨得忍无可忍，于是便有了雍熙三年（986）的第二次北伐。

宋军兵分三路，最初进展还算顺利，最终却力不能支败下阵来，西路军还折了大将杨业。两次北伐损兵折将，大宋君臣冷静下来，转而加深了内患的担忧。皇位的稳固与政权的保卫成了赵光义优先考虑的，政策也一变成为"守内虚外"，针对契丹的霸凌，从主动出击变为消极防御的"来则备御，去则无追"，广筑塘泺以限契丹铁骑奔突。

淳化元年（990），太仆少卿张洎上疏言边事，认为御戎之道，守为上策，和为中策，战为下策，提议卑辞厚礼、和亲，屈万乘之尊，暂息三边之戍。

赵光义则表示"治国在乎修德，四夷当置之度外"，自己寻了个台阶下。终其一生，再未动过收复幽云十六州的心思。

关南故地

自古以来，中国就是一个多族群的国家。大致而言，可以分为逐水草而居的游牧族群与以汉人为主的农耕族群两种。在漫长的岁月长河中，游牧族群与农耕族群形成了各自独特的风俗，相互影响、相互学习吸引，彼此促进，共同成就了灿烂的华夏文明。

一直以来，我们都是站在中原王朝、宋人的一边来看待幽云十六州问题，而鲜有立足契丹人角度来对待这一问题。故此，对千年前历史的理解不免失之偏颇。

幽云十六州，从经纬度上看，属于温带大陆性气候，无论是气候还是土壤条件，都适合耕种，发展农业。为保卫家园，保障农业生产，农耕族群不惜人力物力修筑了长城，又在各险要处修筑了关隘防范游牧族群的侵袭。

我国的北方，一直活跃着匈奴、东胡、鲜卑、高车、突厥、回纥、契丹、女真、蒙古等游牧族群。北方气候干旱少雨，苦寒之地生存不易，觊觎物产富饶的幽云十六州地土也在情理之中。

只是游牧族群虽擅骑射，却不擅攻坚，始终难以突破长城及农耕族群修筑的关隘。本以为有了一夫当关、万夫莫开关隘的加持，幽云之地万无一失，哪知家贼难防，后晋太祖石敬瑭将其地当作投名状献予耶律德光。

从此，除了有拒马河可略阻隔契丹铁骑，从东到西直至太行山脉，河北已然无险可守，契丹铁骑南下如履平地。晋出帝、后汉刘知远、后周郭威虽有心恢复，无奈实力不济，唯有后周世宗柴荣夺回部分失地，这就是契丹人念兹在兹的关南之地了。

后周世宗柴荣自高平之战，大败北汉与契丹，整军讲武，思混一天下。显德六年（959），雄心勃勃的柴荣亲率大军北伐，水陆并进，相继收复瓦桥关、益津关、淤口关。柴荣立即将瓦桥关更名为雄州，益津关更名为霸州。

后周军兵不血刃，连取三关，沿边城垒惊慌失措，莫州、瀛州守将望风而降。史载"得州三、县十七、户一万八千三百六十"，不发一矢，尽得关南之地。正欲扩大战果，世宗忽染重病，群龙无首，后周只得回师。此后，中原王朝与辽即以白沟为界。

何谓关南？关是指幽、蓟、瀛、莫、涿、檀、顺等七州的"山前"地区。关南地方，相当于今河北白洋淀以东、大清河流域以南至河间地区。观图可知，瀛州（今河北河间）、莫州（河北任丘北）位于河北中部，乃"水陆冲要，饷道所经"，控扼南北津要，乃兵家必争之地，清人顾祖禹《读史方舆纪要》载："自古幽燕有事，未有不先图河间者……北不得河间，青、冀之祸未烈。南不得河间，幽、平之患未深也……唐藩镇之患，卢龙一道称最强者，以瀛、莫难下，易、定、镇、冀不得不避其锋也。"

契丹军南下欲饮马黄河，关南之地乃必经之所；中原王朝欲收复幽州，也绕不开关南之地。

后周军兵水陆并进，赵匡胤率水军突至瓦桥关，契丹守将姚内斌猝不及防，只得举城降。后周军兵兵不血刃夺了瓦桥关、益津关，隔断了瀛、莫二州与幽州城间的联系，瀛、莫二州无险可守，只得出降。

瀛、莫二州为幽云十六州最南端，地处平原无险可守，契丹人为此，特意在二州南部建立三关以为屏障。北宋建立后，继承了后周政治遗产，自然也就继承了后周边境，据有关南之地，与契丹以白沟为界。

关南以北地方多山地与丘陵，为游牧族群南下的要冲，若据有关南之地，契丹铁骑可长驱直入；宋人据有关南之地，很快建立起了雄州—霸州—信安（淤口关）防御线，有了这一缓冲地区，可有效阻滞契丹铁骑的奔突驰骋，在交锋中不至于太过被动。

关南之地，具有非比寻常的战略意义，对宋如此，对辽何尝不是如此。宋人日思夜想恢复幽云十六州，契丹人则念兹在兹关南之地。

关南，必然是宋辽双方关注的焦点。

与耶律阿保机多掳掠人口财帛不同，耶律德光更注重土地的巩固、制度的开创。他在到达人生巅峰时匆匆谢幕，死后更是成为后人的谈资和讥讽的对象，自然无人正视其对华夏历史所做的贡献。

史实却是，在耶律德光的努力之下，在其统治时期，开疆拓土，建立了"东至于海（日本海），西至金山（阿尔泰山），暨于流沙，北至胪朐河（克鲁伦河，发源于今蒙古国肯特山东麓），南至白沟"，幅员万里的庞大政权。

最值得称道的是，耶律德光改革吏治，引进汉法，推行因俗而治。幽云十六州是封建政治、经济远较游牧族群政权发达的地区，它的并入，增加了农业在契丹经济中的比重，推动了契丹社会的转型。自得幽云地土后，契丹国内"牛羊蕃息，国无天灾"，短短数年间，国力蒸蒸日上。

耶律阿保机在位之时，不时南下掳掠汉地人口，加上大量为躲避战乱的汉地人民拥入，契丹国中汉人人口增长迅速。幽云十六州的并入，突然增加的农耕区域及爆炸性增长的汉人人口，令耶律阿保机始料未及，负责处理汉人事务的"汉儿司"措手不及，根本无力处理庞杂的政务。

如何解决南北之间日益尖锐的文化、政治、经济等方面的冲突，维护政权稳定，成了考验耶律德光政治智慧的重大问题。

耶律德光苦思对策，最终决定顺应时势，因地制宜，及时调整政策，"既得燕、代十有六州，乃用唐制，复设南面三省六部、台、院、寺、监、诸卫、东宫之官"。史称"官分南北，以国制治契丹，以汉制待汉人"。

学习中原政权的先进制度，是明智之举。

从此，调整后的契丹政权，形成了北面官和南面官两套平行的行政管理机构，南面官负责治汉人及渤海人的租赋诸事，北面官则负责部族、宫帐之事。

紧接着，为适应不断扩张趋势，对新获得的土地实施有效统治，耶律德光又推行分京而治的政策，"诏以皇都为上京，府曰临潢。升幽州为南京，南京为东京（今辽宁辽阳）"。

三京，是以畜牧业为主的契丹各部族和以农业经济为主的汉人及渤海人的聚居中心，此举有利于不同地区的经济繁荣和政治稳定。

推行汉法，势必要团结汉人知识分子。耶律德光广泛吸收，重用汉人官员，让他们加入政权。为加强统治，吸引汉人知识分子为王朝效力，于幽云地区开科取士。此举，有力推动了契丹王朝的封建化进程。

耶律德光在位期间，积极劝农桑，农业发展迅猛。受此影响，一些部族也在适合耕种的地方开荒，尝试农业生产，向半农半牧的生活方式转化。不久，农业生产逐步上升至与畜牧业生产并重的地位。农牧业相互发展补充，形成强大的物质基础，更加夯实了契丹王朝对幽云地区的统治。

经数世辽帝努力经营，幽云地方成了"大辽根本之地"。而为确保幽云地方安全，重夺为后周世宗占领的关南之地便提上了日程。

耶律德光逝后，国内政局动荡，关南地方防御力量薄弱，给了后周世宗可乘之机。关南地区，无疑是契丹王朝楔入中原的桥头堡，进可攻、退可守，怎能轻言放弃？

只是辽穆宗嗜酒如命，难以对关南之地的重要性有清醒之认识，得知宋军欲城益津关，只是象征性地派人前往阻挠，并未派遣大军前往争夺。

赵匡胤代周后，制定了先易后难、先南后北的国策，与契丹保持了表面友好，一时彼此相安无事。

宋太宗两次北伐，契丹人终于有了危机感，着手重启对河北地方的经略。于是耶律休哥建议"可乘宋弱，略地至河为界"，建议与宋以黄河为界，一劳永逸解决中原王朝对幽州的威胁。

时值五月炎夏，若遇大雨，契丹军兵马匹根本无法在泥泞的道路驰骋；将士所用弓虽坚劲不易折，弓弦却是用牛马皮革等物制成，潮湿之后便会松弛，影响射程与准度。因此，辽帝并未采纳耶律休哥的建议，而是下令暂时收兵，待秋后再谋大举南下。

此后，在经历了君子馆等战役后，辽廷夺回易州，暂解边境之危。只是连年征战，民力凋敝，农业经济遭受极大破坏，加上辽军人困马乏，粮草难以为继，一时无力大举，耶律休哥"以燕民疲弊，省赋役，恤孤寡，戒戍兵无犯宋境"。

契丹军事力量虽强于中原王朝，却有一个明显短板——军械装备对气候环境有要求。出于这个缘故，其南下战略便形成了特殊之规则，对时间必须有选择。其南下必须避开多雨炎热的季节，只能在深秋至初春时节用兵。宋王朝归纳总结之后，从此对游牧族群战争便有了个新名词——防秋！

中原手无寸铁的百姓遇到游牧族群南下侵扰，只好东躲西藏，日子久了，也发现了这一规律，自我调侃为——彼则寒来暑往，我乃秋收冬藏。

东征西讨

宋辽弭兵十余年，彼此相安无事。并非双方幡然悔悟，忘记国恨家仇，而是各自皆有不得已的苦衷。

就在耶律阿保机开疆拓土，埋首创建契丹政权时，东部与之毗邻的高丽王建相继灭掉新罗、后百济，统一了朝鲜半岛，建立了高丽国，史称王氏高丽。

在《辽史·属国表》中，契丹人将高丽作为其属国载入史册。史书中轻飘飘几行字，现实中却是刀光剑影、血雨腥风。历史上，属国与属部叛服不常，并非一成不变。归附者可以叛离，叛离者亦可征服，契丹与高丽的关系便是如此。在经历了无数或战或和的摩擦后，直至辽圣宗统和年间，高丽才确立了对辽的藩属关系。

耶律阿保机建国，高丽曾遣使来贺，此后十年间双方保持了友好往来。耶律阿保机灭渤海国，渤海世子大光显与部分渤海遗民逃入朝鲜半岛。一直以来，高丽自认与渤海同种，此刻大光显情急来投，自然不好拒绝。且渤海亡国，高丽从此便与契丹接壤。高丽国主王建对契丹的扩张深以为忧，于是与之断交。

《绣像杨家将全传》中的萧太后

高丽虽号称君子之国，却不遵"君子绝交，不出恶声"的古训，心下鄙视游牧族群，国主王建竟然公然称契丹乃"禽兽之国"。

非但如此，做出的事情委实令人难堪：耶律德光好心好意派人送来五十峰骆驼，王建命人将三十名来使悉数流放于荒岛，五十峰骆驼则拴在万夫桥下任其自生自灭，眼睁睁看着它们饿毙。

若非辽太宗为对付孙皇帝石重贵忙得焦头烂额，高丽危矣。

其实，契丹人南进，王建也没闲着，他也在拼命北拓。即位三个月后，即派遣堂弟率人修复荒废许久的高句丽王都平壤。此后，以平壤为基地不断向西北扩张，筑城无数，终其一朝，高丽势力已然扩张至大同江中下游至清川江下游左岸一带。此后的继任者，也秉承其志，趁辽无暇东顾之机，越过清川江一面向西北扩张，一面稳扎稳打修筑城寨。

为防契丹南下，高丽不断与中原王朝建交或结盟以求制衡契丹。先是行后唐年号，后又琢磨着与后晋结盟，希望与石敬瑭共同出兵攻打契丹。好在石敬瑭没有昏了头，没有答应王建的请求。

此后的高丽惠宗、定宗、光宗皆沿袭王建的外交政策，后晋亡，则行后汉年号；后汉亡，则行后周年号；后周亡，则行大宋年号。

统和元年（983），辽圣宗即位为君，因年幼，其母萧绰摄政，彼时母寡子弱，宋太宗决定出兵报一箭之仇，事前遣使高丽，晓之以理，动之以利，要求他们出兵夹击契丹。

消息传出，萧太后立即针锋相对，一面遣使请和，试探高丽国的反应，一面让小皇帝摆出御驾亲征的样子，亲阅东京留守耶律末只所部兵马。高丽国王闻讯，心胆俱裂，顿时人间清醒，放弃了联宋攻辽的念头，转而置身事外，袖手旁观。

宋太宗赵光义两次北伐，损兵折将，铩羽而返，转而由战略进攻变为消极守御。趁此良机，辽廷决定对高丽用兵，解决后顾之忧。辽圣宗此番师出有名，高丽国侵夺疆界、越海事宋，必须还以颜色。

当初契丹与高丽建交，不过是各取所需。契丹为经略中原，担心高丽与中原政权结盟坏自己好事；高丽则是为逐步蚕食鸭绿江以东地区，避免与强邻辽国为敌的权宜之计。契丹与高丽，乃平等关系之友邦。而高丽仰慕中原文化，视宋为正宗，与宋交往主动降为藩属地位，而视契丹为异族。

高丽越海与宋暗送秋波，已然令契丹无法忍受，如今被公然打脸，怎能不怒？

辽统和十年（992），东京留守萧逊宁（萧恒德）率大军征讨高丽。在契丹与高丽间受夹板气的女真人，习惯了充当细作，急忙向高丽报称契丹入侵。此前，契丹人屡次打着征高丽的旗号扫荡东北渤海、女真诸部。因此，这一情报并未引起高丽重视，误以为仍如从前一样是针对女真人的扫荡，根本未做防备。

萧逊宁大军在女真人的帮助之下，进展神速，狂飙突进。正准备御驾亲征的高丽国主听到辽军攻破蓬山郡，捉了高丽先锋军使、给事中尹庶颜，顿时慌了手脚，又退回了国都。

好在契丹人并未打算灭高丽，而是在占得上风后，停止军事行动，静候高丽人登门求和。高丽国主得讯，立即召集大臣商议对策，会上有大臣建议立即返回开京（今开城），派人率领高丽军兵向契丹投降；有的臣子为息事宁人，提议割让西京（唐时安东都护府治所平壤）以北土地给契丹，双方以黄州到岊岭（黄海北道慈悲岭）一线为界。

高丽国王思忖再三，决定将西京以北土地与契丹，上表请降。所以如此，应是高丽国王也觉理亏，此番契丹出兵确实是师出有名。

原来，唐高宗时，应新罗要求，苏定方率十三万唐军跨海征百济，此后又灭了高句丽。眼见唐势力在半岛逐渐壮大，新罗转而与唐交恶，从此与唐保持了名义上的君臣关系，形成了以浿江（大同江）为界的既成事实。开元二十三年（735），唐玄宗无奈放弃了高句丽及乐浪、带方二郡的旧土及百济的旧土，赐浿江以南与新罗。

此后二百年间，新罗始终未越过大同江，直到王建创立高丽国。如今，高丽势力不但越过了大同江，而且往北推进到了清川江一带，不断蚕食鸭绿江女真聚居区。

高丽派得力大臣前来请降，一番折冲樽俎，鼓动如簧之舌，颠倒黑白，将清川江指为高句丽旧地,对高丽扩张说成"还我界旧地"。萧逊宁"有胆略而善谋",却对百济、新罗、高句丽的历史始末傻傻分不清楚,被有备而来的高丽使臣一番强词夺理,搞得头昏脑涨,只知一味责备高丽"越海事宋",含糊其词地指出"若割地以献而修朝聘,可无事矣"。

一番外交斡旋后,辽廷以女真国鸭绿江以东数百里地的代价,换得高丽称臣贡奉,暂时解决了东疆问题。高丽则华丽转身,由越海事宋,变为奉辽正朔,不但非法侵占获得辽廷认可,而且兵不血刃获得了鸭绿江以东数百里土地。

统和十二年(994)四月,高丽遣使如辽告行正朔,乞还俘口,六月即派大臣元郁泛海入宋请师,报复辽廷。宋太宗哪敢引火烧身,当即以"北鄙甫宁,不可轻动干戈,为国生事"为由,婉拒了高丽来使。这一事件,史称"元郁请师"。

考虑到边疆安全与政权利益,高丽选择与契丹修好,转而断了对宋朝贡。不过,仍不时遣使泛海至中原,与宋王朝保持友好往来。

辽廷威逼利诱,不过是为了切断高丽与宋之间的往来,将高丽纳为藩属国罢了。辽廷最终得偿所愿,始料未及的是,高丽在新得的土地上积极经营,筑造了郭州(今朝鲜郭山)、龟州(今朝鲜龟城)、兴化(今朝鲜义州西南)、铁州(今朝鲜铁山)、通州(今朝鲜宣川西北东林)、龙州(今朝鲜龙川)等六处城寨,即高丽史中所称江东六城。

令人大跌眼镜的是,高丽人所做的这一切,还是在契丹人催促下完成的。为了早日收到高丽"贡礼",辽廷一再催促高丽筑城修贡路,高丽国主自是乐见其成了。

高丽连筑六城,对辽东京道东部边防构成了严重威胁,也为双方再次交恶留下了隐患。

后世对辽廷对高丽政策的颠顶感到不解,只是未能设身处地思考罢了。契丹是版图辽阔的庞大政权,在东征西讨、开疆拓土的时候,征服了周边无数部族。除了心腹之患的宋需要小心应付,东面的高丽、漠北的阻卜,也令其头痛不已。若一味与高丽纠缠,便是旷日持久的战争,得不偿失。

漠北,也是契丹疆域的重要组成部分。分布于契丹北部的游牧部族有无数,其中以游牧于呼伦贝尔地区的乌古部与游牧于克鲁伦河流域的敌烈部为主。经耶律阿保机、耶律德光父子两代人锲而不舍的努力,乌古部与敌烈部失去抗衡能力,归附于契丹。从此,契丹势力沿草原一路向西,展开对阻卜各部的征讨。

阻卜是契丹对居住于漠北的室韦、鞑靼各部族的统称。这些互不统属的部族,在契丹铁骑面前,难以组织起像样的抵抗,迫于压力纷纷归附。

乌古、敌烈、阻卜诸部族皆擅骑射,彪悍异常,不甘心从此受契丹奴役压迫,因此叛服无常。

宋太宗第一次北伐大败而归,正在心下郁郁之际,高昌国王派遣使臣不远万里来朝贡。来而不往非礼也,赵光义盛情款待之余,决定派出心腹王延德率领的豪华使团出使高昌。

宋使一行于太平兴国六年(981)五月出发,"自夏州渡河,经沙碛,历伊州,望北庭万五千里",长途跋涉,历尽千辛万苦,"越明年,四月乃至高昌国"。高昌国师子王喜出望外,以高规格热情地接待了宋使一行。

无巧不成书的是,契丹亦遣使到了高昌,得知消息后故意挑拨离间,道:"闻汉遣使入鞑靼而道出王境,诱王窥边,宜早送至鞑靼,无使久留。"见高昌国王不听,复怂恿道:"汉使来觇视封域,将有异图,王当察之。"

哪知道高昌国王有意将契丹使臣的话透露给了宋使,王延德当即找到师子王,义正词严地道:"犬戎素不顺中国,今乃反间,我欲杀之!"

高昌乃西域大国,是宋廷与契丹竭力争取拉拢的对象。师子王不愿开罪宋廷,更不敢得罪契丹,竭力劝阻,王延德这才作罢。宋太宗自取幽州铩羽而回后心有不甘,时刻准备报一箭之仇。派王延德出使高昌,一者礼尚往来,二则联系高昌、回鹘、鞑靼、党项各部,削弱孤立契丹势力。

王延德不辱使命,一路西行,途经各部族,"皆以诏书赐诸番君长袭衣、金带、缯帛"。王延德往高昌用时一年,回汴梁却用了三年时间,途中展开大国外交,联合西域各部族才是其出使的真正目的。

史料记载,与宋使一同来到汴梁的,还有西州高昌、鞑靼诸部的谢恩使团。

宋太宗此举很快收得奇效,就在宋使离开后不久,西北阻卜各部族复叛。

契丹不得不调兵遣将，派出大将耶律速撒率军平叛。耶律速撒击败阻卜诸部后，与西南路招讨使一起讨伐党项诸部。哪知他前脚才走，阻卜诸部族旋即又叛，耶律速撒不得已只好再度北上镇压。统和二年（984）冬，阻卜部族酋长挞剌干被杀，阻卜各部这才消停下来。

统和十四年（996），敌烈部反叛，皇太妃率西北路乌古等部平叛，大将萧挞凛督其军事。次年，萧挞凛征讨阻卜大获全胜。能征善战的大将萧挞凛在讨伐阻卜的战场上脱颖而出，因功加封侍中、兰陵王。不久被召回，封为南京统军使。

辽军在东、西北连年征战，疲于奔命，暂时无力南下，与宋维持了表面的和平。而宋太宗不敢应允高丽请师，也是无奈之举，他与契丹一样也有边疆不稳定的问题亟须解决。

双方小心翼翼地维持表面的和平，心下却都明白彼此间必有一战，各自暗中积蓄力量，静待时机，争夺中原话事人之位。

南征北战

赵匡胤多年苦心经营，北宋的疆域"东南际海，西尽巴僰，北极三关，东西六千四百八十五里，南北万一千六百二十里"。与汉、唐相比，北宋王朝的疆域小了许多。格局一小，于是乎"南夷敢杀天子之命吏，西夷敢有崛强之王，北夷敢有抗礼之帝者"。周边群狼环伺，地缘环境远较汉、唐险恶。

乾德三年（965），宋军平蜀后，王全斌欲乘势取云南。赵匡胤以天宝之祸起于南诏为由，大手一挥"玉斧"，划大渡河为界。于是后世便有了"宋挥玉斧，元跨革囊"之说。虽说唐亡于南诏之说太过牵强，但宋放弃对南诏、交趾的统一却是史实。宋军势如破竹，灭了后蜀，交趾急匆匆派使臣来贡方物，以示臣服。

公元前214年，秦军平南越，深入岭南。略取陆梁地，设桂林、南海、象郡（今越南北中部和广西西南部）三郡。从此，交趾处于中原封建王朝治下，属于地方郡县。汉武帝平南越，以其地为交趾部，分九郡，置刺史进行统治。

九郡之中，交趾、九真、日南三郡位于今越南境内。汉献帝时，改交趾刺史部为交州，辖今我国广东、广西及越南北部和中部。

开宝三年（970），宋太祖命大将潘美平灭南汉割据政权。这样，宋朝便与丁氏的越南壤地相接。盘踞越南的丁部领及其子丁琏害怕宋军乘胜进而荡平交州，便主动遣使贡方物，上表内附。此时赵匡胤并未完成南方的统一，且北面有北汉、契丹，索性便接受请求，封丁琏为检校太师，充静海军节度使、安南都护。开宝八年（975），丁氏再次入贡，赵匡胤龙颜大悦，承认了他的藩属地位，封为交趾郡王。

宋太宗太平兴国年间，交趾境内发生内乱，丁氏父子被弑，大权旁落于大将黎恒之手。为维护宗主权，赵光义水陆并进发兵征讨，哪知配合不力，被黎恒各个击破。其后宋军不服水土，只得狼狈退军。

黎恒虽侥幸战胜，却知与宋廷实力相去甚远，于是遣使进贡，上表谢罪。其后历时十年不断遣使入贡，卑词厚礼，以求册封。宋太宗既要思忖恢复幽云十六州故土，又要对付新近崛起的党项李继迁部，实在分身乏术，见黎恒如此恭顺，顺水推舟废黜丁氏，封其为交趾郡王。

赵光义的姑息纵容，并没有换来西南边境的和平稳定，反而助长了黎恒政权的跋扈不臣，史称其"虽奉朝贡，实包祸心，常以蚕食王土为事"。交趾不断在边境制造事端，令宋廷焦头烂额，疲于应付。

如果说交趾黎恒只是个麻烦制造者，那么西北夏州的李继迁则是宋廷的噩梦了。

出于地理和气候的缘故，一直以来桀骜尚武为游牧族群的特色，这种特色在党项人身上尤为明显。

令宋廷头痛不已的西夏李氏正是党项人，属于西羌，世代游牧于青藏高原东北部黄河河曲一带。游牧本逐水草而居，生活状态极不稳定，而在青藏高原残酷的自然环境下，党项人繁衍生息，其艰辛可想而知。但也因此养成了刚毅不屈、百折不挠的民族精神。

《新唐书》记载，党项人"每姓别自为部落，一姓之中复分部落，大者万余骑，小者数千骑"，较大的部落有细封、费听、往利、颇超、野律、房当、米擒、拓跋诸部，而其中又以拓跋部为最强。与吐蕃、吐谷浑、回鹘、阻卜、契丹等部族为邻，又不时与拓边的隋唐刀兵相见，党项人太难了。

为了生存，成年党项男子每日所做的便是劫掠，顺手牵羊的事情要做，虎口夺食的事情也要勇于尝试。其民谚云："宁射苍鹰不射兔，宁捕猛虎不捕狐。与明相伴不会暗，与强相伴不会弱……心怯也别趴下，箭尽也别投降。肠淌缠裹腰际，腹穿用草塞填……"生死看淡，不服就干。

党项人"遇有战斗，则同恶相济，传箭相率，其从如流"。一遇到事情全民皆兵，"举国皆来"，正因有重然诺、敢战斗的不屈精神，散居西北的党项羌人非但未湮灭于唐末乱世，反而发展壮大起来。

安史之乱后，藩镇势力崛起，李唐一蹶不振，各少数族群贵族趁此机会纷纷扩张势力，以至短短数年间，"西北数十州相继沦没，自凤翔以西，邠州以北，皆为左衽矣"。

广德元年（763），吐蕃帅吐谷浑、党项、氐、羌二十万众攻入长安，焚掠而还。第二年，叛臣仆固怀恩又率吐蕃、回纥等部进攻唐泾、汾等州，郭子仪奉命讨伐。

考虑到散处于盐（今陕西定边）、庆等州的党项各部族，离吐蕃势力范围太近，一来容易受到攻扰，二来恐其为吐蕃裹胁作乱，酿成更大边患，郭子仪上表请将静边州都督、夏州、乐容等六府党项各部族迁往银州（今陕西榆林东南，辖境当今陕西米脂、佳县地）以北，夏州（治今陕西靖边统万城，辖境大约今内蒙古杭锦旗、乌审旗及陕西大里河以北的红柳河流域）以东地区安置。

其中拓跋部居于银、夏之间，号"平夏"部。其后因为出兵助唐廷平黄巢之乱有功，其首领拓跋思恭受赐国姓，封为太子太傅、夏国公，仍统夏、绥、银节度使，逐渐发展成了割据一方的地方豪强势力。

黄巢虽然最终被镇压，唐王朝却已然是千疮百孔、风光不再，地方藩镇争雄，战乱频仍，平夏部一面继续与唐政府往来，一面保存实力，扩大地盘，唐末时期，已经发展成为拥有银、夏、绥、盐、宥、延六州，雄镇西北的割据势力。

到了五代时期，平夏部党项李氏虽与中原王朝保持若即若离的臣属关系，实则已然摆脱了羁縻，成为一个独立存在的政权。郭威代汉之初，平夏部李彝殷相助后汉政权，与后周为敌，待见柴荣英明神武，高平一战击败了后汉与契丹联兵，大有一统天下之势，立即转而向后周称臣。

赵宋肇基，南有吴越、南唐、荆南、南汉、后蜀等割据政权，北有雄踞幽云的契丹政权，只好沿袭从前中原王朝拉拢周边游牧族群，"任土豪为众所服者，以其州邑就封之"的传统，加封李彝兴（为避赵匡胤父亲名讳，李彝殷更名为李彝兴）为太尉，许以世袭。与此同时，宋廷开放榷场、互市，榷场贸易为西北党项人民提供了不可或缺的生活物资。由于措施得当，此举大得党项贵族及下层民众欢心。

终宋太祖之世，西北一片祥和安宁。

如果就如此发展下去，自然是皆大欢喜。只是赵匡胤壮年之时暴卒，其弟赵光义柩前即位，是为宋太宗，为后世留下了千古之谜"烛影斧声"。上位之初，立足未稳的赵光义不得不施以恩惠，"定难军节度使李克睿（李克睿即李光睿，为避宋太宗讳而更名）加检校太尉"。

赵光义胸有大志，在平灭北汉后，乘胜北伐幽州，结果踢在了铁板上，损兵折将，大败而归。逃回汴梁的赵官家痛定思痛，将复仇的眼睛盯在了夏州上，转而决定捡把软柿子。

只是如此行径须师出有名，很快他就等来了机会。李继筠（李克睿之子）死后，以夏州衙内指挥使李继捧为定难军留后。

兄终弟及在游牧族群中本是寻常事，却引发了一场骚乱，史称"失礼诸父，宗族多不协"。太平兴国六年（981）秋，银州刺史李克远（李继捧叔父）与其弟李克顺率军来袭夏州，哪知一头撞进了李继捧部署的埋伏圈，兄弟二人"入伏败死"。

李继捧的另一个叔父——绥州刺史李克文，也想取而代之，"表言继捧不当承袭，请遣使与偕至夏州"。李克文此举正中赵官家下怀，太宗当即遣中使特诏"命克文权知夏州，以西京作坊使尹宪同知州事，召继捧来京"。

内外交困之下，李继捧无奈举家入朝。赵光义授李继捧彰武军节度使的虚衔，"并遣使护缌麻以上亲赴阙"。将李继捧五服之内的亲属悉数迁入汴梁，成为事实上的人质，赵光义这一招拔起萝卜带起泥不可谓不高明。

李继捧入京，本是欲借重宋廷力量，稳固其统治，结果落得竹篮打水一场空。计无可施之下，他索性将错就错，将祖宗数十年苦心经营的四州八县地土献与宋廷。

不费一兵一卒收得数州地土，赵光义喜出望外，旋即召权知夏州的李克文入朝，授之以刺史的虚衔。为保万无一失，又让心腹"尹宪以重兵屯境上"，对不服约束的民众予以残酷镇压。

李继捧的愚蠢行径与宋廷的颟顸引得党项人强烈不满，惹怒了李继捧的族弟李继迁。

史载，李继迁生于建隆四年（963），生而有齿，卓尔不凡。此说虽明显有溢美之嫌，不过李继迁有胆有识却是事实。眼见事情紧急，他借口安葬乳母，与其死党逃出了城，遁入地斤泽。

地斤泽乃党项各部族聚居地，李氏数代人耕耘多年，恩威素著，很快便有许多人前来归附。最初，李继迁知实力不济，暂时无法公然与宋廷为敌，于是主动上表称"祖功未泯，人心思旧，蕃部乐推，不望通显皇朝，但假余生戎落"，希望做个不侵不叛之臣。

赵光义老奸巨猾，阅人无数，岂能上了年轻人的当。他一面虚与委蛇，一面命地方官以财、帛、刍、粟招引流民归业，待李继迁部众人心思动荡、众叛亲离之际，命尹宪与夏、绥、银、麟等州都巡检使曹光实潜兵偷袭。

李继迁毫无防备，被宋军杀了个措手不及，手下被斩首五百余级，其母、妻皆为宋军俘获，李继迁仅以身免。

李继迁痛定思痛，打出了"兴复故土"的旗号，身边很快便又聚集了千余名追随者。只是这些人未经战阵，装备又差，根本不是宋军的对手，几次被打得落花流水、溃不成军。

好在李继迁是个狠角色，虽屡战屡败，却愈挫愈勇，派手下往曹光实处请降。曹光实只道李继迁穷途末路，不疑有他，亲率数百骑前往葭芦川受降，结果中伏死于非命。李继迁趁乱袭夺银州，自称都知蕃落使、权知定难军留后。

赵官家自不能容忍他势力坐大，立即派李继隆、王侁率军杀至，银州得而复失。

数年努力，到头来却是两手空空，李继迁意识到仅凭一己之力，实力悬殊，"兴复故土"怕是痴人说梦。统和四年（986），李继迁终于下定决心投靠契丹，抗衡宋廷。

辽廷喜出望外，当即授李继迁定难军节度使及银、夏、绥、宥等州观察处置等使，并特进检校太师，都督夏州诸军事。是年，辽大败二次北伐的宋军。十二月时，李继迁亲自率五百骑款塞，提议"愿婚大国，永作藩辅"。

此前，为谋求发展，李继迁已然娶了数位大的部族之女，如今向辽廷求婚不过故技重施而已。哪知辽廷痛快地答应了请婚，且出手极为豪爽——两年后，以王子帐节度使耶律襄之女封义成公主下嫁李继迁，陪嫁是马三千匹。

有了契丹为强援，李继迁胆气更增，执意与宋廷为敌。虽仍然是败多胜少，却也逐渐总结出一套对付宋军的方法。不与宋军大部队正面交锋，而是不停小股袭扰，能战则战、不能战则走，战术机动灵活多变。宋军吃尽了苦头，却又奈何不得对手。李继迁有勇有谋，往往亲临一线，身先士卒，冲锋陷阵，因此深孚众望。

李继迁一面与宋军缠斗，发展壮大，一面不忘充分利用联姻关系，与辽廷亲近，贡使、贺正旦使、告捷使相继于道。辽廷亦不吝赏赐，慷慨地封他为夏国王。

李继迁拉大旗作虎皮，名正言顺号令西北诸蕃，逐渐发展壮大起来，已然可以调集数万人马与宋军正面抗衡。

宋廷则针锋相对，祭出"以夷制夷"之策，先是赐李继捧国姓，后赐名赵保忠，授以夏州刺史，充定难军节度使之职。赵官家如此做，不过是欲令李继捧、李继迁兄弟相残而已。哪知事与愿违，李继捧自从入宋就懊恼不已，怎能不懂得兔死狗烹的道理，重返西北，自然不会尽心竭力。二李虽然各怀鬼胎，偶有兵戎相见、大打出手的时候，却也不时沆瀣一气，暗中互通消息、勾结往来。

到任才数月，李继捧上表称李继迁愿悔过归款。宋太宗信以为真，急忙下诏授李继迁洛苑使、银州刺史之职。事实上李继迁非但未降，反而引诱拉拢李继捧阴附契丹，仍然不忘四处攻城略地。

二李首鼠两端播乱西北，令赵官家震怒不已，命李继隆率军进讨。李继隆率铁骑长途奔袭，突然出现在夏州城下，李继捧措手不及，只得束手就擒。李继迁见势不妙，逃之夭夭。

赵官家一顿国骂，又不好杀他，只得饶他不死，转而封其为宥罪侯，将夏州城（赫连勃勃大王所筑统万城，定难军节度使治所）隳毁了事。

李继迁见宋军势大，为保存实力，立即遣牙校献良马求和，派心腹往汴梁奉表请罪，赵官家见他低头，也就放了他一马。待宋军一退，李继迁即故态复萌。

面对李继迁的叛服无常，晓达蕃情的陕西转运使郑文宝提议经济制裁，"禁乌白池盐以困继迁"。李继迁控制的区域，是"无耕农之业、无蚕织之轼"的沙漠地带。他数年如一日地与宋为敌，自然无法从事生产，唯一的补给是盐，"但以贩青白盐为命尔"。如果"绝其青盐，不入汉界"，无异于釜底抽薪，李继迁只好乖乖就范。

西北地区虽贫瘠，却也因其独特的自然环境与地质构造，盛产食盐。这其中尤以乌、白二池所产青白盐质优价廉，最负盛名。唐天宝年间，李白被赐金放还，离开长安时途经东郊，遇到一位高士，作诗一首《题东溪公幽居》：

杜陵贤人清且廉，东溪卜筑岁将淹。
宅近青山同谢朓，门垂碧柳似陶潜。
好鸟迎春歌后院，飞花送酒舞前檐。
客到但知留一醉，盘中只有水晶盐。

诗中的水晶盐，便是产自西北的大粒青白盐。李白诗中有史，证明彼时物美价廉的青白盐已经是长安附近普通人家的日常用品。

李继迁控制范围多不毛之地，物产贫乏，青白盐基本上就是他的财政支柱，一旦被禁，根本无须宋廷用兵，李继迁就会自行崩溃。此计大妙，宋太宗一听，当即允从。淳化四年（993），宋廷开始在陕西境内禁青白盐。

哪知世事难料，首先绷不住劲的居然是宋廷自己。原来，赵光义君臣将事情想得太过简单，真的禁了青白盐后，却发现事与愿违，搬起石头砸了自己的脚。

原来，最初，解盐与青白盐在陕西地方皆有销售。因为有竞争，解盐品质不得不精，价格也算公道，只是价格、质量不占优势，所占份额自然有限。自禁青白盐后，解盐没有了对手，很快便有人提议取盐利以资国用。紧接着便是纲吏侵盗，盐中杂以泥沙硝石。到后来愈演愈烈，解盐最便宜的也须一斤三十四钱。而之前，最好的青白盐不过一斤一十五文。

从前，陕西边民用粮食换党项人的青白盐，双方各取所需，公平交易。如今须用钱来购买解盐，很是不便。加上解盐质次价高，陕西边民自然是叫苦不迭，民怨沸腾了。

大量内附的党项熟户失去经济来源，迫不得已转而与李继迁合作。很快，先是境上私盐泛滥，继而"相率寇边"。解盐运不进来，关陇人民"无盐以食，境上骚然"。不久，事态越发严重，"边人四十二族万余骑寇环州，屠小康堡"。

宋廷禁盐，意外导致李继迁实力大增。

本以为是不战而屈人之兵的高明手段，哪知非但没有增加政府收入，反而损人不利己，彻底激化了与党项各部族的矛盾。

无奈之下，赵官家只得弛禁。次年，即至道元年（995），有言官弹劾，郑文宝轻变禁法、生事边境，坐贬湖外。

而羽翼渐丰的李继迁在占据了乌、白池产盐地后，开始垄断青白盐产销，以此控制其他党项部族。此后，又开始不断蚕食河西蕃部，至道二年（996）更是率众围攻灵州。为加强防御，赵光义命洛苑使白守荣等护送刍、粟四十万石往灵州。哪知行至中途，被李继迁截和。

灵州（今宁夏回族自治区灵武县西南）即古雍州，位于兴庆府（今银川），北宋时为西北军事重镇，其西南为吐蕃之地，也是联络回鹘部落的必经之地。灵州自然环境优越，可耕可牧，是周边各部族极力争夺的地区。史称"地方千里，表里山河，水深土厚，草木茂盛，真牧放耕战之地"。

天宝年间安史之乱，唐玄宗幸蜀，走到马嵬坡发生兵变，其子李享却率亲信赴灵州，自立为帝，尊其父为太上皇，依托灵州为大本营，最终收复长安，得以中兴唐室。

灵州与银夏相邻，党项、吐蕃等族帐星罗棋布，却不相统属，容易为李继迁各个击破。其觊觎灵州，正是欲"西取秦界之群蕃，北掠回鹘之健马"，然后南下再与宋廷一争雄长。

灵州孤悬河套之南，粮饷运输不便，此番又被李继迁劫了粮饷，军心浮动。

屋漏偏逢连夜雨，宋军才丢了粮饷不久，统兵有方、驻守灵州多年的侯延广病故。一时灵州城防虚弱，李继迁索性率众万余围了灵州。李继迁此番不过是试探宋廷反应，哪知赵光义似被踩了尾巴的猫，跳将起来。

此前，李继迁打出的旗号是恢复故土，所袭扰的地方也不过是原平夏部所居之地。如今意欲染指河西，控制河西走廊，立即引起赵官家警觉，即调集十万大军，兵分五路进讨。

宋军虽数倍于敌，却相互联络不畅，物资补给困难，加上时值暑夏，深入不毛之地致士卒困乏，战斗力低下。李继迁则利用宋军步调不一的弱点，灵活机动，不与宋军正面交锋，最终拖得对手疲惫不堪，无功而返。

剿抚并用十年，结果李继迁势力发展壮大，赵光义心下恨极，召集文武重臣商议对策，很快朝堂之上便有了灵州弃守之争。双方各执一词，据理力争，一时莫衷一是。

赵光义一时难以决断，脑中灵光一闪，转而动起了联蕃制夷的心思。李继迁虽然搭上了契丹这根粗天线，但契丹给予他的多是口惠而实不至的封赐。李继迁连年率众征战，手下部众无法从事生产，衣食便只好靠抢掠来维持。有时候抢不到宋廷的，只得就近向灵州附近的吐蕃、回鹘等部族伸手了，如此一来，与吐蕃各部、回鹘之间关系紧张。赵光义立即联络西凉吐蕃潘罗支、回鹘夜罗隔部、吐蕃唃厮啰部三族，商议共同剿灭李继迁。

赵光义在秣马厉兵准备再次征讨李继迁，灭此朝食之际，却病重不治，先自龙游大海了。其子赵恒柩前即位，是为宋真宗。

宋太宗立像轴 | 宋 | 佚名 | 台北故宫博物院藏

第二章

龙战在渊

狂飙突降

宋契关系，并没有因为新君登基而有所改善。

真宗皇帝在其即位诏书中诏告天下："先朝庶政，尽有成规，务在遵行，不敢失坠。"明白无误地告诉臣民，自己是守成之君，非开创者，一切政策皆是墨守成规。

晚年的宋太宗，早已不复当年之勇，再无雄心壮志。西北糜烂，西夏问题愈演愈烈，朝野上下和议思想如荒草般蔓延，他不得不开始检讨过往。赵光义不思考不要紧，一思考从此大宋王朝就从最初"卧榻之侧岂容他人鼾睡"的太祖宝训，一变成了事为之防、曲为之制的太宗宝训——"守内虚外"。

真宗登基，战战兢兢，如履薄冰，非常注重西陲战事，先是派心腹杨允恭、窦神宝往西北，绘制山川地理形势图，亲自按图筹划屯兵运饷之事，又往宰相府，咨询有关灵武之事，命人往灵武经度屯田。新君的纸上谈兵收得奇效，李继迁许久没有什么动作。

西北才布置就绪，北面胡马便又要倾国南下了。真宗慌了手脚，急忙招来枢密使曹彬问计。

曹彬虽是宋初名将，无奈此刻已是风烛残年的老人，宽慰新君道："太祖英武定天下，犹委孙全兴经营和好。陛下初登基时，承矩尝发书道意，臣料北鄙终复成和好。"

曹彬一语道破天机，原来英明神武的太祖皇帝赵匡胤，也曾派出手下孙全兴主动与契丹联络交好。而真宗皇帝即位之初，亦有样学样曾命何承矩"发书道意"，对契丹暗送秋波。

原来，真宗皇帝从谏如流，即位之初，便有大臣提醒他对契丹关系乃是外交中的重中之重，"两国既和，则无北顾之忧，可以专力西鄙"。

真宗深以为然，与知雄州何承矩一道诏书，云："朕嗣守鸿业，惟怀永固，思与华夷共臻富寿。而契丹自太祖在位之日，先帝继统之初，和好往来，礼币不绝。其后克复汾、晋，疆臣贪地，为国生事，信好不通。今者圣考上仙，

曹彬 像

礼当讣告。汝任居边要，洞晓诗书，凡有事机，必能详究，轻重之际，务在得中。"

新君登基，没有收到契丹国的祝贺，真宗索性主动出击，命何承矩去展开外交斡旋。何承矩不敢怠慢，秉承官家意志，"贻书契丹，论以怀来之旨"。

赵官家剃头挑子一头热，换来的结果却是"未得其要"。也不能怪史家含糊其词，宋真宗一不遣使，二不用国书，相信契丹收到何承矩书信也是一头雾水。新君如此，不过是担心被拒，失了大宋颜面，却没有考虑这样做既显冒失，也缺乏诚意。且人臣无外交，契丹人不予理会也是情理之事。

倒是李继迁的表现出乎新君意料，在收到噩耗后，不远千里派人入贡称藩。真宗皇帝正在谅闇（居丧）期间，大概是哀毁过度，昏了头封其为定难军节度使，将夏、绥、银、宥、静五州一股脑儿地赐予李继迁。

哪知世事无常，按倒葫芦瓢又起，才暂时稳住了西北李继迁，咸平二年（999）又从雄州传来了契丹即将南下的消息。

有理由怀疑，李继迁与契丹之间达成了某种秘而不宣的默契。

此前，十年间宋辽边境上相安无事，辽廷一直在埋头发展：选拔贤才，括田括户，整顿部族，积极劝农，内政蒸蒸日上；对外东伐高丽，西征阻卜，肃清周边隐患。没有了后顾之忧，解决与宋的领土争端自然再次提上日程。

契丹人兴师无可厚非，毕竟赵光义当年也如此做过。之前，辽廷怂恿党项李继迁与宋为敌，坐山观虎斗，疏于防范，待缓过神来时，惊讶地发现，宋人已悄无声息地在境上修筑了一座水长城。

是可忍，孰不可忍，必须打上门去讨个说法。

南下，首当其冲便是雄州了。

雄州，便是周世宗所收三关之一瓦桥关，大致范围即今河北雄县。"河北，朝廷根本，而雄州又河北咽喉"，雄州处于华北平原中部，既是宋收复燕云和守卫国土的前沿阵地，又是契丹南下的主要通道。因雄州地理位置太过重要，宋廷对知州的人选十分在意，多是起用能文能武、有勇有谋之人担任。

何承矩乃宋初名将何继筠之子，熟知边事，宋太宗倒也知人善任，两番任命其知雄州。真宗即位，何承矩依然留任知雄州。这个位子太过重要，一时半刻还真没有什么人可以替代。

端拱元年（988），时任知沧州的何承矩上疏建言献策，提议："若于顺安寨西开易河蒲口，引水东注至海，东西三百馀里，南北五七十里，滋其陂泽，可以筑堤贮水为屯田，以助要害，免蕃骑奔轶。俟期岁间，塘注关南诸泊淀水，播作稻田……收水田以实边，设险固以防塞，春夏课农，秋冬备冦……如此则虏弱我强，彼劳我逸。"

正为如何防御契丹焦头烂额的宋太宗，一听有此一举多得之妙计，岂有不从之理？于是任命何承矩为制置河北缘边屯田使，开始于境上大兴农田水利建设。考虑到契丹方面会进行破坏，为避免激化边界矛盾，宋廷所做的一切都是打着兴屯田的旗号进行的。何承矩发清州镇兵万八千人给其役。凡雄、莫、霸州，平戎、破虏、顺安军，兴堰六百里，置斗门，引淀水灌溉。数年时间，取得了初步成果。

雄州境内有两条大河横贯而过，一为滹沱河，一为大清河，河流分支广泛，以致雄州南部几乎被水淀覆盖。因此，利用地势平坦、多水的地形，兴修塘泊，可以有效地抵御辽朝骑兵，"自雄州东际于海，多积水，契丹患之，未尝敢由此路入"。

得知宋大兴屯田，辽廷也曾派小股军兵来侵扰，意在影响工程进度。如此一来，更加坚定了宋廷修筑塘埭的信心。

宋廷一面加快农田水利建设，一面调动人马保护施工正常进行，于境上干得热火朝天，自然引起了辽廷的忧虑。

农耕族群虽不善骑射，但手中一旦握有锄头，就浑身有使不完的力气，疏沟浚渠施工速度飞快。

眼见塘埭由东向西大规模发展，已然影响到南下的可行性与机动性，辽廷也开始慌了手脚。听之任之，则宋军的粮饷可以通过漕运直抵雄州，走水路自然不必担心被契丹打劫，如果运的是军兵，则更增强举北伐的便利性与突发性。唯有趁东西尚未连成一线，塘埭工程未臻完善之际，先发制人。

知辽军将大举南下，真宗皇帝也不敢大意，立即调兵遣将准备迎敌：以马步军都虞候忠武节度使傅潜为镇、定、高阳关行营都部署，西上閤门富州刺史张昭允为都铃辖，洛苑使、入内副都知秦翰为排阵都监，莱州防御使田绍赋为押先锋，崇仪使石普为同押先锋，单州防御使杨琼为策先锋。

八月，真宗皇帝于汴梁城东东武村大阅兵，做战前动员。旭日初升，真宗皇帝一身戎装乘御马出东华门（皇宫东门），宗室、近臣、尚书、侍郎、御史中丞、给事中、谏议大夫、上将军、节度使、观察使、防御使、团练使、刺史等俱是一身簇新戎服，众星捧月般环卫在官家左右。到了行营，二十万马步军左右相向，步骑交属，整整齐齐列阵等待检阅。

真宗皇帝登上检阅台，殿前都指挥使王超手执五方旗指挥军兵受阅。举赤色旗则马军进，举青色旗则步军进，举白色旗则三军山呼万岁。

真宗皇帝见步伍严整，训练有素，不禁龙颜大悦，对阅兵总指挥王超赞许不已。此后，王超屡屡被委以重任，应与此次阅兵有很大关系。

果然，是年九月，契丹军南犯。枢密都承旨、真宗皇帝随龙旧臣王继英建议官家北巡。真宗本不欲以身试险，无奈知忻州柳开等边臣接连上表章催促，只得硬起头皮诏取来月（十二月）暂幸河北。

在做了充足的先期准备工作，命宰相李沆任东京留守后，真宗终于上路。甲寅，车驾从汴梁出发；乙卯，居于长垣县；丙辰，居于韦城县（河南滑县东南）；丁巳，居于卫南县（滑县东六十里）；戊午，驻跸澶州；癸亥，到达德清军；甲子，到达大名府。

从汴梁到大名府，用时计十一天。

说是北巡，其实不过是驻跸大名府督战罢了。后人嘲笑宋太宗丢下残兵败将乘驴车独自跑路，殊不知他的儿子连与契丹人放对的胆量也无了。

到了大名府，真宗皇帝重新调整了作战部署：殿前都指挥使王超、权都虞候张进为先锋大阵往来都提点；马步军都军头呼延赞、马军都头王潜为先锋；滨州防御使王荣、马步军副都军头王继忠为策先锋。与此同时，取出早已准备好的阵图付与王超几人，"命识其部分"。

真宗皇帝儿时游戏就喜欢排兵布阵，长大后也能骑射畋猎，如今可以在臣属面前展现果敢与自信，岂能错失良机？

名义上，傅潜是负责对契丹作战的大将，实则真正的统帅是宋真宗。

李沆 像

傅潜是冀州人，河北名将。曾从宋太宗征太原，为流矢所中，又从征幽州与契丹人作战，武力值爆表，居然生擒五百人（如果是真的，大概是前无古人，后乏来者了）。一战成名，至岐沟关之役时已然官拜"幽州道行营前军马步军都指挥使"。此后虽有起伏，但真宗继位时，宋初名将凋零，蜀中无大将，廖化作先锋，只好矬子里拔将军，赶鸭子上架了。傅潜率八万马步军屯扎于定州北（今河北定州），手下军兵"自置铁挝、铁锤，争欲奋击"，一时士气如虹。

曾有大臣上疏指出傅潜无谋略，担心他误了国家大事，哪知枢密使王显与傅潜俱是太宗藩邸旧人，二人私交甚笃，遂将表章暗中扣留不报。

此番契丹南下，统军的乃是景宗次子、圣宗皇帝胞弟梁王耶律隆庆。哪知才出兵，与耶律休哥齐名的大将耶律斜轸在军中暴卒，萧太后闻讯亲为临哀。

出师未捷先折一员上将，契丹并没有因此而停止南下。很快，辽军大至，猛攻遂州，守将率众拼命抵挡，辽军长围一日，军兵死伤无数，不得不狼狈退去，转而猛攻狼山镇石砦（"砦"同"寨"）。缘边城堡求援的书信雪片般飞至定州，傅潜畏战，闭门自守，手下"将校请战者，辄丑言詈之"。

很快狼山诸寨失守，辽兵攻威房军（遂城，今河北省保定市徐水区西二十里）不胜后转而攻宁边军，深入祁（今河北安国）、赵（河北赵县）间，大纵抄掠。游骑出没于邢（河北邢台）、洺（河北永年）间，使"生民罹灾，田园一空，老幼四散"。河北百姓扶老携幼争入城郭躲避，镇、定间道路不通一月有余。

辽军南攻保州，石普与知州杨嗣出城迎战，到了夜晚尚未回转，田绍斌唯恐二人有失，急忙率众往援，一场混战，大败辽军于廉良河。

此役杀辽兵二千余人，斩首五百余级，总算为宋廷挽回些许颜面。

眼见河北情势危急，真宗派人至定州督促，命立即会合诸路兵马合击辽军，无奈傅潜只是不听。定州行营都部署、老将范廷召不停聒噪，傅潜终于分八千骑兵、两千步卒与范廷召，令其往高阳关迎击辽军，同时约定自己随后率大军会合。傅潜却爽约，未派一兵一卒赴援。

范廷召冀州枣强人，此时已然年逾古稀，军功资历远在傅潜之上，奈何其与赵廷美谋逆案有瓜葛，曾被贬谪，因此军中地位反不及傅潜。

等不到援军，范廷召只好就近求援于高阳关都部署康保裔。康保裔立即点齐人马前往会合，行至瀛州西南裴村时，范廷召后部与辽军激战方酣，天色已暮，因担心误伤友军，双方约定明日一早会合，共同对付辽军。计划赶不上变化，天黑之后，范廷召率领所部人马摆脱辽军，退出了战场。

诡异的是，对此，康保裔居然毫不知情。

天亮后，康保裔所部陷入了辽军重围。左右见势不妙，纷纷劝康保裔走为上计，哪知康保裔决心以死报国，大义凛然地道："临难毋苟免，此吾效死之日矣。"直战至兵尽矢穷，终为契丹所虏（一说降辽）。

宋军张凝、李重贵闻讯赶来救援，却落入辽军伏击圈，腹背受敌。幸有张凝之子张昭远少年英雄，"单骑疾呼，突入阵中"，一番苦战，辽兵力竭方才退去。

辽军获兵仗器甲无数，饱掠而归，哪知乐极生悲，行至莫州东三十里处时，闯入了宋军布下的伏击圈。范廷召与张凝分据要害，切断了辽军归路。

辽兵怖惧，耶律隆庆顾左右道："谁敢出战？"众将面面相觑，萧柳越众而出主动请缨道："若得骏马，则愿为之先！"耶律隆庆命人拉来甲马，萧柳打马如飞，冲向宋军大阵。宋军箭如雨下，萧柳为流矢所中，仍死战不退。一番血战，辽军死伤无数，终于溃围而走。宋军大获全胜，史称"斩首万余级，夺其所掠老幼数万口"。

辽人为泄愤，北返前军经遂城，将出拒之宋军杀戮殆尽，转而攻城甚急。遂州城小无备，城中军民危惧，恰逢大将杨延朗（民间所云杨六郎）在城中，见招拆招，坚守城池。会大寒，杨延朗命城中军民将水灌城上。第二天，辽军来攻城，遂城已然变成了"坚滑不可上"的冰城。辽军无奈，这才悻悻退师。

辽军此番南下，达到了破坏目的，却并没有什么斩获，而宋在此役中所暴露出的问题之严重，触目惊心。辽军退后，傅潜被议死罪，真宗皇恩浩荡，贷其死罪，改为抄家流放房州了事。副师张昭允是真宗皇后姊夫，亦不免受牵连遭流放。而包庇傅潜的枢密使王显不过是被罢职，外放为定州帅罢了。

许多人对真宗宽大处理傅潜感到不解，认为他姑息纵容。实则是各自角度不同，不知换位思考所致。

宋太宗时，傅潜所任的侍卫亲军马步军都虞候一职，便在殿前都指挥使之上，乃是当时禁军的最高军职。淳化元年（990），赵光义在《傅潜进开国公加恩制》中给予这个从龙功臣极高的评价，说他"爰自握兵禁籞，建节藩垣。弥彰尽瘁之诚，愈得临戎之要"，实是不可多得的将才；此前的冬至南郊大礼中，宋真宗发布了《傅潜开府仪同三司加恩制》，同样不吝赞美之词，称其"宛符卫、霍之贤，并合孙、吴之法"，推许傅潜乃"朕之上将"，且群臣众口一词咸为得人。言犹在耳，便杀了以谢天下，岂不是自打耳光？

其实，有必要替傅潜这个庸将叫回屈。傅潜的罪名"迁延不战，畏懦偷安"，安在有宋一代大多数武将头上似乎都不会差。

史载，宋太宗朝时，傅潜上表章问官家"防秋在近，亦未知兵将所在"，结果宋太宗交与他两个卷轴，一脸笃定地道："兵数尽在其中，候贼如此，即开某卷，如彼，即开某卷。"

战争迫在眉睫，主将居然不知兵将所在，而赵官家已然成竹在胸，预知了战场诸般变化？这让诸葛亮辈情何以堪？有宋一代，统治者推崇"将从中御"，其流弊之远，危害之烈，须专章讨论，此处不再展开。

咸平三年（1000）的元日，真宗皇帝是在大名府度过的。

好不容易熬到契丹退军，又对人事重新做了一番部署，真宗皇帝决定回銮。正月甲午（十六）车驾离开大名府，取原道回京。一行人才上路，便收到西南益州有人造反的惊天消息。

原来，宋廷安排戍守成都的军兵仅有两指挥（一指挥为五百人），匪夷所思的是，这区区千人也是"素不阅习"。兵马钤辖符昭寿长袖善舞，见这些军兵终日无所事事，渐生怠惰之心，索性派他们往各地回易，假公济私大发其财。去年时候，符昭寿命手下带了大批蜀锦往南诏易马，结果在途中为獠人劫夺，不但血本无归，而且死伤无数。符昭寿恨极，转而拼命盘剥克扣神卫营的军兵。搞得戍守成都府的宋军贫寒如乞儿，苦不堪言。

符昭寿无甚名气，其父符彦卿却是五代宋初天下知名的人物，更有三个女儿，其中两姐妹先后嫁与后周世宗柴荣、宋太宗赵光义为后。严格来讲，符昭寿是国舅爷，长真宗皇帝一辈，真正的皇亲国戚。

神卫军戍卫成都，其中一部为都虞候董福统领，另一部为王均充指挥使。董福所部为知益州牛冕所属，牛冕乃太宗朝进士，体恤戍卒，以勤政闻。元日，按惯例牛冕、符昭寿与成都府一众官员于东郊大阅军兵。蜀人本就喜欢游观，加上正月无事便去围观。一见董福部衣鲜甲亮，军容严整，王均部则衣衫褴褛，形同乞丐，无不指指戳戳、掩口而笑。

领了赏钱的董福部喝酒赌钱，喧闹不休，而王均与手下只能喝西北风。戍卒心下愤懑，怂恿了王均去向符昭寿讨赏钱，符昭寿一毛不拔，偏偏还不知死活，欲将王均军法处置借此立威。与王均袍泽情深的赵延顺等数人怒从心起，于营中四下煽动，趁符昭寿送中使回京之机，鼓噪起来，趁乱杀了符昭寿及其手下爪牙。

杀红了眼的戍卒一不做二不休，索性占据了甲仗库，取了兵器（宋制，为防万一，戍卒与军械分置），拥立王均为主，转而杀奔州廨。正在端坐受官吏贺正的牛冕闻变，慌了手脚，与转运使张适率领几名亲信缒城而走，逃往汉州（今四川广汉）。骁猛、威武军闻变，干脆加入了王均所部，合而为乱。

开弓没有回头箭，王均见事已至此，索性僭号大蜀，改元"化顺"，率众攻城略地，在益州造起反来。

自从太宗朝王小波、李顺茶农造反以来，西南地方民生好不容易有所恢复，此番又激起兵变，真宗不免忧心如焚，立即命雷有终为"泸州观察使、知益州、兼提举川峡两路军马招安巡检捉贼转运公事"，率领人马前往川西平叛。

历经九个多月，王均之乱终得平息。痛定思痛，酿成今日大祸，实是遇人不淑。为迅速修复战争疮痍，须得贤治定，真宗选派了"救火队长"、狠人张咏知益州。

张咏果然不负所托，到任上后即免赋税、兴土木、劝文教，上疏建议真宗皇帝将川、峡二路分为益州、梓州、利州、夔州四路，利、夔二路屯军，无险可守的益州提供财赋……如此相互掣肘，生民无颠沛流离之苦，官家再无西顾之忧。

张咏 像

真宗皇帝大喜，当即允从。短短数年后，川西即大治。

这便是四川名称的来历了。

李继迁之死

宋廷费了九牛二虎之力平灭了王均之乱，喘息略定，西北边李继迁又开始蠢蠢欲动了。原来，这年十一月，契丹遣使封李继迁之子李德明为朔方节度使。

契丹人如此做并非一时心血来潮，实是包藏祸心——彼时宋人掌控下的灵州（今宁夏回族自治区吴忠市利通区），为灵武节度使驻地。而灵武节度使，唐时名为朔方节度使。

契丹如此完全是慷他人之慨，轻飘飘一纸册封，就挑动得党项人与宋人大打出手，挑拨离间的手段不可谓不高明。

而李继迁早就觊觎灵州地土，明知是坑闭了眼也甘心往里跳，立即率人马"数扰边"，准备生米煮成熟饭。

真宗即位之初，李继迁选择称臣，做回了赵保吉（宋廷所赐姓名）。此举不过是在试探新君，彼时的他羽翼尚未丰满，只好暂时隐忍，意在获得喘息，静待时机而已。四年间，他也没闲着，一直在骚扰宋朝边境和打劫往宋入贡的其他部族。

他不停疯狂试探宋廷对他的容忍度，以此来摸清真宗的底线，见宋廷只是被动防御，并没有集结大军出击，就变得越发肆无忌惮。

面对李继迁的得寸进尺，宋廷亦不得不小心应付。

其实，李继迁如此，仍是为夺取灵州做的前期准备罢了。一直以来，宋廷动辄关闭榷场、禁青白盐实施经济封锁，令李继迁恨得咬牙，一直苦思对策而不得，契丹人的一纸封册，一语点醒了梦中人。

灵州既是西北部族与宋廷联系的纽带，贸易往来的集散地，也是宋廷马匹的重要来源地（来自西北各部族的马匹从灵州源源不断地送往中原）。宋廷如果失了灵州，在对辽战争中就会越发处于不利地位。

宋廷既要掐李继迁脖子，李继迁自然不介意猛攻宋廷下盘了。数年间，他所做的正是扫清灵州外围。李继迁步步蚕食灵州周边时，宋朝堂之上却依然在为灵州的弃守争论不已。

至道二年（996），李继迁才围灵州，参知政事张洎就敏感地察觉到赵官家思想动摇，于是果断上疏，提议放弃灵州。他认为李继迁"或成或败，未足致邦国之安危。灵武或存或亡，岂能系边陲之轻重"，指出李继迁所部机动性强，宋军即便是战胜，也难以取得决定性胜利；从环、庆等州至灵州，路途遥远，水源奇缺，宋军长途跋涉，战斗力下降；倘若执意解灵州之围，必是劳民伤财，得不偿失。

张洎眼中看到的，只是灵州的不可守与守的困难，却没有想过丢失灵州的严重后果。他认为只需虚张声势，"声言克日三道齐攻"，灵州之围自解。

宋太宗险些被张洎气死，对他的奏疏斥之"朕不晓一句"，旋即派出大军，兵分五路前往讨伐。此举，虽然解了灵州之围，却未对李继迁实力造成任何损伤。

认为灵州当坚守者，多是从灵州对于西北边防、国家战略高度考虑的。

真宗皇帝即位以来，李继迁已然坐拥银、夏祖宗之地，却依然贪心不足，觊觎灵州。若是占据了灵州，自然也不会就此罢手，只会使贪婪之心愈炽。灵州一失，则西域、北庭连体，那时越发祸患无穷。保护粮道、保卫灵州，巩固西北边防势在必行。

放弃有放弃的理由，而坚守也有充分之道理，朝中重臣各执一词、互不相让，便将皮球踢到了赵官家脚下。

真宗皇帝年轻，遇事缺乏决断力，更无其父专断之魄力，听了弃守争论，认为都有道理，竟然不知如何是好。如此一来，朝臣越发争得不亦乐乎了。

就在宋廷对弃守争论无休时，李继迁将清远军等灵州外围军镇一一攻拔。灵州，终于成了一座孤城。

清远军位于积石岭，"当群山之口，扼塞门之要"，东南七十里至环州美利寨，西北五十里至浦洛河，又七十里至圣泉，七十里至清边镇，又五十里至灵州。恰好处在灵州与环州之间，是通往灵州的必经之地，自然成了最重要的兵粮中转站。

陕西转运副使郑文宝是太宗朝难得的人间清醒，曾先后十二次押运粮草至灵州，对灵州地理极为熟悉，因此在他的强烈建议下修筑了清远城。扼守清远城，推行屯田，便可以减轻运输的压力，为长期经营灵州提供有力保障，继而"经营安西，绥复河湟"，恢复汉唐故土。

郑文宝一片赤诚，却忽视了清远军的先天不足——环境太过恶劣，距离水源地遥远。莫说是屯田，修筑成城池也是费尽了艰辛。

咸平四年（1001）八月，李继迁率众攻清远城，知军刘隐、监押丁赞一面凭险分兵拒守，一面派人往庆州请援。见李继迁势大，清远军都监段义贪生怕死，踰城出降。有了段义，李继迁对城中虚实越发了如指掌，数日后，李继迁亲自擂鼓督战，猛攻清远城南门，他的儿子阿伊克则率一支人马迁回至北门偷袭，"堙壕桥以进"。守城宋军左支右绌，庆州援军迟迟未到，清远军终于陷落。

夺了清远城后，李继迁率军迫近青冈寨。知环州、西京左藏库使王怀普吓破了胆，认为青冈寨距离水源地远，无法多屯兵，兵少则不能守，不如弃守。于是"焚粮廪、刍积、兵仗，驱寨中老幼以出"，拱手将青冈寨让与了李继迁。

此前，李继迁已然攻陷了灵州周边的定州、怀远、保静、永州等地，对灵州形成了合围态势。如今清远城一失，灵州门户洞开，且切断了宋军往援灵州的道路。灵州已成孤城，陷落只是时间问题而已。

果然，李继迁不久即大集蕃部，率军围攻灵州，知州裴济"刺血染奏，求救甚急，兵不至，死之"。咸平五年（1002）三月，灵州城陷落。志得意满之余，李继迁吐露心曲："灵州北控河朔，南引庆、凉，据诸路上游，扼西陲要害，若缮城浚壕，练兵积粟，一旦纵横四出，关中则莫知所备。且其人习华风，尚礼好学，我将藉此为进取之资，成霸王之业。"

很快，李继迁即改灵州为西平府，次年索性建都于灵州。宋廷视如鸡肋的灵州，从此却成了党项李继迁西夏政权的首善之区。

眼见养虎为患，李继迁势力坐大，宋真宗正在心下抑郁之时，职方员外郎、秘阁校理吴淑献"以蛮夷伐蛮夷"之计。舍此之外无计可施，宋真宗只得采纳建议，遣使谕秦、陇以西诸戎使攻李继迁。

吴淑的建议并非自出机杼，而是拾人牙慧，此前，首相张齐贤便曾提议官家"激励自来与继迁有仇蕃部"。此番吴淑旧话重提，真宗只得允从，下诏"西番诸部有能生擒李继迁者，当授节度使"。

此时，距清远军陷落已然两月有余。

李继迁率众围灵州，情势十万火急，守城宋军心急如焚，朝堂之上群臣却仍在为灵州是守是弃争论不已。杨亿上疏认为灵州存之有大害，弃之有大利。如果坚守灵州则"无鸿毛之益，有太（泰）山之损"。

一句话，守灵州有百害而无一利。

首相李沆则语出惊人："若迁贼不死，灵州必非朝廷所有！"真宗转而去问另一首相张齐贤，张齐贤的回答斩钉截铁，灵州乃必争之地，"苟失之，则缘边诸州亦不可保"。

等真宗拿定主意派王超率六万马步军往救灵州时，清远军已易手四个月了。待援军行至灵州境，灵州早已陷落多时矣。

为保灵州，真宗先是下诏，"西蕃诸戎有能生擒李继迁者，授节度使，赐银、采茶六万，斩首来献者，授观察使，赐物有差"。待灵州陷落后，不得不加大筹码，"以西凉府六谷部首领潘罗支为盐州防御使，兼灵州西南面都巡检使"。

宋廷以夷制夷之计，很快收得奇效。

天宝年间爆发安史之乱，唐王朝尽撤西北戍卒拱卫长安。吐蕃乘虚而入，占领了河西、陇右及西域之地。至唐末时吐蕃内乱，势力逐渐衰落，唐宣宗时，张议潮在沙州（今甘肃敦煌）起义，驱逐了吐蕃统治势力，收复了河西土地，建立了归义军政权。只是彼时唐王朝自顾不暇，根本无力经营西北，张议潮死后，归义军政权解体，河西陇右吐蕃诸部纷纷自立，割据一方。

至北宋初年时，从河西至西北腹地仪州、渭州、泾州、原州、环州、庆州、灵州、夏州等地，吐蕃各部族星罗棋布。其中，又以吐蕃六谷部最为雄强。此前，吐蕃诸部族不时遣使至中原朝贡，宋廷采取怀柔绥抚政策，多予封赏，与之保持着唐末五代以来形成的友好交往。

吐蕃诸部聚族而居，其风俗与党项相差无几，他们进贡马匹等特产至中原，以换取自身需求的生活物资。李继迁占据灵州，隔断了通往中原的道路，收取过路费。令吐蕃人本来就收入微薄的经济雪上加霜。

六谷部主要聚居地在凉州（今甘肃武威），因其地理位置特殊，主动担负起了迎来送往宋史的职责。在灵州未被李继迁占领之前，以西凉六谷部为首的吐蕃各部族每年都向宋王朝进贡数百上千的马匹，此外，于阗、龟兹、高昌等西域诸国也经由凉州向宋廷贡献马匹。

河西陇右地区，一直就是宋军马匹的主要来源地。而马匹，在与游牧族群争雄的战争中，其重要性自然毋庸多言。仅此一点，宋王朝便须加强与河西吐蕃间的往来。

如果听任李继迁将河西吐蕃诸部悉数征服，一家独大，对宋西北边境有百害而无一利。因此，宋廷对河西吐蕃势力最强的六谷部首领潘罗支极力拉拢。

六谷蕃部是居住在凉州城外六谷之地的吐蕃部族，灵州尚未失守前，潘罗支便敏感地预判了事态的严重性，主动联络了边将李继和，表示愿勠力讨贼，与宋军联合夹击党项，并请求宋朝封赐，如此则师出有名。

宋真宗"以西凉府六谷部首领潘罗支为盐州防御使，兼灵州西南面都巡检使"，不过是应其所请而已。张齐贤则建议封潘罗支为六谷王兼招讨使、灵州西面都巡检使之职，待其立功，即付以节钺。对此，李沆表示反对，认为未付节钺而先加王爵，不符合典制，至于招讨使之职更是不可假于外夷。

真宗皇帝一听在理，只封了防御使兼都巡检之职。至于联合出兵，早已时过境迁，只好等待将来了。

李继迁攻陷灵州后不久，即遣使携官告印信往凉州招诱潘罗支。潘罗支不从，杀了来使，并将事情通报与宋廷，真宗皇帝下诏褒奖。

时隔月余，潘罗支又派人贡马五千匹，真宗诏厚给其值，另外赐绫百匹、茶百斤。

咸平六年（1003）二月，潘罗支遣使来贡，申言召集各部骑兵六万，欲与宋廷会师收复灵州，请宋廷加官，酌情赐一些衣甲兵仗等物。

支援衣甲等物自不成问题，如何加官、加什么官却令君臣大伤脑筋。宰相吕蒙正建议授予观察使之职，真宗皇帝却不同意，如今契丹已然封李继迁为西平王，潘罗支公然与李继迁为敌，如果封的官职太低微，如何号召吐蕃诸部，唯有授以灵州节钺，令二人旗鼓相当，方能达到以夷制夷的目的。于是大手一挥，封潘罗支为朔方节度使，灵州西面都巡检使之职。

就在潘罗支与宋廷密切来往的同时，李继迁也开始暗中准备对凉州下手。只有消灭潘罗支，去了后顾之忧，他才能放心南下。

八月，李继迁大会诸部族于盐州（今陕西定边），扬言向来与六谷部无冤无仇，如今潘罗支兵强马壮，更不敢与之为敌。潘罗支以为李继迁春天时攻宋麟州大败而归，会诸部不过是为报一箭之仇，一时不察，放松了警惕。哪知李继迁声东击西，趁其不备发动突然袭击，一举攻占了凉州。潘罗支见势不妙，假意降顺了李继迁。

两年之内相继攻取灵州、凉州，李继迁人生到达了巅峰，志得意满之余，出行也不加戒备。潘罗支暗中纠集六部诸豪数万人，设伏大败夏军，李继迁中箭，落荒而逃。景德元年（1004）正月初二，行至灵州界三十井一命呜呼。临终之际，遗嘱其子李德明：尔当倾心内属，一表不听则再请，虽累百表，不得请勿止也。

消息传至汴梁，大宋君臣不禁额手称庆。

望都之战

咸平三年（1000），宋廷先是有西南王均之乱，继而西北动荡，实在是契丹不可多得的用兵良机，然而，契丹居然未趁宋王朝多事时南下。结合过往分析，契丹方面必然不会轻易放过收复关南之地的机会。如此，个中缘由便须考量。仔细梳耙史料可知，并非契丹不愿趁宋之危落井下石，而是有不得已之苦衷。

《续资治通鉴》记载，是年十二月，契丹税木监使黄颙、茶酒监使张文秀、关城使刘继隆、张颢等人挈家属归顺，宋真宗"赐冠带袍笏，合于归明班院"。黄颙等人，都是契丹大于越耶律休哥的族属。

《辽史》中并无相关记载，只是于十一月时册封李继迁之子李德明为朔方军节度之职。令人匪夷所思的是，次年便有圣宗皇帝因无子而废后的记载，紧接着圣宗立新后，新后萧菩萨哥是平州节度使萧思狠之女，大丞相耶律隆运外甥女。耶律隆运，即契丹国中与耶律、萧氏鼎足而三的汉臣韩德让了。

　　又两年后，辽统和二十一年（1003），耶律休哥之子道士奴、高九等谋叛不成，伏诛。

　　道士奴、高九为何谋叛，史料阙如，更无史家关注。若不惮以最大恶意忖度，无非觊觎皇权罢了。

　　耶律休哥祖父耶律释鲁，是契丹太祖耶律阿保机叔父，曾在部族中官拜于越。于越之职位高权重，史家称"仅次于联盟长可汗，但是拥有部落可汗所没有的军事与行政权力"。当年，阿保机便是在群臣的拥戴下以遥辇氏于越之职，继承可汗位的。据此可知，于越之位在契丹国中的重要性了。

　　众所周知的缘故，耶律阿保机之后的于越之职，逐渐变成象征性的荣誉虚职。即便如此，耶律阿保机与其继承者，对于越之职的任命慎之又慎。至圣宗皇帝时，曾任于越之职的屈指可数，而耶律休哥祖父释鲁曾任过于越，其兄耶律洼于世宗朝曾任于越，耶律休哥在景宗朝时即任于越之职，更封宋国王。

　　本来，于越就是一人之下、万人之上的职位了，偏偏耶律休哥还行过再生仪。

　　再生仪，本来是东胡旧俗。在早期，契丹部落酋长、夷离堇都能够举行，受"三年一代"的世选制所限，一般在夷离堇确定连任后的第四年举行。待阿保机建立政权后，与时俱进，改成了十二年举行一次再生仪，完全成了帝后专享的一种礼仪。统和七年（989），大概是实在没法赏赐，索性破例赐耶律休哥享用了一次再生仪。

　　人臣享帝王礼，耶律休哥虽不敢逾矩，得了善终（早耶律斜轸一年去世），但难保他的子孙不会想入非非。耶律休哥负责对宋作战事宜，在南京耕耘十余年，其势力盘根错节，在没有肃清残余之前，圣宗皇帝自然不敢贸然南下。

　　黄颢等人自然不会预知耶律休哥后人会犯上作乱，提前跑路。出现这种令人不可思议的记载，联想到《宋史》《辽史》的成书过程，也就释然了。

总而言之，就在宋廷焦头烂额疲于应付的同时，辽廷似乎也出了状况，以至于没有心情去趁火打劫。

统和十九年（1001，宋咸平四年）十月，契丹再次南犯，但旋即因雨水而班师。考其原委，并非不如中原人民会看皇历，而是宋军早已严阵以待，给予了侵略者迎头痛击。这次南犯，与此前不同，辽廷故意事先放出风来。所以如此，应是配合李继迁在西北的军事行动，有意令宋军陷入两线作战的不利境地。

宋人自然不敢大意，侦知辽军将大举南下，真宗即以山南东道节度使、同平章事王显为镇、定、高阳关三路都部署；天平节度使、马步军都虞候王超为副都部署；殿前副都指挥使、保静节度使王汉忠为都排阵使；殿前都虞候、云州观察使王继忠为都钤辖；西上阁门使韩崇训为钤辖。前枢密使亲自坐镇指挥御敌，宋廷阵容堪称豪华。

与辽交锋多年，宋廷上下也总结出了作战经验，为防备辽骑闪电绕至大阵后断绝粮道，宋真宗亲自布置：前阵数队人马，谓之"奇兵"，分屯要害。在奇兵与大阵（主力所在，屯威虏军）之间，又有排先锋与策先锋，负责保护前阵后方及大阵两翼。奇兵专门邀击辽军前锋，在给辽军当头一棒后，主力作战部队迅速跟进扩大战果。辽军一旦先锋受挫，"余则望风不敢进矣"。

宋军布下天罗地网，只等辽军一头撞进来，哪知等得花也谢了（确实谢了），也不见契丹一兵一卒。数万人马粮草供给，实在是令宋廷不堪重负，真宗无奈，只得"诏镇定兵马分屯近地以省粮运"，主力部队退至了定州。同时，西北杨琼作战不力，将高阳关前阵钤辖赵州刺史张凝调往代替。

临阵换将乃是兵家大忌，大概是辽廷侦知了宋军人事变化，立即兴兵南下。宋大军才退至定州屯扎不久，辽军便长驱直入，梁国王耶律隆庆为先锋，率军径直杀至长城口。

所谓长城口，乃指战国燕赵分界处，今河北省保定市徐水区西北地方，宋时属易州遂城县。而遂城险固异常，有"铜梁门（威虏军）、铁遂城"之称。

宋辽两军狭路相逢，顿时战在一处。从前，胡天八月飞雪也不足为奇，可是这年冬天，来得却比以往时候略晚一些，十月时节忽地大雨如注。辽军

第二章　龙战在渊　051

弓箭所用皮弦，淋湿之后无法正常使用，宋北面前阵铃辖大将张斌趁势率军奋击，"杀获甚众"。只是迫近辽先锋大将耶律隆庆时，辽军忽的"伏骑大起"，殊死搏杀。

张斌见辽军势大，只得率众而走。辽军在后紧追不舍，屯军于威虏军以西的羊山（或称西山）。负责守卫威虏军与静戎军的是宋军大将杨延昭、杨嗣，他们见辽军到了，立即主动打上门去叫阵，挑衅辽军。辽军见宋人有此胆色，顾不得休整，立即出战。二杨且战且走，将辽军诱至羊山以西处。宋军秦翰、田敏、魏能、李继宣部伏兵四起，将辽军围在中央。

这一战，宋军爆发出的战斗力，令辽军胆寒。最为彪悍勇猛的不是违背官家阵法，主动出击的杨嗣与杨延昭，也不是真宗亲信秦翰，而是大将李继宣。李继宣不避矢石，身先士卒冲锋陷阵，将辽军追杀得四散奔逃。坐骑毙于辽军乱箭下，以至于连换了三匹马兀自浴血奋斗，可见战事之惨烈。

史载，是役宋军"枭获名王贵将十五人及羽林印二钮，斩首二万级"。辽军只得退师，宋军趁胜几路出击，越境骚扰报复。

因情报部门的失误，宋军未能集中优势兵力歼灭来犯之敌。真宗皇帝因此惋惜不已，旋即调王超往西北，委以"西面行营都部署"之职，以张凝为副都部署，秦翰为铃辖，领步骑六万支援灵州。只可惜，援军才至环州，即得灵州失陷的消息，王超只好班师回朝。

第二年（辽统和二十年，宋咸平五年，1002年）三月，辽军卷土重来，统军大将为北府宰相萧继远。辽军此次南下，不过是阻挠宋境上塘埭水利工程。

去年河北饥荒，为减馈饷之役，真宗于闰十二月时手诏停镇、定、高阳关三路排阵、押阵使，在正月时令河北广锐卒三十指挥一万五千人返河东，又命手下往雄、霸、瀛、莫、深、沧六州等地发粥赈济灾民。

宋廷未料到辽军会在春季南犯，杨延昭、杨嗣二次仓皇应战，部伍不整，为辽军袭破，伤亡惨重。真宗皇帝命雄州出兵分敌势，知州何承矩唯恐触怒辽人，引来更大报复，于是借口所部无马，只派了小股军兵敷衍塞责。万幸的是，时雄、霸、莫、深一带大雨如注，辽军见此情形，见好就收，班师北返。

《绣像杨家将全传》中的杨郡马大破辽兵

当时，契丹侵宋大致会循两条通道南下。一条是东道，即今固安、雄县、霸县、莫州、任丘、高阳一线，这是一条夏秋有水、道路狭窄的路线；另一条为西道，即今易县、徐水、满城、望都一线，这是一条四季可通的旱道。

有趣的是，辽军数次南下，都有意避开雄州没有攻击。所以如此，并非何承矩与辽人私下勾结往来，而是一直以来，宋辽虽大打出手，雄州境上的榷场始终开放，双方贸易一直未停。就算是官家叫停，何承矩也不改初衷，一表不允，继以请，直到真宗皇帝允从为止。

很显然，何承矩是主张与辽和平共处的。

浚河开渠、大搞屯田水利建设，是消极防御的办法，不能从根本上解决问题。宋真宗需要考虑的则是如何积极防御，坐等契丹良心发现，自取败亡之道。若将大军分屯各处，则兵力太过分散，难遏贼锋；屯大军于定州寻找机会决战，乃是旧制，效果如何不问可知；如果会兵列阵逼近境上，则后勤运输困难。

真宗皇帝委实为难！思来想去，只得令群臣献计，大家集思广益，或者会有良策。

知威虏军魏能、知静戎军王能、高阳关行营都监高素主张："敌首若举国自来，贼势稍大，请会兵于保州北，徐、曹河之间，列寨以御之；若敌首不至，则令三路兵掎角邀击。"

高阳关副都部署刘用、定州钤辖韩守英则建议以牙还牙："于沿边州军置益师徒，若敌首南侵，即选骁将锐旅，自东路入攻贼界。"

宰相吕蒙正等大臣则高瞻远瞩，请官家令转运使于保州、威虏、静戎（析易州遂城三乡置，静戎县隶焉，景德元年改名为安肃军）、顺安军屯集粮饷。毕竟，兵马未动，粮草先行，没有充足的粮饷，这仗怎么打？

咸平六年（1003）四月，辽军卷土重来，此次统军的是南府宰相耶律奴瓜和兰陵王萧挞凛。耶律奴瓜是太祖异母弟南府宰相耶律苏的孙子，统和十九年（1001）才拜为南府宰相。

时间正好在两年前，其中原委值得细思。

吕蒙正　像

同样匪夷所思的是，辽宋双方战于望都（今河北望都），一番短兵相接后，宋军大败，堂堂的定州路驻泊行营副都部署王继忠，居然成了辽人俘虏。

史载，得知契丹入寇，兵围望都，定州行营都部署王超立即率军出发，同时遣使召镇州桑赞、高阳关周莹各以所部军来援。本来，王超兼总北面三路兵，河北诸将皆听节制，哪知周莹借口"本路甲马非诏旨不可兴发"而公然抗命。

原来，周莹虽受王超所辖，却是以知枢密院事、永清军节度使兼领高阳关都部署之职，乃是出将入相、位高权重的人物，坚持非诏旨不发兵，应是得到官家授意的。从战后未追究其责任来看，当去事实不远。

王超无奈，先发一千五百步卒往望都。救兵如救火，王超为何不派马军前往，而是派了一千五百名步卒往援，杯水车薪，何济于事？

如此用兵，实在是莫名其妙。

果然，毫无悬念，等到王超率大军赶至，望都已然陷落。宋军奔波赶路，喘息未定便与辽军遭遇，双方激战于望都县。史载，宋军未来得及安营扎寨，粮草还在后面没有到达，军兵未及解甲，马匹两天都没有吃草了，士卒走得口干舌燥，眼见辽军冲杀而至，顾不得危险，仍推推搡搡争着汲水解渴。

即便是人困马乏，宋军仍与辽军激战不已。田敏所部斩首两千余级；张旻（张耆）身被数创，仍能杀死辽军一员枭将。两军从太阳偏西时分，一直战至深夜，这才罢斗收兵。

翌日再战，辽军转而全力进攻力量相对薄弱的宋兵东隅，同时绕到宋军阵后焚绝粮道。阵东大将正是真宗心腹，藩邸旧人，时任定州路驻泊行营副都部署的王继忠。

王继忠得知被辽军抄了后路，急吼吼率轻骑往救，哪知王超等"畏缩退师，竟不赴援"，令王继忠所部成了孤军。辽军见王继忠服饰华贵，便知非寻常之辈，顿时将他团团围在中央。王继忠与手下殊死一战，沿着西山且战且走，挨至白城，终于被擒。

至于史家所宣称的王继忠"常以契遇深厚，思勤力自效"之语，不过溢美之词而已，不必当真。

王超引兵还定州，辽军在后紧追不舍。宋军据桥列阵，部伍严整，大将白守素是神射手，"有矢数百，每发必中，敌不敢近，遂引去"。

宋师虽败，却退而不乱，辽军见无机可乘，见好就收，北返去了。

得知宋军失利、王继忠被俘的消息，真宗立即派左右去查明原委。最终，镇州副部署李福、拱圣军都指挥使王昇因置主将不顾，临阵脱逃，李福削籍流封州（今广东封开），王昇决杖配隶琼州了事。

细究起来，第一责任人当属赵官家。明明知道周莹不会服从王超指挥，偏偏将他安排在高阳关，这种不走寻常路的清奇思维，有宋一代名为"异论相搅"，属于帝王心术范畴，史不绝书，后人不可不知。

风云再起

严明军纪后，真宗皇帝又对河北边防重新做了布置。如此行为，也与王继忠陷于辽人之手有关，王继忠职位虽在王超之下，却也悉知宋廷在河北的军事布防。立即做出适当调整，应当亦有防患于未然的考量。

> 今镇、定、高阳关三路兵马悉会定州，夹唐河（今大清河之中支，源出山西浑县）为大阵。量寇远近，出军树栅，寇来，坚守勿逐，俟信宿寇疲，则鸣鼓挑战，勿离队伍。令先锋策先锋，诱逼大阵，则以骑卒居中，步卒环之，短兵接战，亦勿离队。伍贵持重，而敌骑无以驰突也。又分兵出三路，以六千骑屯威虏军（遂城，今河北省保定市徐水区西二十五里），魏能、白守素、张锐领之。五千骑屯保州（今河北省保定市清苑区），杨延朗（杨延昭）、张延禧、李怀岊领之。五千骑屯北平寨（今河北顺平县），田敏、张凝、石延福领之，以当敌锋。始至，勿与斗，待其气衰，背城诱战，使其奔命不暇。若敌南越保州，与大军遇，则令威虏之师与延朗会，使其腹背受敌，乘便掩杀。若敌不攻定州，纵轶南侵，则复会北平田敏、合势入北界邀其辎重，令雄、霸、破虏以来互为应援。又命孙全照、王德钧、裴自荣领兵八千屯宁边军（今河北蠡县），

李重贵、赵守伦、张继旻领兵五千屯邢州（今河北邢台），扼东西路，敌将遁，则令定州大军与三路骑兵会击之。又令石普统兵万人于莫州，卢文寿、王守俊监之。俟敌北去，则西趋顺安军袭击，断其西山之路。若河冰已合，贼由东路，则命刘用、刘汉凝、田思明领兵五千会石普、孙全照掎角攻之。自余重兵，悉屯天雄，命石保吉领之，以张军势。

宋真宗如此排兵布阵，是自北而南设下三道防线，首先依托徐河、鲍河（南易水，或称雹河）为阵；其次又于定州夹唐河为大阵；预备队则屯扎在天雄军。定州以南部队马步混合，又以步卒为主，定州北则以骑兵为主。如此安排，首先是考虑到便于调动、相互配合，只是须各据点间的密切配合。

宋真宗如此排兵布阵，坐等契丹打上门来。虽说费了不少心思，却仍不免有纸上谈兵之嫌。真宗皇帝安排妥帖一切，旋即表示："朕虽画此成谋以授将帅，尚恐有所未便，卿等审观可否，更共商榷。"

官家虚怀若谷，宰相李沆立即知情识趣，啧啧称赞："今所裁制，尽合机宜，固非臣等愚虑所及。"

年轻人需要的是肯定，年轻天子尤需如此。

与辽相较，宋军力虽不落下风，但兵力分散各地守株待兔，有为对手各个击破之虞。若只是据险而守，似乎更需要安排大量步卒才是。只是如此一来，战事旷日持久，粮饷运输势必难以为继了。

有鉴于此，宋廷不得不再次调整策略，因地制宜，于威虏军、静戎军、顺安军（今河北安新）等处开浚营田河道，大兴水利方田工程。

辽廷数次南下，惊讶地发现，从前稳操胜券的战事，如今已无必胜之把握，一不留神还会闹个灰头土脸。望都之战后，田敏一怒之下，借口白沟河之两属户经常做契丹人的向导，将驻地北平寨西北七百余户悉送定州。

偶尔，宋廷也会还以颜色。

坐视宋人于境上大兴农田水利，威胁幽燕，则不符合契丹王朝的国家利益。辽廷上下，为此亦苦恼不已。

李继迁死后，宋鄜延路钤辖张崇贵主动致书李德明劝其降附，李德明却以"葬事未毕,难发表章"为由,不予理会。张崇贵报知赵官家,真宗皇帝诏令其与李德明保持沟通,约期和谈,指出如果李德明愿意归顺,须献出灵州、止居夏州等。

李德明年轻气盛,无奈形势比人强,面对党项诸部投宋"禁不能止"的状况,只好向宋廷低头。

原来,李继迁与宋廷为敌,十余年间不事生产,"但以攻剽为生",严重破坏了脆弱的社会经济环境,以致西北地区"田畴日荒,樵苏绝路,负户而汲,易子而食"。即便如此,李继迁在攻占灵州之后,不顾拦阻,为营建都城而大兴土木,将"银、夏州民衣食稍丰者"西迁,搞得西北民不聊生,怨声载道。

宋廷以官爵、财帛招诱与李继迁敌对诸部族,对陷入窘境的部族予以经济援助,对前来投附的部族不吝赏赐。"能率部下归顺者,授团练使,银万两、绢万匹、钱五万缗、茶五千斤,其有亡命廷叛去者,释罪甄录。"宋廷出手如此豪阔,与宋廷暗通款曲者层出不穷,叛离投宋的部族更是不绝于途。

如何摆脱经济窘境,有效阻止诸部族的离心离德,成了李德明须即刻解决的难题。李德明先是选择"臣辽",希望"假北朝威力慑之",哪知远水不解近渴,诸部族根本不买账,该逃离还是照样决绝地逃离。

李德明心力交瘁,思来想去,忽而想起父亲临终教诲,顿时省悟解铃还须系铃人,也想明白了如果想要破当下困局,唯有宋王朝终止对诸部招诱,才能从根本上解决问题。

豁然开朗后,李德明立即派手下与宋廷接洽,真宗皇帝提出了册封条件:如果李德明愿意纳灵州土疆,止居平夏,遣子弟入宿卫,送略去官吏,尽散蕃汉兵及质口,封境之上有侵扰者禀朝旨,则授以定难军节度使、西平王之职,赐金帛缗钱四万贯、茶二万斤,给内地节度使俸,听回图往来,放青盐之禁。

人在屋檐下,不得不低头,对此,李德明表示除纳灵州、遣质子不能接受之外,悉能如约。真宗皇帝则坚持如此则"禁盐如旧,不许回图"。反复交涉之后,赵官家率先做出让步,允许李德明占有灵州,"其余并依前议"。

双方使介往来奔波,西北境上暂时恢复了平静。

契丹本想借重党项人，令宋廷腹背受敌，哪知时过境迁，李德明须仰仗宋廷输血续命，自顾不暇，根本不能指望。

宋军在境上秣马厉兵，时刻准备迎头痛击辽军。宋廷数万大军在边境虎视眈眈，契丹上下也不敢大意。只是，双方大打持久战，任何一方都消耗不起。

望都之战后，宋真宗果断关闭了雄州榷场。契丹人一边求财，一边动武，与端起碗吃肉、放下筷子骂娘的行为无异。真宗皇帝失去耐心，干脆切断外交沟通渠道，将领土争端诉诸武力。

第二年（1004）春正月，真宗皇帝宣布改元"景德"，历史进入新纪元。

正月初四，远在定州的王超突然请募沿边丁壮及发精兵入契丹境。真宗皇帝吃了一惊，急忙阻止："无故发兵，不足以挫敌，徒生事于边陲，可亟止之。戎人南牧，但于境上驱攘而已，无得轻议深入。"

在真宗皇帝的骨子里，雄起是偶发性事件，防守才是王道。

向来怯懦的王超突然表现得如此果敢，应是摸准了皇帝的脉，知道官家会及时叫停，才会放心大胆刷一番存在感。辽廷得讯，立即针锋相对，宣称修平塞军及故城容城。边将立即将情况上报，真宗判定契丹人擅野战，"缮完城堡，或非其意"，命境上谨斥候，整军备战。事后证明不过是虚惊一场。

也不怪宋廷君臣紧张，原来正月初二，契丹圣宗与母亲往鸳鸯泺春捺钵了。《辽史》载，契丹王朝统治者："居有宫卫，谓之斡鲁朵；出有行营，谓之捺钵。"辽人说的捺钵，与中原的行在、行营类似。一年有春夏秋冬四季，契丹王朝则相应的有四时捺钵。春捺钵，是契丹王朝政治生活中的重要内容。

简言之，游猎是契丹统治者的生活日常，游猎至何处，其政治中心就在何处。但如果将四时捺钵视为单纯的游猎，则大错特错，随着契丹王朝的兴起发展，捺钵不仅仅是狩猎，也包含了议论国事、接见外国使臣等活动。辽圣宗在位时，春捺钵多在鸳鸯泺进行。

鸳鸯泺位于幽州北，《辽史·兵卫志》载："其南伐点兵，多在鸳鸯泺。"辽帝到鸳鸯泺春捺钵，多数时候是召集各部人马，商议南下犯宋之事。

契丹人数次在春天发兵南犯，真宗不敢大意，再次对河北边防做了一番悉心布置。结果一切平静如常，契丹并未兴师。

六月，负责对辽作战的总指挥王超居然以"暂还京阙，省视家事"为名，回到京师省亲，直到七月才返河北任上。

八月甲戌（二十三日），边臣言，契丹谋入寇。

巧合的是，就在七月底，真宗皇帝"才令北面诸军分屯近南州军，俟都部署追发，即赴定州"。如此一来，战事未起，宋军人马已然是疲于奔命了。

有理由相信，宋廷的保密工作亟须加强。

自望都之战后，宋廷一直在积极整军备战。咸平六年（1003）六月，真宗命人将河东、陕西各地羡余器甲运往河北边境。

在对辽作战中，宋廷败多胜少，为弥补马匹的不足，转而加意注重兵器的创新与质量。例如，有铁轮拨浑，首尾有刃，是骑兵作战时使用的新式武器。种种新式武器，如火箭、火毯、火蒺藜、手砲等层出不穷，在战场上大显神威，令辽军吃尽了苦头。

边将作战经验丰富，能按实战需要创新设计武器，如大将石普上"御北戎图"，内有掘坑设险以陷敌马之术，又上诸式战具，铦锋巨棓，自称曾用以击敌得胜。殿师高琼亦不甘寂寞，奉上其所绘"鞭箭阵图"。至景德元年（1004）七月时，各地铠甲兵仗源源不断运往河北边境，就连平常八月才分发的寒衣，六月时也提前发放到了军中，最北边的威虏军与静戎军更是得到了皮裘御寒。尤其令人振奋的是，这年河北大稔，真宗皇帝出内府绫罗锦绮共一百八十万贯籴粟充实军需。

真宗皇帝对河北军储的调发相当之满意，将负责此事的官员不次提拔重用。同时对地当冲要的各州军加以修缮，以备非常。蒲阴位当高阳关与定州会兵之处，决定强化其战略地位，扩建城池，紧急施工，终于在契丹人入侵之前完工，升为祁州。

宋廷坚持营建的塘埭工程已具雏形，其限戎马功能日益凸显。咸平年间，由于霸州、破虏军至乾宁军和沧州一带水深，契丹人南下基本上避开此地绕行。自雄州至保州亦塘水弥漫，出入艰辛，因此，契丹南下多是由山阜高仰、水不能至的静戎、威虏、满城一带突入，返回时则由水位最浅的雄、霸之间北归。

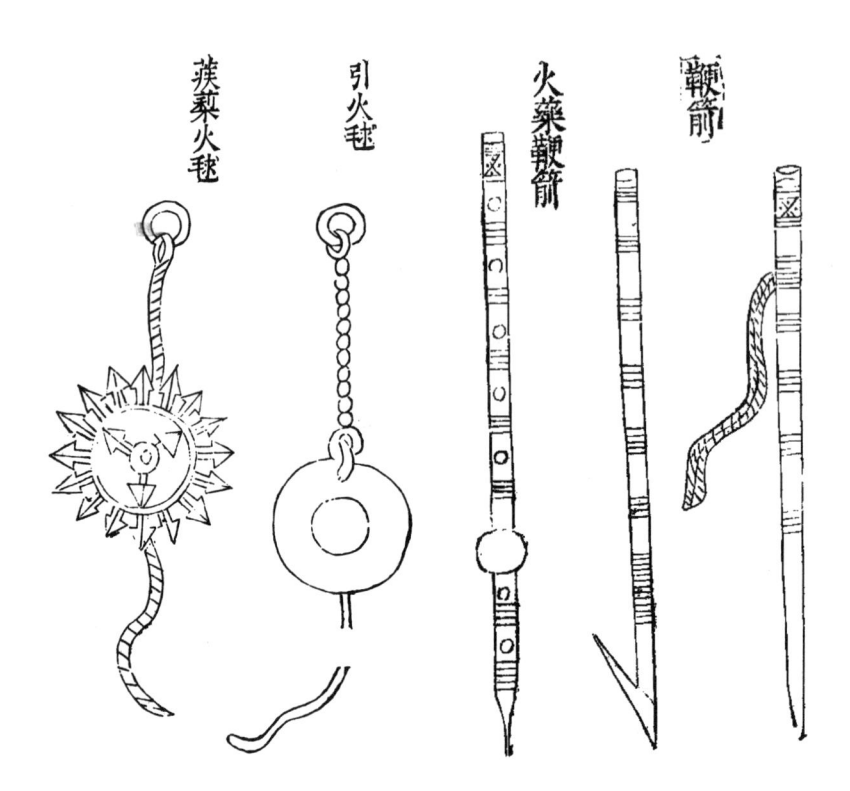

《武经总要》中的鞭箭、火药鞭箭、引火毬、蒺藜火毬

宋辽间最激烈战事，也多发生在静戎军、威房军、满城一带，辽军的行动轨迹已逐渐为宋军所掌握——东面的边防既稳，防守兵力则可集中于中西部。

河北地形虽一马平川，却呈西高东低状，西部塘埭建设缓慢即与此有关。东部地势低下，容易将原有的河泊沼泽连接扩大，施工并没有什么难度。而西部山阜相望，地势偏高，筑塘修埭颇为不易。意识到塘埭工程的功效后，咸平四年（1001），知静戎军王能建议自静戎军引鲍河入长城口再接雄州，如此则"可以隔阻敌骑"；咸平五年（1002）正月，顺安军都监马济建议自静戎军引鲍河入顺安军，再接威房军"以资漕运，仍于渠侧置水陆营田以隔戎骑"。

真宗皇帝首肯了塘埭工程成效，称其为"制敌之长策"。辽人数次出兵阻挠，反而增加了宋廷信心，西部塘埭建设越发规模宏大，轰轰烈烈地展开。假以时日，河北漕运因塘埭建设而改善，将会进一步削弱辽人骑兵机动性，大大提高宋人北伐的便利性。

有鉴于此，契丹王朝决定趁宋人塘埭工程未臻完善之时，先发制人。

自古燕赵之地多豪杰之士，至今京津冀地方民风剽悍、民间尚武。宋时，河北人民多勇壮，生活在交战区，不免转徙流离、家破人亡，痛恨契丹之余，经常自发性组织起来帮助宋军抗击侵略者。咸平三年（1000）春，知开封府钱若水建议招募边民，给予钱粮，蠲免租赋。四月，知雄州何承矩请于边郡置营，募民万人，战争时即命将统一指挥。

宋廷见民心可用，于是决定广置民兵：每家二、三丁者籍一，四、五丁者籍二，六、七丁者籍三，八丁以上籍四，称为"强壮"。"强壮"与正规军不同，不刺面，只在十月至次年正月农休时在置籍处集合训练。为安其心，发诏令"永不充军"。

有"强壮"刺探，宋军更加容易掌握辽军军事情报；有"强壮"辅助，沿边州军城守力量得以加强；边民熟悉山川地理，可以深入敌境焚毁营帐，大搞破坏。宋廷开出高赏格：凡"强壮"斩敌首赏五千、生擒赏一万，夺得战马赏帛二十匹。斩首夺马，一如赏格，所获财物，尽为己有。

此举，既可有效发挥民力，又可增加军民的合作与沟通。宋廷集训民兵，不免引起契丹警觉，宋廷全民皆兵的做法，令契丹上下深以为忧，坐视宋人如此发展又心有不甘，一劳永逸的解决办法似乎只有战场上见输赢了。

从前西北境上叛服无常的阻卜与党项，在临之以兵，济之以粮，恩威并施之下，都已入贡，西夏、回鹘、兀惹、女真、渤海、高丽皆已称臣，西、北、东三面一时无事，契丹正好全力南下。

闰九月初八，契丹三巨头契丹萧后、圣宗皇帝、韩德让，一齐披挂上阵，主帅萧挞凛、大将耶律铎轸、耶律谐里、耶律奴瓜、萧排押、耶律抹只等，共统帅二十万大军倾巢南下。

瀛州之战

真宗皇帝闻讯，决意御驾亲征，与契丹一决雌雄。赵官家先是命北面执御剑中使悉数归阙，将尚方宝剑交与各路主将，赐予他们先斩后奏之权。紧接着又派人往河北、河东监督集训"强壮"，积极备战；此外，还增加了王超犒军的公使钱。未开打，就琢磨着战胜后的犒赏，真宗有时表现出的自信令人费解。

宋廷调兵遣将，积极整军备战，河北尘烟再起。

西北暂时无事，真宗决定将陕西路、河东路精兵调往河北，全力对付辽人。哪知辽军早有安排，西路军数万人马直扑草城川。

岢岚军"当草城川一路，地形平坦，与北虏止隔界壕"，是宋廷河东防御辽军的军事重地。岢岚军即今日山西忻州市岢岚县，地形东南高、西北低，"扼西路之吭，拊晋阳之背"，距离草城川不过三十里之遥。草城川虽易守难攻，但辽大军至，仍须小心应付。如此一来，河东路宋军便无法支援河北了。

九月十五日，辽前军突至唐县（今河北唐县西），大败宋军。王超坐镇定州没有赴援，镇定高阳三路兵马都监李允则劝王超"衰绖向师哭，以解众忿"。可知宋军伤亡惨重，群情激愤。

十六日至十八日，萧挞凛与辽圣宗转掠威虏军、顺安军、北平寨乃保州各地，宋将石普、田敏、张凝等奋起抵抗，双方互有胜负，各自宣称大胜。

何以如此？

辽军此番南下，并非为攻城拔寨，而是欲令宋各州军闭关自守而已。宋军与辽军大战，力保城池不失，自然大功一件。

二十二日，辽军攻定州，王超率麾下十万马步军阵于唐河，却按兵不动。王超此举，完全是奉真宗"寇来，坚守勿逐"的诏旨，虽不免有胶柱鼓瑟之嫌，但令人不解的是，保州、威虏军、北平寨等各处宋军居然没有一兵一卒入援。

真宗皇帝的布置煞费苦心，效果居然不尽如人意。

宋各州军皆各扫门前雪。如此一来，辽军气焰越发嚣张，转而东南向武强，沿胡卢河逾关南，兵分三路，其中两路牵制关南外围，主力部队则直扑瀛州。

此前宋廷认为，大军屯于定州，若契丹来攻，则坚壁不出，等辽军人困马乏后，三路偏师攻其后路；若契丹不攻定州，则在辽军撤退时，断其后路，前后夹击。以为只要宁边军、邢州扼守东西路，威虏军、保州、北平寨的部队越境至辽地邀其辎重，契丹就会慌了手脚立即北返。虽然宋廷也想过辽军会越过定州南下，却未想过辽军会不顾一切，破釜沉舟地深入宋境腹地。

这并非真宗皇帝一人判断失误，而是宋廷所有文武重臣的共识。

辽、宋在河北大打出手的同时，王继忠的书信也送到了汴梁御前。真宗打开来看，正是王继忠亲书：

> 臣先奉诏充定州路副都部署，望都之战，自晨达酉，营帐未备，资粮未至，军不解甲，马上乌秣二日矣。加以士卒乏饮，冒刃争汲。翌日，臣整众而前，邀其偏将，虽胜负且半，而策援不至，为北朝所擒，非唯王超等轻敌寡谋，亦臣之罪也。北朝以臣早事宫庭，尝荷边寄，被以殊宠，列于诸臣。臣尝念昔岁面辞，亲奉德音，唯以息民止戈为事。况北朝钦闻圣德，愿修旧好，必冀睿慈，俯从愚瞽。

在书信中，王继忠先是为王超等人做了开脱，解释了一番望都之败的缘由，然后婉转地提出北朝愿修旧好。

对于辽人递出的橄榄枝，真宗皇帝接也不是，不接也不是。首先，他对辽廷的诚意，抱有怀疑之态度。其次，他最担心的就是辽人趁机索要关南之地。与，祖宗之地不可轻弃；不与，则和议不成罪责在宋。思来想去，他决定暂不遣使，只是赐王继忠一纸手诏。大意是，石普以卿实封入奏，备已详悉，所云望遣人通和事，朕君临大宝，子育群氓，尝思息战以安人，岂欲穷兵而黩武？边防之事，汝素备知，向因何承矩上言，乞差使往，其时亦允所奏。尔后别无所闻，相次边陲复兴戈甲。今览封疏，深嘉恳诚，朕富有寰区，为人父母，傥谐偃革，亦协素怀。手诏到日，卿可密达此意，共议事宜，傥有审实之言，即附边臣闻奏。

很显然，王继忠来信出自萧太后、辽圣宗母子二人授意，内容更是悉知。在书信中，真宗皇帝却仍然将王继忠视为臣子，此举耐人寻味。

王继忠其人其事，值得大书特书。王继忠父亲王珫，太宗在位时任武骑指挥使，戍守瓦桥关。王继忠六岁时，王珫为国捐躯，作为烈属的王继忠补东西班殿侍。因为与真宗皇帝年龄相仿，二人成了玩伴。稍长，王继忠成了真宗随从，在一众藩邸旧臣中，跟随真宗时间最久，深得真宗信任。

野史《玉壶清话》记载，真宗在做开封尹的时候，听说城中铁盘市有一个摸骨的盲人，可测吉凶祸福。于是请来为张耆、夏守赟、杨崇勋等心腹摸骨，待摸到王继忠时，盲人大惊失色，道："奇怪奇怪，此人半生食汉禄，半生食胡禄！"

许多人认为这则记载乃无稽之谈，文莹和尚的话当不得真。仔细忖度，以真宗皇帝好道的脾性，或实有其事。

至道三年（997），真宗即位，一朝天子一朝臣，王继忠做了内殿崇班的小武官。

咸平二年（999），真宗皇帝大阅兵时，王继忠已然是马步军副都军头，俨然是冉冉升起的璀璨将星。

咸平四年（1001），王继忠被派往河北境上任都钤辖，此时为殿前都虞候、云州观察使，官至从五品。

咸平五年（1002）四月，真宗任王继忠为高阳关行营副都部署，成为王超副手。短短数年间，王继忠即由内殿崇班的小武官成长为边境重要将领，可见真宗皇帝对其寄予厚望。王继忠望都战败的消息传回汴梁，"真宗闻之震悼"。起初，真宗皇帝以为王继忠战死沙场，以高规格处理其后事，追赠大同节度、兼侍中之职，又赐其子官职。

哪知王继忠被俘后，很快便改换门庭，成了契丹朝中帝后新宠。官授户部使，以康默记族女妻之。契丹萧太后非但不计前嫌，对他授以官职，还贴心地为他重新组织了家庭。而王继忠也放下了杀父之仇，一心一意转仕北朝，并且劝说萧太后、辽圣宗："窃观契丹与南朝为仇敌，每岁赋车籍马，国内骚然，未见其利。孰若驰一介，寻旧盟，结好息民，休兵解甲？为彼此之计，无出此事。"

史称萧太后"春秋已高"，而辽圣宗"承袭已岁久"，王继忠如此讲，似乎正中帝后下怀，当即顺水推舟接纳了他的建议。

若相信史书记载，怕是太过低估了萧太后与辽圣宗的政治智慧，去历史真实太远。

景德元年的萧太后，不过五十出头年纪，尚可亲自统军南下，并非老迈年高之人。若从一千年前的平均寿命来讲，说是"春秋已高"也勉强说得通；圣宗皇帝才过而立之年，从十二岁即位至此时，已逾二十余载，"承袭已岁久"符合史实。

表面上看，萧后与圣宗接受了王继忠的建议，仔细忖度，却不尽然。

上兵伐谋，萧后母子若真的信任王继忠，必然是授武职，而非户部使这样的文职。他们带王继忠一同南下，并非利用他释放和议的信号，而是有意如此。

这样做，会令宋真宗心神大乱，误判形势，以为和议可成，疏于军备。一面释放和议信号，一面迅速展开军事行动，古今中外如此操弄者史不绝书。

兵者，诡道也，萧太后与辽圣宗这一手，不可谓不高明。而王继忠的所作所为，更有令人不解处。一陷于敌手便降附，摇身一变成为契丹朝中新贵，这个转身实在是太过华丽，无法不令人生疑。望都之战后，宋廷立即重新部署河北边防，其原因无他，不过是"边防之事，汝素备知"而已。有理由相信，王继忠所做的一切，皆是出于真宗皇帝授意，王继忠就是真宗安插在契丹朝中的无间道。

不如此，王继忠难以取得萧太后与辽圣宗的信任，至于居中调停，则更是痴人说梦了。

而萧太后与辽圣宗对王继忠的来意了然于胸，索性收为己用，关键时刻利用其特殊身份，收得奇效。若战事顺利，则自不必言，若战事遇阻，提前安排的议和便派上了用场，这一招投石问路，进退自如，张弛有度。真宗皇帝虽早盼着与辽和议，却也明白忘战必危的道理，不敢太过相信契丹人。

就在真宗心下忐忑之际，十月六日，辽军兵临瀛州城下，旋即开始攻城。

瀛州，大致范围相当于今河北河间市，处于北京、天津、石家庄三地中心地带，因为所辖之地河流众多，被称为"九河之间"，这便是河间市名称的由来。

瀛州是幽云十六州的最南端，既是中原门户，又是宋军防御战略重心。在瀛州城下，契丹人放弃了向来擅长的野战，展开了与中原王朝交锋以来最为猛烈的攻坚战。

这次攻城惨烈异常，史载，萧太后与辽圣宗亲自擂鼓督战，辽军"昼夜攻城，击鼓伐木之声闻于四面。大设攻具，驱奚人负板秉烛，乘埤而上"。此番辽军攻城有备而来，所使用的锋锷铦利、竿牌、临车、冲车、火钩等攻城器物，"悉被以铁"。

数万军兵蚁附蜂拥而上，声势甚是骇人。

瀛州城中马步卒不足五千人，加上厢军、"强壮"亦不过万余人，负责守城的知州李延渥，与通判陆元凯、推官李翔、录事参军蔡亨等人分守四面。

李延渥乃宋初名将李进卿之子，平素甚得军心，见辽军来势汹汹，动员城中百姓助战。覆巢之下，焉有完卵，就连出家的僧人也前来帮助守城。瀛州城上缁衣飘飘，诵佛声与金鼓齐鸣，木鱼与击柝之声此起彼伏。

宋军这厢浴血奋战，僧尼则在旁诵经超度亡魂，一派庄严肃杀，更无一人敢笑。

李延渥亲自坐镇指挥。箭弩、狼牙拍、夜叉檑、砖檑、泥檑轮番上阵，见招拆招。砖檑、泥檑杀伤力虽有限，狼牙拍却是由硬木制成，体积巨大，上面满是大钉与尖刀，自上而下砸将下来，少说也有千钧之力，辽军云梯瞬间粉碎，被拍中的军兵顷刻间血肉模糊、死于非命。其余辽军见状，无不惊得心胆俱裂。

《武经总要》的攻城武器：撞车

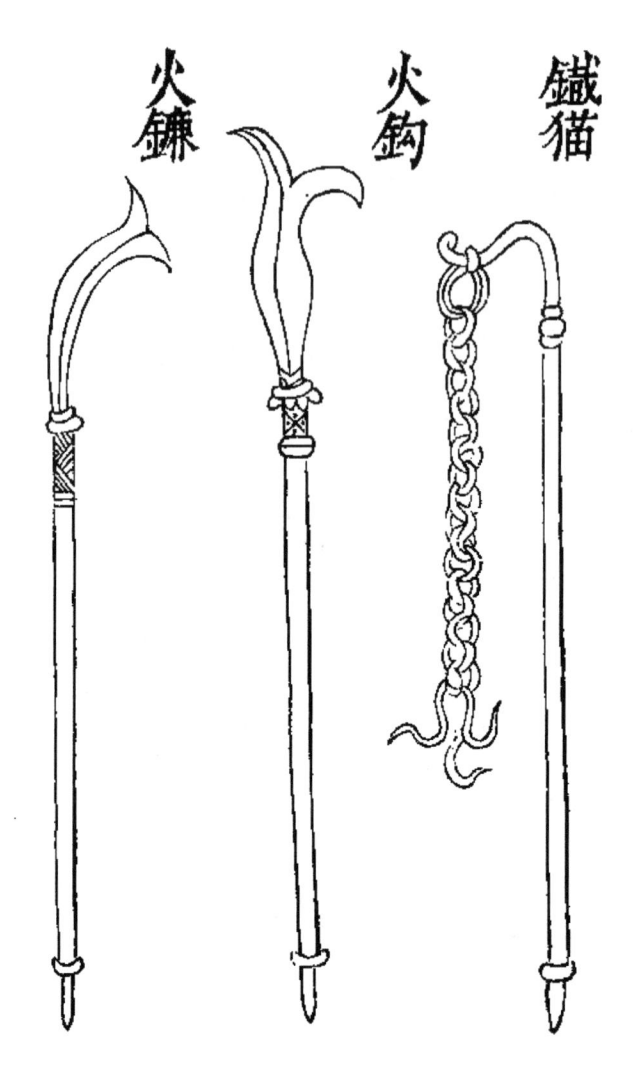

《武经总要》的攻城武器：铁猫、火钩、火镰

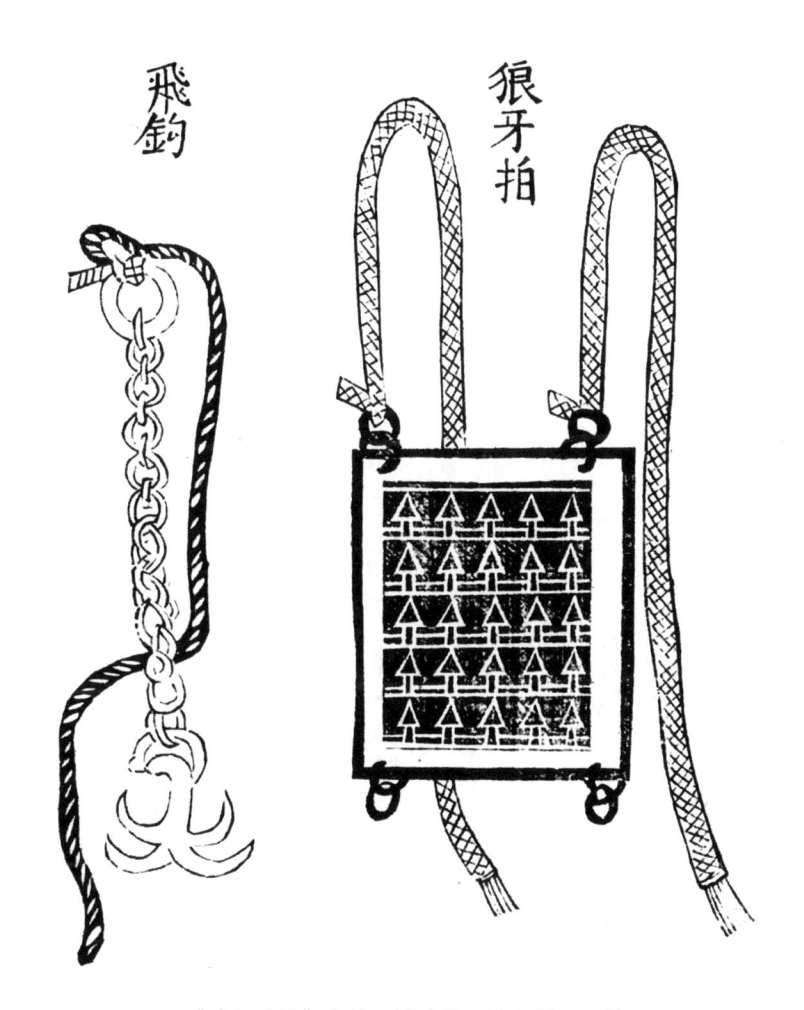

《武经总要》中的守城武器：狼牙拍、飞钩

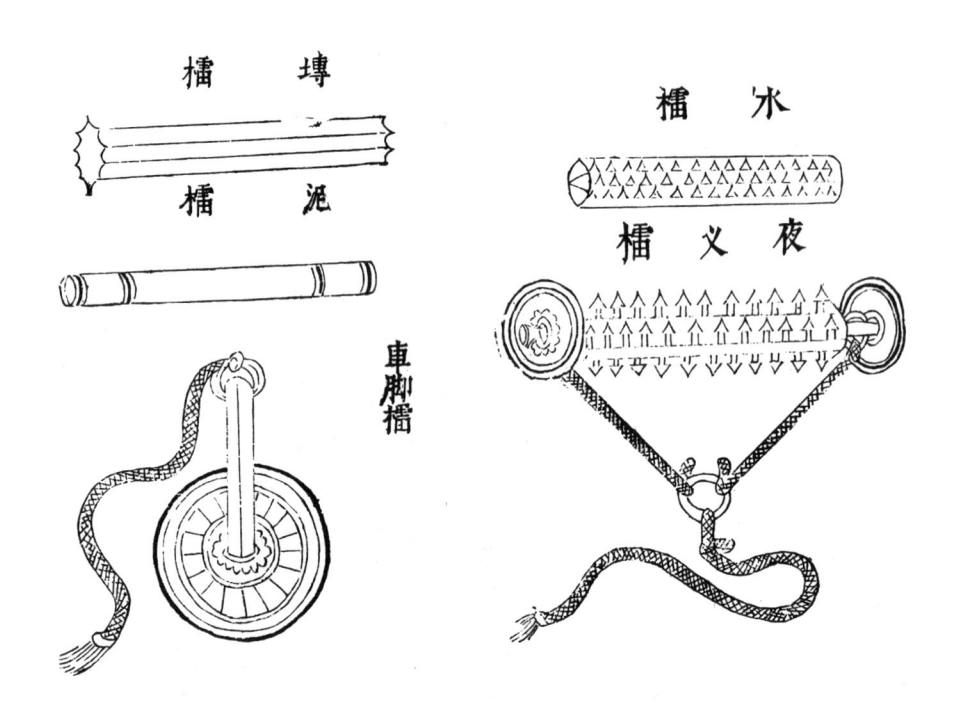

《武经总要》中的守城武器：水擂、夜叉擂、砖擂、泥擂、车脚擂

战到最激烈之际，辽军矢发如雨，李延渥令人放下悬板，张开布幔、篦篱笆、皮竹笆等守护城墙之物。待皮帘、布幔、篦篱张开，悬板垂下，辽军长箭射在上面密如爆豆，只是其势已衰，无法穿透阻隔物，自是伤不到宋军。

城墙上数寸大小的悬板之上，集矢二百余。

辽军征战，每名正兵出征，自备战马三、弓四、箭四百以及长短枪、骨朵等物，另有一名汉人、一名奚人士兵从征。此番帝后亲征，辽军正军十余万人，号称二十万人，从征的汉人、奚人军有十余万人，总数计有三十余万人。若是一万辽军射光所携箭支，便是四百万支，数量实是惊人。

瀛州城下杀声震天，奚、汉军兵带了攻城器械，奋勇向前。奚人与契丹人同种同文，与契丹人逐水草而居不同，奚人亦通耕种，辽军攻城辒辌、冲车等械多由奚人造作。

辽军推了数十辆辒辌车直抵城下，隐身车内的军兵，开始穴地攻城。守城宋军乱箭齐发，无奈羽箭悉数落在了包裹辒辌车的牛皮之上，根本奈何不得车内奚人。李延渥一声令下，数丈长的"铁鹁"从天而降，来回摆动之后，落在辒辌车之上，锋利的铁钩抓住牛皮，数名守军用力绞动，顿时将覆在辒辌车上的牛皮扯得稀烂。车内奚人大惊失色，未及反应，无数羽箭射至，眨眼间便被乱箭穿身。

宋军"铁鹁"上下飞舞，将城下辒辌车悉数掀翻，辽军不得不狼狈退去。

数日后，知莫州石普派手下大将史普率三千军兵援助，此后双方互攻墨守，辽军连续攻城十余日，李延渥见招拆招，众志成城之下，力保瀛州不失。瀛州城中多储粮食，军民同仇敌忾。辽军见无机可乘，只得撤围而去。宋军打扫战场，疏浚护城河，得遗矢四十万支。

大名麇兵

据《续资治通鉴长编》记载，瀛州之战，辽军"死者三万余人，伤者倍之"。史家喜夸饰，可知辽军伤亡惨重是真，但具体伤亡数目则无人讲得清楚了。

轒 轀 車

《武经总要》中的攻城武器：轒轀车

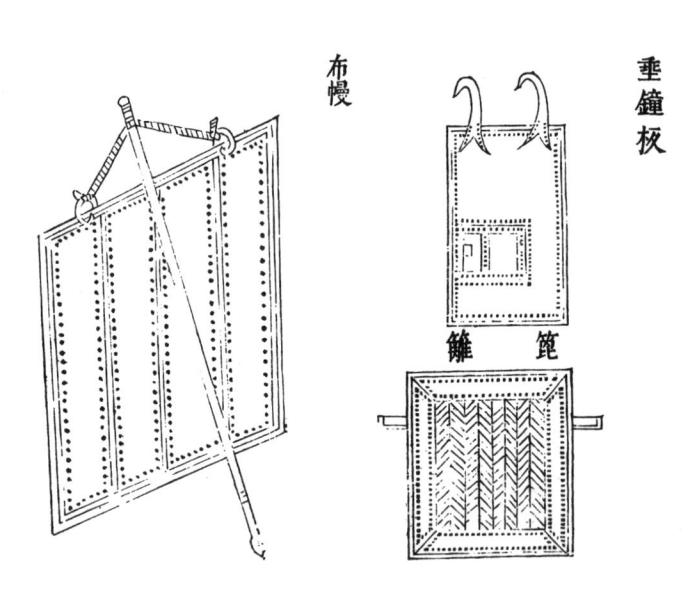

《武经总要》中的守城武器：垂钟板、篦篱、布幔

辽军在围攻瀛州的同时，萧挞凛领一支军转战外围，于是月十四日破祁州，切断了高阳关与定州之间的联系。辽军游骑侵扰德州、沧州一带，于是道路不通，流语纷纷，有的说瀛州已陷落，史普叛去。

宋太宗时，分疆域为十五路。真宗咸平年间，析川、峡为益、梓、利、夔四路，天下为十七路。而河北沿边地区又设置了大名府、高阳关、镇州、定州等四路都部署路。

道路不通畅，自然是流言满天飞了。直至十一月一日，瀛州捷报方始传来，宋廷君臣庆幸不已。

没高兴几天，王超奏报亦至，称"契丹自瀛州遁去，其众犹二十万。侦得其谋，欲乘虚抵贝、冀、天雄军"。右赞善大夫王屿自知冀州之日始，操演成卒，召集"强壮"训练，得知契丹军至，令城门大开樵采如平常，待契丹游骑到了城外，立即邀击。契丹军见状，只得狼狈退去。

兵锋屡挫的辽军不顾腹背受敌，悬军深入？契丹人此次南下，莫非会在时隔数十年后使灭晋一幕重新上演？

辽军越过定州南下，河北只余了天雄军一处屏障。真宗闻讯，顿时慌了手脚，派出都官员外郎王砺、秘书丞许洞、殿中丞皇甫选、大理寺丞李渭，往澶州安抚河北流民，同时命河北诸路及澶州兵会合于天雄，诏令城小兵微的德清军（今河南清丰，古称顿丘，魏武帝曹操曾任顿丘令，即此）弃守，退入澶州，避敌锋芒，同时召河东代州兵马火速支援。

情势危急，天雄军以北州军，宋廷已然无法兼顾了。

原来，就在九月二十八日，宋岢岚军会合并、代援军，于草城川大败辽军，辽军自相蹂躏者万余人，宋军缴获马牛橐驼甚众。十月四日，宋府州守军奉诏越境进攻辽朔州，前锋破辽军要寨，"杀戮甚众，生擒四百余人，获马、牛、羊、铠甲数万计"。辽西路军见势不妙，仓皇退师。

大约辽西路军只是奉命配合南下主力作战，领兵将领也是无名之辈，连败两阵，不得不狼狈退去。即使如此，宋真宗仍不敢掉以轻心，命宪、代、忻、麟四州于境上严防死守，戒备辽人卷土重来，再命并州兵马入援镇州。

真宗朝的天雄军，即大名府，于仁宗庆历年间升为四京之一的北京（为行文方便,以下统称大名府)。大名府位于冀、鲁、豫三省交界处,自春秋之时起便是兵家必争之地。《读史方舆纪要》云:"西峙太行,东连河、济,形强势固,所以根本河北,而襟带河南者也。"

因地方战乱频仍,大名府人民尚武成风,宋初,曹翰、潘美、张琼等大将皆是出自大名府。

大名府西临太行山东麓,东、南、北三面是广阔的华北平原,黄河、漳河等河流穿城而过,既有山川险要可以凭恃,又有江河水道可以通漕运,是"山川都会"的重要战略津要。

大名府是宋廷位于黄河北岸,抵御契丹兵锋的最后一道防线。太宗、真宗都曾驻跸大名府,指挥对辽作战。史载,从贝州至天雄军,宋廷安排了三万军兵驻防。司马光《涑水记闻》载大名府驻军为十万,当去事实甚远。如果加上厢军、"强壮",整个大名府路或者会有十万兵马。

之所以如此,完全是因为契丹南下,按照惯例,每到大名府地界,则合兵于城下,共议下一步行动。一般情况下,辽军不会贸然攻击大名府。大名城高池深,非小州军寨可比,一旦攻城失利,很容易腹背受敌,更不用说绕过大名府悬师深入了。

大名府位置险要,守臣的选择便不敢马虎。宋初知大名府官员,皆兼大名府路安抚使、都部署之职,下辖澶、怀、卫、德、博、滨、棣(今山东惠民)七州,通利、保顺二军。知大名府位高权重,不是心腹重臣,便是朝中勋贵,若非文韬武略过人,怎能镇抚一方?

彼时,大名府守臣是王钦若。

王钦若(962—1025),字定国,临江军新喻(今江西新余)人。王钦若进士甲科及第,很快因精明能干、治绩不俗而崭露头角,成功引得太宗皇帝关注。真宗即位后,王钦若一路获提拔重用,短短两年间即拜右正言、知制诰、判大理寺,成了天子近臣。

咸平三年(1000),王钦若升任翰林学士,距离执政只一步之遥了。王均之乱平定后,真宗皇帝任王钦若为西川安抚使,往川西负责善后事宜。王钦若不辱使命,回到汴梁当天,便被任命为左谏议大夫、参知政事,跻身权力核心。

从前官职低微还好，越往高处走位子越少，王钦若如此升迁，自然引得同僚侧目。偏偏，王钦若属于那种固执己见，不懂得通融的人。咸平四年（1001），为扼制李继迁势力，边臣提议修筑绥州城。很快，朝堂之上便出现了泾渭分明的两种意见：吕蒙正、王旦、王钦若不同意修筑；李沆、向敏中、王继英、陈尧叟则持不同意见。

对政务持有不同意见，本是寻常之事，但王钦若很快便成为众矢之的。与吕蒙正、王旦家世显赫、背景深厚不同，王钦若依恃的只有赵官家的宠信。

此番，契丹倾国南下，宋廷上下震恐。签书枢密院事陈尧叟主张幸蜀，王钦若则力主南巡金陵。时任宰相的毕士安、寇准则力主真宗皇帝御驾亲征，鼓舞士气。

据史料记载，寇准唯恐王钦若在朝鼓唇弄舌，便向真宗推荐他出知大名府。

真宗皇帝认为王钦若不谙军旅，担心误了国家大事，寇准劝道："古人有言，智将不如福将。臣观参知政事王钦若福禄未艾，宜可为守。"

见真宗犹豫，寇准趁热打铁，即时进札请敕。真宗略一思忖，也即允从。

寇准辞出，立即找来王钦若，催促他上路。王钦若完全蒙了，寇准"主忧臣辱，主辱臣死"的大道理一讲，斟了满满一盏酒，命曰"上马杯"。王钦若见木已成舟，只好喝了壮行酒，硬起头皮上路。

关于这段历史，宋人笔记《东轩笔录》描写得十分传神，寇准好刚使气的性格，王钦若茫然自失的神情跃然纸上。

野史之记载生动活泼，画面感极强，虽不及正史的中规中矩，却也道破天机：王钦若出知大名府，真正打动真宗皇帝的是寇准所言"福将"。

王钦若字"定国"，真宗皇帝太需要一个重臣定国安邦了。寇准，字平仲；毕士安，小字舜举，"寇平""士安""舜举"。其中含义可知。

有宋三百余年，真宗皇帝最喜神道设教，还有一人便是宋徽宗了。

寇准的荐举，并非出于公心，甚至可以说是包藏祸心。

王钦若对于军事一道完全是个门外汉，到任之后，召集众将商议如何御敌，见无人作声，索性决定用抓阄的方式决定守御诸门之人。契丹军南下，北门首当其冲，众将畏战，无人敢守北门。

《宋史·地理志》记载，大名府城周达四十八里二百六十步，共有十七座城门，加上水关、宫城、牙城，仅兵力配置，就棘手得很。不通军务的王钦若初到任，两眼一抹黑，更不谙属下能力，能想出抓阄这样的方法来，也算是情急智生了。

西上阁门使、都铃辖孙全照见状，挺身而出，主动承担起守北门的职责。王钦若见有人分担，顺水推舟提出由自己守南门。大名府规模宏大，南北相距二十里，距离契丹兵锋最远，倘若城破，也方便逃之夭夭。孙全照对王钦若的小心思洞若观火，建议他居中央府署指挥调度。王钦若无奈答应。

孙全照命人打开城门，放下吊桥等候契丹人来攻。

大名府古称魏州，唐魏博节度使田承嗣有战斗力强悍的牙兵万名，唐代宗宠其军，号曰"天雄"。唐德宗时，魏博节度使田悦僭称魏王，将魏更为"大名"，州升为府。从此，就有了大名府的称谓。其后，李存勖建立后唐政权，年号"同光"，建都于此，更名为东京兴唐府；后晋时，再更名为广晋府。后汉、后周时，大名府皆为陪都。宋时，大名府外城周长仅次于汴梁城，规模宏大。

至今，大名地方仍流传着"四十八里卧牛城"的民谚。宋时，大名府形状头北尾南、腹东背西，完全就是一头卧牛的模样。修筑成屈曲状，正是考虑到有利于军事防守的缘故。孙全照负责守卫的北门，正是牛头的位置。

倔强低伏的牛角直欲刺破苍穹，完全就是拼命的架势。

见宋军打开城门，一副有恃无恐的样子，契丹军心下忐忑，反而不敢贸然攻城。

契丹人的战略战术是在战争和日常狩猎生活中学习、摸索出来的。作为游牧族群，他们虽无庖丁解牛的手段，但深谙牛的习性，不会轻易撩拨牛。挑衅红了眼的牛魔王，会造成很严重的后果。就连不入流的斗牛勇士，也知道躲避抵将过来的牛角。

于是，契丹大军舍北门不攻，绕道直趋东门，他们的屠刀准备刺向牛腹，这里应该是宋军软肋。哪知道契丹军又碰了钉子，大名城城高池深，远非瀛州城可比，宋军居高临下，以逸待劳，一番箭雨，契丹军死伤无数。

连攻瀛州城十余日不下，死伤无数，已经在契丹人心中留下了阴影，他们见大名府易守难攻，干脆绕城而走，径直南下去攻德清军了。

王钦若见契丹军不过如此，立刻信心倍增，调兵遣将追击，欲痛打落水狗。哪知道，契丹军早已于城南狄仁杰庙设伏，待宋军撞进网来，契丹军伏兵四起，将宋军团团包围。暗夜中人影幢幢，一时不知契丹军有多少兵马。

辽军乱箭齐发，宋军猝不及防，死伤无数，待稳住阵脚，双方即刻展开殊死搏杀。

契丹军本以为宋人中伏后便会一触即溃，接下来他们只需轻松打扫战场了。哪知双方交战多时，辽军却丝毫未占得上风。大名地方战乱频仍，为抵御异族侵犯，地方百姓尚武成风，大名守军亦剽悍异常，有古魏劲兵遗风。他们个个弓马娴熟，眼见身陷不测之地，激发血性，大呼酣斗，竟无一人退后。

王钦若得知宋军中伏，呆若木鸡，一时不知如何是好。关键时刻，孙全照主动请缨，愿引兵救援。

王钦若也知若坐视不救，契丹军杀个回马枪，大名府恐怕不保，只得勉励一番，命孙全照率军往援。孙全照手下有一队射人马可洞穿重甲的弓弩手，辽军向来畏服。此刻这支生力军冲入阵中，一阵箭雨，苦战一夜的契丹军兵抵挡不住，纷纷后退。

一番血战，孙全照率人马冲出重围，点检军兵，存者十之三四。

大敌当前，宋河北守军临危不惧，士气如虹。

契丹大举南下，知沧州令城外老幼入城躲避，取冰代砲石猛击来犯之敌。

此前邢、洺地方地震，城堞摧毁、城池残破，赵官家体恤下情，命地方官便宜行事，可以弃城南保。知邢州却誓与城池共存亡，督丁壮登城而大开诸门，率所部军兵于城外布阵。契丹军见状，以为宋军有恃无恐，不敢攻城，于城外停留三日后主动撤围离去。

得知契丹军来攻大名府，天雄军都部署周莹派洺州宋军一千五百马军赴援，与契丹大军于道中相遇。宋军虽勇，无奈寡不敌众，眼见死伤惨重，只得退走。周莹却谓其玩寇，准备将这些幸存的军兵尽数诛杀。真宗得知，赐帛及酒菜与之压惊，谕令周莹刀下留人，勿治其罪。如果战败就杀，怕是从此再无将士肯沙场用命。

契丹军转而往攻德清军，此前宋官家虽有诏，城小兵寡的德清守军可以弃守，入保澶州。哪知契丹军来得太过突然，知军、尚食使张旦遍体鳞伤，矢无虚发，左右皆力战而死，犹奋剑转斗，独自一人杀死敌军数十名。最终寡不敌众，与其子及虎翼都虞候胡福等十四人皆战死。

赵官家一面调兵遣将迎敌，一面安排亲征事宜。

十一月二十日，车驾从汴京出发。

十一月二十一日，至长垣县。

十一月二十二日，才至韦城，便知契丹军攻陷德清军，真宗当即驻跸韦城，准备见机行事。得知黄河结冰，立即召来知滑州张秉、齐州马应昌、濮州张晟等地方官督率丁夫凿冰，以防契丹戎马渡河。

二十日出发之时，司天监官员报称"日抱珥，黄气充塞"。真宗忙问主何吉凶，司天监官员信誓旦旦表示："宜不战而却，有和解之象。"

所谓日抱珥、黄气充塞，不过是沙尘暴天气，刮得天昏地暗，太阳周边出现光晕而已。然而，彼时讲究天人相应，必须郑重其事，尤其是赵官家这样的天子。

才说有和解之象，契丹军便攻陷德清军，这脸打得也太狠了。真宗皇帝稍一犹疑，立即便有臣子劝他南幸金陵，以避敌锋芒。真宗皇帝心下无着，招来寇准商议对策。

寇准奉诏入对，一只脚才迈进殿门，忽听有内人劝真宗道："群臣辈欲将官家何之乎？何不速还京师！"据此可知，真宗皇帝亲征，是带了女眷上路的。只是出此下策女子为何人，应是为尊者讳，是以不见载于史册。只是国事议之于妇人，可知情势危急，真宗皇帝确实是乱了方寸。

见了寇准，真宗开门见山地问道："南巡何如？"

寇准苦口婆心地道："群臣怯懦无知，不异于乡老妇人之言。今寇已迫近，四方危心，陛下惟可进尺，不可退寸。河北诸军，日夜望銮舆至，士气当百倍。若回辇数步，则万众瓦解，敌乘其势，金陵亦不可得而至矣。"

寇准 像

寇准先是彻底否定了那些避战官员的建议，婉转地提醒赵官家，国家大事不可谋于妇人。紧接着明确告知当下情势，只可进尺，不能退寸。忍让与退缩不能换来和平，只能令契丹人得陇望蜀，越发猖獗。銮舆一至河北，则军心士气大振；倘执意南幸，则大势去矣，若汴梁不守，南幸金陵怕也是大梦一场。

寇准之所以被后世称为名臣，窃以为正是因为这一番鞭辟入里的分析，他对时局的认知在所有随驾官员中首屈一指。

寇准的一番言语，虽说对赵官家触动很大，但他仍犹豫不决，想观望一番再做决定。

寇准无奈，只得告退。首相毕士安由于身体原因未能成行，随真宗御驾亲征的一众文武官员中，以寇准最是位尊权重。可惜的是，与之过从甚密的似乎唯有杨亿一人。

寇准这人好刚使气，喜面折廷争，经常令赵官家下不来台。

"十九中高第，弱冠司国章"的寇准，少年得志，难免年轻气盛、心高气傲，见了皇帝则直言敢谏，勇于逆龙鳞，敢为他人所不敢为。

一次，在向太宗皇帝奏事之时，他言切直，据理力争，惹得赵光义龙颜大怒，起身便要拂袖而去。哪知寇准上前扯了他的衣袖，硬是将他按在龙椅上，"持议益劲固"。直至太宗皇帝允其所请，这才放手。宋太宗见他有如此胆色，赞叹道："此真将相才！吾得之，若唐文皇倚魏郑公尔。"

宋太宗自诩唐太宗，干脆将寇准视为魏徵了，可见其对寇准如何器重了。

他对皇帝态度如此，对同僚态度不问可知。据朱熹所撰《五朝名臣言行录》，彼时，京师有"寇准上殿，百僚股栗"的传言。寇准在朝做官，先是令人望而生畏，接下来则令人敬而远之了。

寇准步履匆匆才出大殿，险些与一人撞个满怀，正欲发作，见来人正是殿前都指挥老将高琼，心下大喜，上前捉了高琼的手，问道："太尉受国厚恩，今日有以报乎？"

寇准对武将向来不假颜色，高琼顿感受宠若惊，忙道："琼武人，诚愿效死！"

寇准将情形简短一讲，带了高琼复入行宫来见真宗皇帝。寇准重申前言，方道："陛下不以臣言为然，何不问一下高琼的意见？"

高琼上前一步，大声道："寇准所言极是！"待见官家一脸狐疑望过来，他慷慨陈词道："随驾军士父母妻子尽在京师，必不肯弃而南行，中道即亡去耳。愿陛下亟幸澶州，臣等效死，敌不难破。"

真宗皇帝闻言，顿时面色苍白，怔在当地，做声不得。高琼并非危言耸听，他可以置江山社稷不顾，南幸金陵，随驾军士却未必肯舍弃妻儿父母南下。如果这些军士中途作鸟兽散，赵官家叫天天不应、呼地地不灵，真的成了孤家寡人，到那时悔之晚矣。北上澶州激励士气，与契丹殊死一战，或可置之死地而后生。

见真宗兀自沉吟，寇准在旁催促道："机不可失，请陛下起驾。"

真宗转而望向身旁侍立的内殿崇班、带御器械王应昌。王应昌父亲王延德总角之时，宣祖赵弘殷（太祖、太宗父亲）爱其谨重，将他召至左右。赵光义任开封府尹时，王延德成了负责庖膳的亲信。咸平二年（999），真宗亲征，王延德任京城旧城都巡检使。受知于祖孙三代，王应昌成为真宗近臣、贴身侍卫自是情理之事。内殿崇班虽是七品小官，但带御器械的加衔十分了得，可以"身佩弓箭袋、御剑，为皇帝扈从侍卫，以防不测"。

王应昌的角色，约等于"御猫"展昭。

见真宗皇帝望过来，王应昌自然不能装聋作哑，身为武人，他自然反对临阵退缩，当即道："陛下奉将天讨，所向必克。若逗留不进，恐敌势益张。或且驻跸河南，发诏督王超等进军，寇当自退矣。"

王应昌所言，较高琼含蓄了许多，他先是肯定了官家亲征，送上一顶"所向必克"的高帽子，然后婉转提醒，逗留不进的后果则是敌势益张。言外之意，若犹豫不决，怕是局面糜烂不可收拾。唯有驻跸河南，发诏督促王超等进军，如此，或许有机会战胜来犯之敌。

见殿前都指挥使高琼、贴身侍卫王应昌皆认同寇准观点，真宗皇帝这才决定次日继续上路。

无巧不成书，就在真宗进退失据之际，契丹方面王继忠传来消息。出人意料的是，传讯的是宋人张皓——河北石普手下。

原来，身在曹营心在汉的王继忠不见真宗回信，心焦难耐，只得再次与昔日同僚石普取得联系，询问究竟。石普不敢耽误，立即派出手下散直张皓南下打探消息。

张皓从贝州（今河北邢台境内）往汴梁，尽管小心翼翼，却仍为契丹军兵擒得。得知张皓身份，契丹军兵立即带了他来见萧太后。史载，"契丹主及其母引皓至车帐前，问劳久之，因令抵天雄，以诏促曹利用"。

据此可知，似乎契丹人已然侦知宋廷遣使之事，更知道使臣名唤曹利用，此刻正困在大名府城中。张皓人在屋檐下，不敢不低头，只得应允，前往城下申明来意。哪知王钦若怀疑其中有诈，不肯放曹利用出城。张皓只好回去复命。

萧太后与辽圣宗非但没有为难他，反而赐张皓袍带，"馆设加等"，提高了招待规格。

张皓拿了王继忠书信，急忙来见赵官家。真宗皇帝得知原委，哭笑不得，只好重新作书与王继忠：

> 继省来章，专候使命，昨自孙崇等回后，寻降手诏与天雄军，令速发利用往彼。今张皓至阙，再览卿奏，果称天雄军以未奉诏旨，尚且稽留。今再降诏命，令皓赍去勾取，候利用才到大辽，可令皓赴阙。

真宗皇帝赐予王继忠的这封诏书，作于十一月甲戌（二十四日），观其大意可知，就在契丹兵围瀛州之后，双方仍有使介往来。真宗皇帝也知曹利用困于天雄之事，当即命随驾大臣参知政事王旦作书王钦若，派张皓带了书信诏书重返天雄，督促曹利用前往契丹军前议和。

真宗皇帝还在犹疑之际，契丹军已悄然兵临澶州城下。

高琼 像

第三章
契丹话事人之难弟篇

断腕太后

读史可知，历史上有名有姓数得上来的皇帝有三百多位，但敢称"圣"的皇帝屈指可数。中原文明含蓄内敛，皇帝虽然多数不合格，但拼命标榜是朝圣君方向努力的。与草民不同，皇帝驾崩后要升祔太庙中立室进行奉祀，于是就有了庙号。庙号称圣的，至今只有辽圣宗与清圣宗二位而已。

与清圣宗康熙广为人知不同，辽圣宗的名气则要逊色许多了。事实上，辽圣宗的文治武功与康熙相较不遑多让，其历史地位不及康熙，不过是时也势也。

作为宋真宗的对手，辽圣宗表现得可圈可点。

辽圣宗耶律隆绪（972—1031），是契丹王朝第六任皇帝。之所以名为隆绪，是因为他最钦敬的皇帝是唐玄宗李隆基，于是自作主张为自己起了个名字"隆绪"。耶律隆绪是辽景宗嫡长子，母亲则是大名鼎鼎的萧太后。

耶律隆绪生于景宗保宁三年十二月，乾亨二年（980）正月封梁王。乾亨四年（982）九月，景宗皇帝耶律贤病逝，耶律隆绪于柩前继位，时年十二岁。景宗皇帝临终，遗命"军国大事听皇后命"。萧绰当仁不让，"奉遗诏摄政"。十月，耶律隆绪尊母后萧绰为皇太后。次年六月，耶律隆绪率群臣为母亲上尊号曰"承天皇太后"，改元统和。

圣宗皇帝即位之初，史称"母寡子弱，族属雄强，边防未靖"，可谓危机四伏。圣宗皇帝上位，是契丹王朝有史以来第一次和平的皇位更替，也是首次实现嫡长子继承大统。其过程并非波平浪静，而是暗流汹涌。

史料记载，萧太后与枢密使韩德让相通。眼见景宗皇帝不起，韩德让不俟召，率亲信赴行帐，与萧后密谋，易置大臣，敕诸王各归第，不得私相燕会。等到基本控制了局面，这才宣布景宗遗诏，立梁王隆绪为皇帝。

圣宗皇帝在位的四十余年，即是契丹王朝高速发展的阶段，也是契丹从奴隶社会过渡至封建社会的关键时期。史称，圣宗幼冲嗣位，政出慈闱。成年之后益习国事、锐意于治。"更定法令凡十数事，多合人心，其用刑又能详慎。"

更定法令，即变革，圣宗皇帝锐意于治，与时俱进地提出了"准法同科"

思想，有力地缓解了民族矛盾，使契丹王朝国力进入鼎盛阶段。

契丹国中，除契丹、室韦、乌古、奚、迪烈等游牧族群之外，绝大部分是以定居农业为生的汉人和渤海人。汉人与渤海人，除少部分因躲避战乱主动归附，多数是战争俘掠所得。至辽圣宗统治时，历数十载的积淀，汉人与渤海人日增，人口繁盛，数量已然远超契丹、室韦、乌古、奚等游牧族群人口。与逐水草而居的游牧民不同，多从事农业、手工业的汉人与渤海人安土重迁，即便是契丹统治者也不得不尊重他们的习俗。

当初，雄才大略的耶律阿保机决定因俗而治，命大臣"定治契丹及诸夷之法，汉人则断以《律令》"，制定《神册律》约束契丹等游牧部族，而用《律令》管理汉人及渤海人。此后，辽太宗耶律德光完善了北面官、南面官，推行"蕃不治汉，汉不治蕃，蕃汉不同治"的政治制度。

"以国制治契丹，以汉制待汉人"的制度基本适应当时社会实际，成为契丹王朝的既定国策，历辽世宗、穆宗、景宗三代而未有改变，只是随着时间的推移，其弊端日益显现。

世宗天禄二年（948），"天德、萧翰、刘哥及其弟盆都等谋反，天德伏诛，杖翰、流刘哥、遣盆都使辖戛斯国。夫四人之罪均而刑异"。天德即耶律天德，辽太宗第三子；萧翰则为辽太宗妻兄；刘哥即耶律刘哥，盆都即耶律盆都，二人为太祖皇帝四弟寅底石之子。

《辽史·刑法志》对此事评道："辽之世，同罪异论者盖多。"

同是十恶不赦之罪，处罚却迥异，其中即使有世宗皇帝基于息事宁人的考量，但如此势必难以服众。三年之后，辽世宗果然为臣下所弑，死于非命。

此一事件发生在契丹统治上层，不具广泛性。与此同时的社会层面，则越发不堪——由于"蕃汉不同治"导致的"虏（契丹人）杀汉人则罚，汉人杀虏则死"等不公现象层出不穷，民族矛盾加剧。

世宗在位五年即遇弑，辽穆宗嗜酒如命，赏罚无章，更是废除了供民申冤的钟院。数年后，变起肘腋，他死于宵小之手。景宗皇帝在位期间情势略有好转，圣宗继位若不改弦更张，契丹王朝不免衰亡之命运。

圣宗在位时，王朝疆域广袤万里，农业生产已基本普及各地区。幽云十六州等传统农耕区域自不待言，就连偏远的北部地区也是如此。农业人口迅速增加，农业生产已远超契丹人原始的畜牧业，成为最重要的生产部门。这也是契丹王朝统治者力保幽燕不失的最基本原因。

辽圣宗继位后，大力发展农业，不断许民、募民开垦荒地，使闲田变私田，"计庙出粟，以赋公上"。有了充足的粮食供应，南下对宋用兵，不再以"打草谷"的方式来保证军需。

农业生产提高，从业者的社会地位亦亟须相应提高。由此，引进汉律，统一律法，消除用法不均更显迫不及待。即位之初，辽圣宗即令有司译"南京所进律文"。南京即燕京，地方官所进无非《唐律》与宋廷颁布的《宋刑统》而已。圣宗皇帝命令官员翻译汉律，应该是为改革而做的准备工作。

统和十二年（994），辽圣宗推行《断罪诏》，规定此后"契丹人犯十恶者依汉律"。

十恶源于北朝周齐，直至律令臻于完善的唐王朝时始详细制定，具体包括：谋反、谋大逆、谋叛、恶逆、不道、大不敬、不孝、不睦、不义、内乱。

十恶，本是中原农耕文明诞生的奇葩，为维护父权、皇权而生。细究起来，所谓谋危社稷，谋毁宗庙、山陵及宫阙，背国从伪皆是对政权、皇帝及其代理人的叛逆；而大不敬、指斥乘舆、无人臣之礼就更是弹性十足，是可以随意填置的大笸箩。

简而言之，十恶不赦，无非不忠不孝而已。而忠孝之道，实为统治阶级服务的儒家思想之滥觞。

辽圣宗引入汉律十恶罪，后世有人认为，这是契丹游牧文明积极向封建文明学习的证明。如此，则不免失之肤浅。

辽圣宗年少登基，喜读儒家经典，萧太后特意为其请了硕儒为师。萧太后圣宗母子重视儒学，初心不过为有效统治境内汉人、渤海人，维护王朝的长治久安，却也对契丹的封建化具有推动作用。那些硕儒为报知遇之恩，又见圣宗皇帝如此谦逊好学，自然是结草衔环，知无不言、言无不尽，倾其所有灌输儒家思想。圣宗向学，不过是欲从中原封建制度中窥得牧民驭下之道。彼时帝王教科书《资治通鉴》尚未问世，只好退而求其次，阅读《贞观政要》了。

据史书记载，契丹为匈奴、东胡、鲜卑宇文部之后，而契丹人自己则认为乃炎帝、轩辕氏之后，契丹人视自己为中国人，视宋人同为中国人，且以唐王朝继承人自居。辽圣宗将《唐律》拿来为我所用自然是心安理得之事。

《唐律》是集李唐数代君臣智慧于一体的优秀法典，为何圣宗皇帝独独重视十恶不赦罪呢？无他，完全是因为契丹王朝自建立之日起，犯上作乱、谋逆、觊觎皇权的乱臣此起彼伏，太祖、太宗、世宗、穆宗、景宗朝皆有谋逆之事发生。

在耶律阿保机化家为国的过程中，最大的阻力不在外部，而在内部，准确地讲是其家人。

何以如此？首先要讲的便是契丹早期职官之"夷离堇"。夷离堇之职，按《国语解》的说法即"统军马大官"，简单的理解则是部落中掌兵权的军事长官，并非酋长。这一称谓，直至会同年间方改为大王。在耶律阿保机建立政权之前，契丹各部族皆有自己的夷离堇。

唐末，契丹共分八个大的部族，八部夷离堇每三年聚在一处，推选出一个"大夷离堇"以统领八部人马对外征战。这个大夷离堇，称为大迭烈府夷离堇。任迭剌部夷离堇的耶律阿保机在被推举为大迭烈府夷离堇之后，东征西讨，劳苦功高，逐渐取代了部落首领（可汗）之位。耶律阿保机大夷离堇连任九年，没有让贤的意思，惹怒了其余部族。

阿保机只好让贤，退回自己经营多年的炭山汉城韬光养晦。炭山，即今河北北部大马群山脉北端，汉滑盐县境，有盐铁之利。安顿好一切，阿保机派使人告诸部大人曰："我有盐池，诸部所食。然诸部知食盐之利，而不知盐有主人，可乎？当来犒我。"

诸部大人吃人嘴软不疑有他，结伴前来赴宴，"共以牛酒会盐池"。喝到烂醉之时，阿保机伏兵四起，尽杀诸部大人。耶律阿保机一举扫平外部障碍，一跃成为契丹诸部首领。

耶律阿保机对部族内觊觎权力的人严加防范，却疏忽了身边人。不久，皇弟剌葛、迭剌、寅底石、安端谋反。安端妻子粘睦姑告变，阿保机占得先机，一举粉碎了几个弟弟的阴谋。碍于亲情，阿保机不好随意处置他们，于是和几个弟弟登山刑牲,告天地为誓而赦其罪。

表面看,耶律阿保机占得先机大获全胜,实则不得不任命剌葛为迭剌部夷离堇,将权力让渡,以求得兄弟间相安无事。

绥靖换来的只是短暂安宁。第二年十月,几个弟弟再次犯上作乱。阿保机借行传统燔柴之礼的时机,重申权位合法性,令几个弟弟再度妥协,叛乱不了了之。

次年三月,阿保机三弟剌葛欲壑难填,图谋作奚王,与安端率千余名骑兵前来逼宫。这次的叛乱规模远超从前,且诸弟犯上作乱得到了母亲的姑息纵容,剌葛派遣寅底石引兵径趋行宫,焚烧辎重、庐帐,纵兵大掠。眼见情势危急,阿保机妻子述律氏立即派人救援,仅夺回李唐王朝所赐天子旗鼓。

终于挫败叛乱后,阿保机高举屠刀,对附从作乱者毫不留情,斩杀殆尽,迅速稳定了局面。只是如何处置几个弟弟,却显得颇为棘手。思来想去,阿保机只是将怂恿诸弟犯上作乱的耶律辖底、滑哥处以极刑,对几个弟弟则网开一面,"首恶剌葛、其次迭剌哥,上犹弟之,不忍置法,杖而释之。以寅底石、安端性本庸弱,为剌葛所使,皆释其罪"。

在庞大的传统势力面前,耶律阿保机也须小心翼翼行事。想要长治久安,既要有妥协,也要有怀柔。

可汗之位,已然不能适应当下。为求一劳永逸解决之道,耶律阿保机先是将迭剌部析为北、南二院分而治之,继而紧锣密鼓安排称帝事宜。

公元907年,耶律阿保机摆脱部族传统力量束缚,正式建元称帝。

从可汗一跃变为皇帝,阿保机在完成华丽转身后,很快便安排了继承人,立长子耶律倍为太子。此举,从法理上消弭诸弟觊觎之心。此一时彼一时,此前叛乱,在部族中是寻常事,如果在称帝后仍一如从前,则是不臣,等待他们的则是严刑峻法了。

耶律阿保机自以为得计,哪知人算不如天算,在他逝世后,皇太子耶律倍却并未能继位,继任者是次子耶律德光。所以如此,并非兄弟阋墙,而是因为其妻述律平。

述律平(879—953),小字月理朵,祖上是回鹘人,史称淳钦皇后。虽无史料支持，但阿保机与述律氏的结合，应该有政治结盟的因素。辽人以鞍马为家，后妃往往长于射御，军旅田猎，未尝不从。"简重果断，有雄略"的述律氏自嫁与阿保机后，夫唱妇随，很快成为阿保机的贤内助。《辽史》称"太祖开拓四方，平渤海，后有力焉"。

契丹部族没有男尊女卑的意识，更无牝鸡司晨的陈腐观念。述律平有一支数万蕃汉精兵组成的私人武装——"属珊军"，宗室勋臣在她面前不敢放肆，自然是仗马寒蝉了。

天显元年（926）七月，耶律阿保机于扶余城（黄龙府，今吉林农安）意外辞世。勇决多权变的述律氏"称制，权决军国事"。

先是，耶律阿保机遗诏寅底石守太师、政事令，辅东丹王，哪知道，述律氏安排亲信半道劫杀，寅底石死于非命。八月，述律氏奉阿保机梓宫西还。九月，南府宰相苏（耶律阿保机异母弟）薨。十月，卢龙军节度使卢国用叛，奔于唐。十一月，杀南院夷离堇耶律迭里、郎君耶律匹鲁等。

史书中只一个轻飘飘的"等"字，便可知彼时反对者众，述律氏迫不得已大开杀戒。

契丹重臣耶律铎臻，卒。佐命功臣，曾负责修建上京的汉臣康默记在营造完阿保机山陵后，卒。

史载，述律氏召集诸酋长妻，谓曰："我今寡居，汝不可不效我！"又集其夫泣问曰："汝思先帝乎？"对曰："受先帝恩，岂得不思？"述律平曰："果思之，宜往见之。"遂杀之。述律氏用这一手段，杀了许多不附己者，这天又欲故技重演时，降将赵思温不卑不亢地道："先帝亲近之人莫过于太后，太后何不以身殉葬？"

本以为这一问可以令述律氏哑口无言，哪知她略一沉吟，云淡风轻地道："诸子幼弱，国家无主，不得往耳。"接着，她夺过身边侍卫佩戴钢刀，手起刀落，砍断自己的一只手腕，不顾血流如注，将断手交与左右放入梓宫殉葬。

述律平这一刀，令契丹皇亲国戚、文武重臣心胆俱裂。她对自己都敢下此狠手，对其他人又岂会心慈手软？从此，述律氏多了一个美号——断腕太后！

太祖讣至，留守东丹（契丹灭渤海，更其国名为东丹，册耶律倍为东丹王）

的耶律倍立即起程赶往扶余奔丧。

耶律倍本以为自己可以枢前继位,哪知很快就为他的草率付出了惨痛代价。帝位空置一年零四个月后,天显二年(927)十一月壬戌,耶律倍终于省悟,自己与皇位无缘,于是率群臣请于后曰:"皇子大元帅勋望,中外攸属,宜承大统。"耶律倍本欲以退为进,试探母亲,哪知述律后顺水推舟,耶律德光是日即皇帝位。

对此,《资治通鉴》中的记载,画面感更强:

契丹述律后爱中子德光,欲立之。至西楼,命与突欲俱乘马立帐前,谓诸酋长曰:"二子吾皆爱之,莫知所立,汝曹择可立者执其辔。"酋长知其意,争执德光辔欢跃曰:"愿事元帅太子。"后曰:"众之所欲,吾安敢违?"

于是,德光继位,是为辽太宗。

当众受辱的耶律倍,羞愤之下决定奔唐,未能成功。登上至尊之位的耶律德光,虽对兄长心怀感激,却也不得不对之前的皇太子有所戒备。他不动声色削弱兄长势力,暗中严密监视。对此,耶律倍身心俱疲,谓左右曰:"我以天下让主上,今反见疑;不如适他国,以成吴太伯之名。"于是,他离国泛海到了中原。临行前,于海边立木,作诗其上曰:

小山压大山,大山全无力。
羞见故乡人,从此投外国。

让国皇帝

耶律倍生于唐光化二年(899),德光生于天复二年(902),二人年龄相仿,性格却迥异。

史料记载,耶律倍通阴阳,晓音律,精医术,工辽汉文章,熟读汉籍经典。曾派人潜往幽州,市书万卷藏于医巫闾绝顶之望海堂。

东丹王出行图（局部）| 五代十国 | 耶律倍（传）| 波士顿美术馆藏

耶律阿保机称帝后，问左右侍臣："受命之君，当事天敬神。有大功德者，朕祀之。何先？"皆以佛对。太祖曰："佛非中国教。"耶律倍在旁，越众而出对曰："孔子大圣，万世所尊，宜先。"耶律阿保机闻言大悦，即建孔子庙诏皇太子春秋释奠。

从上述记载可知，耶律倍明白父亲的心思，是欲借重中原儒家文化改造契丹传统。只可惜，变革在传统面前任重而道远，任何新制度的形成都不是一蹴而就的。

即使没有述律氏从中作梗，耶律倍在与耶律德光的争夺中也不免会败下阵来。

作为耶律阿保机的继承人，耶律德光无疑是合格的。契丹在助石敬瑭夺得后唐政权后，将幽云十六州土地纳入版图。石敬瑭死后，其继任者石重贵坚持称孙不称臣。辽晋交恶，双方大打出手，耶律德光亲自南下攻灭后晋。令人不解的是，就在契丹王朝的高光时刻，述律氏居然预言："汝得中国不能有，后必有祸。"果然，耶律德光在北返途中一病不起。

史称，德光死，载其尸归，述律不哭而抚其尸曰："待我国中人畜如故，然后葬汝。"（世宗继位，命人护送太宗皇帝梓宫先往上京。）

中年丧夫，老来丧子，是人生至为不幸之事，述律氏为何没有眼泪？如此淡定，很难让人不生疑。述律氏精准预言的背后是否另有文章？

四月二十二日，耶律德光驾崩于栾城（今河北滦州北），权力真空很快便引来局势的动荡。先是，赵延寿于镇州粉墨登场，自称持有太宗皇帝遗诏，权知国事，张罗着接受群臣朝贺。

危急时刻，契丹永康王兀欲（耶律倍之长子耶律阮）挺身而出，擒了赵延寿。数日后，集蕃汉之臣于府署，宣契丹主遗制，于镇州（今河北正定，耶律德光升镇州为中京）即皇帝位，是为辽世宗。

与此同时，远在汴州的留守萧翰（述律后兄子，其女嫁与耶律德光），迎唐明宗幼子许王李从益知南朝军国事。他得知世宗继位的消息，当即弃汴州北还，赶往行在拜见新君。

当时情形，最有资格继承帝位的应为太祖第三子耶律李胡，其次为耶律德光之子寿安王耶律述律。寿安王年幼资浅望轻，无足为虑，李胡任天下兵马大元帅，位尊权重，此前耶律德光便是以天下兵马大元帅之职继位为君的。李胡虽有述律后的支持，却远在北地，鞭长莫及。述律后得知耶律阮继位为君，顿时怒不可遏，立即派幼子李胡率军前来问罪。

此前，新君心腹耶律安抟为了安抚众心，故意在军中散布李胡已死的消息。如今李胡亲自率军前来，一时人心惶惶。

六月一日，耶律阮车驾至南京（幽州），安端与寅底石之子刘哥主动投附，请缨为先锋，于泰德泉将李胡军打得大败。

仔细分析便知，众将表现得如此拼命卖力，委实是赢得输不得。

太祖皇帝当年崩于扶余城，述律后曾杀酋长、大将百余人。如今太宗皇帝崩于栾城，追随其南下的众将唯恐述律后杀他们殉葬。推举耶律阮继位为君，不过是避免重蹈覆辙而已。北院大王耶律洼、南院大王耶律吼、耶律安抟、萧翰等人父辈皆死于述律后屠刀之下，前车之鉴不远，转而拥立耶律阮为君实为趋利避害远祸之道而已。至于说耶律阮"仪观丰伟，内宽外严……人望归之，太宗爱之如子"，李胡残酷骄盈不得人心，不过是史家曲笔，当不得真。

李胡损兵折将，铩羽而归，一腔怒火无处发泄，气急败坏之下，"尽执世宗臣僚家属"，扬言再不胜，就要将这些人悉数杀了。一时间人心惶惶。七月，世宗率师返至潢河（西拉沐沦河），述律后亲率大军在潢河横渡（今内蒙古自治区赤峰市右旗巴林桥）严阵以待，双方隔河对峙，大战一触即发。

眼看一场声势浩大的内战就要爆发，重臣耶律屋质挺身而出，居中斡旋说和。

耶律屋质（915—973），字敌辇，是太祖皇帝耶律阿保机伯父岩木的后人，属孟父房皇族。博学、知天文的耶律屋质此时虽不过而立之年，却任掌皇族之政教的"惕隐"之职，位尊权重。

有人出面调停，不必兵戎相见自然好，耶律阮顺水推舟应允。他虽年轻，却也懂得稳定压倒一切的道理。只是他也担心中了祖母的缓兵之计，"乃设事奉书，以试太后"。

面对述律后的猜忌，耶律屋质坦然相告："太后佐太祖定天下，故臣愿竭死力。若太后见疑，臣虽欲尽忠，得乎？"

述律后见屋质胸怀坦荡，这才疑心尽释，道："我若疑卿，安肯以书示汝？"

屋质这才劝述律后道："李胡、永康王皆太祖子孙，神器非移他族，何不可之有？太后宜思长策与永康王和议。"见述律后沉吟不语，复循循善诱道："为今之计，莫若以言和解，事必有成。否则宜速战，以决胜负。然人心一摇，国祸不浅，惟太后裁察。"

耶律屋质的话不偏不倚、在情在理。如果不愿意和解，最好是速战速决，拖下去，非国家社稷之福。述律后听了，心下有所触动，于是写了一封书信命屋质去见耶律阮。

哪知耶律阮见祖母来议和，反而变了主意，准备依仗人多势众以武力解决问题。他写了一封"辞多不逊"的回函，准备派宣徽使耶律海思去见述律后。

屋质见状，义正词严地劝道："书意如此，则国家之忧未艾也。能释怨以安社稷，则臣以为莫如和好。"

耶律阮不为所动，道："彼众乌合，安能敌我？"

屋质苦口婆心地劝道："即不敌，奈骨肉何？况未知孰胜，借曰幸胜，诸臣之族执于李胡者，无噍类矣。以此计之，惟和为善。"

就算是战而胜之，也不过是骨肉相残，况且胜负难料。将李胡逼急了，将那些大臣的妻小悉数杀了，如何是好？

屋质的一番话，令新君及众文武面上色变。耶律阮亦知手下拥立自己乃是投机，如果真的打起来，祖母淫威之下，难保手下出现首鼠两端之辈，如此怕是会弄巧成拙。

最终，理性战胜了鲁莽，世宗选择妥协。经屋质努力，双方终于同意和解，商议谁来做皇帝。

史载，祖孙二人相见，述律后质问耶律阮："大王何故擅立，不禀尊亲？"

"人皇王（耶律倍）当立而不立，所以去之。"耶律阮针锋相对地道。

耶律阮旧事重提，正所谓你有初一，我有十五，自己这样做，不过是礼尚往来而已。

双方唇枪舌剑，火花四溅，一时互不相让。

眼见孙子出言无状，述律后转而将怒火发泄在耶律屋质身上，怒问道："议既定，神器竟谁归？"

屋质当即表态："太后若授永康王，顺天合人，复何疑？"

屋质话音才落，李胡便勃然大怒，厉声道："我在，兀欲安得立？"

屋质不为所动，侃侃而言道："礼有世嫡，不传诸弟。昔嗣圣之立，尚以为非，况公暴戾残忍，人多怨谤。万口一辞，愿立永康王，不可夺也。"

太宗即位，已然于礼不合，本就是错。再立李胡，岂不是一错再错、错上加错？

屋质一番话义正词严，令述律后哑口无言，最终对李胡道："我与太祖爱汝异于诸子。谚曰'偏爱之子不保业，难得之妇不主家'，汝亦闻此言乎？汝实自为之！"

众意难违，述律后虽溺爱幼子，却也不敢弄险，又因李胡颟顸行事，确实不能服众，只得认清形势，承认了世宗继统的现实。

耶律阮终于名正言顺继皇帝位，行柴册礼，群臣上尊号为天授皇帝。述律后母子则黯然离开上京，迁往祖州居住，退出了历史舞台。名为迁居，实则幽居，监视居住。

一切尘埃落定，世宗论功行赏，"以安端主东丹国，封明王。察割为泰宁王，刘哥为惕隐，高勋为南院枢密使"。政治投机者终于跻身朝堂，即使如此，他们仍不安于位，蠢蠢欲动。世宗皇帝虽有意培植自己的势力以制衡，奈何耶律洼、耶律吼、耶律安抟等人明哲保身，亦无意卷入纷争。一时间，契丹朝堂波诡云谲，暗流汹涌。

天禄二年（948）正月，耶律天德（太宗皇帝长子）、萧翰、刘哥、盆都等人谋反。

何以如此迫不及待？史书中未曾有记载。翻检史书，或者可以抽丝剥茧，从中找寻真相。窃以为，与世宗皇帝正式登基后的所作所为有关。

世宗皇帝登基，立汉女甄氏为后。此举，无异于捅了马蜂窝。

太祖皇帝耶律阿保机开创契丹王朝以来，"耶律、萧氏十居八九，宗室、外戚，势分力敌，相为唇齿，以翰邦家"。世宗皇帝立后，皇后居然不是萧氏，而是一个汉女，实在是出乎所有人意料了。《辽史》中，世宗怀节皇后萧氏小字撒葛只，是太祖淳钦皇后述律平弟弟阿古只的女儿。

史料记载，耶律阮娶萧撒葛只，是在封永康王之后。

大同元年（947）春二月，耶律阮封永康王，彼时正是南下灭晋之时，未几，耶律德光即暴卒，南北一片混乱，耶律阮既无时间更无精力千里迎娶。九月，与述律后、李胡达成妥协，世宗皇帝登基。唯一合理的解释，便是屋质斡旋，在与述律后化干戈为玉帛之时，述律后眼见大势已去，提出了自己的附加条件，你来做皇帝可以，但皇后必须是我萧氏一族的。耶律阮心下明白，祖母将侄女萧撒葛只嫁与自己，不过是妄图利用后族势力继续左右朝局，只是不做些许让步，和议便会有变数，也就顺水推舟，点头同意。

只是事后登基，一切尽在掌控之中，便出尔反尔立了汉女甄氏为后，耶律阮自以为得计，哪知铸下大错，将自己推到了盘根错节的后族势力对立面。

契丹王朝，萧姓最为贵重，除耶律之外，在国中，萧姓最具话语权。

耶律阿保机化家为国的过程中，述律平出力颇多，她的兄长萧敌鲁与弟弟萧阿古只追随阿骨打南征北战，立下汗马功劳，阿骨打称帝后，诸弟叛乱，萧敌鲁与萧阿古只总宿卫，成了阿保机的心腹重臣。投桃报李，耶律阿保机将北府宰相之位授予了萧敌鲁。

史称"后族为相至此始"。诸弟之乱非但未能动摇阿保机帝位，反而令述律氏后族势力加速崛起。阿保机称帝之前，二审密拔里、乙室已二部为传统后族，与新近崛起的述律平回鹘后族势均力敌，为两大政治集团。

对述律后势力的快速崛起，阿保机也深感不安，为防止述律后尾大不掉，他在着意培养长子耶律倍的同时，特意为他迎娶了拔里氏萧塔剌葛家族之女为妻。

述律平自然明白丈夫的心思，针锋相对，为次子耶律德光纳异父兄萧室鲁之女萧温为妃。这也是述律后不爱长子，支持次子耶律德光上位的重要原因。

而德光上位后，为报答述律氏家族，合皇太后父族及母前夫之族二帐为国舅司。本以为此举可以讨得母亲欢心，哪知母亲变本加厉，又为幼子李胡争得"寿昌皇太子兼天下兵马大元帅"的名位。如此行径,等于剥夺了耶律德光儿子的继承权。耶律德光执意南下,除了有继承父亲遗志入主中原的原因,另外就是不甘心被母亲摆布,准备开拓一片完全属于自己的新天地,对述律氏后族势力敬而远之。

耶律阮在与李胡争夺皇位的时候,拔里氏亦侧身其间。为稳固其统治,世宗追谥父亲耶律倍为"让国皇帝",尊母亲萧氏为皇太后,又将拔里氏从太宗所置以述律氏主导的国舅司中分割出来,另立国舅别部。又再接再厉,索性将述律后的行宫斡鲁朵长宁宫分赐翊戴功臣。

此举,进一步削弱了述律氏后族的势力,也为自身埋下了隐患。

世宗登基,对功臣不吝赏赐,而擅离汴州赶来投靠的萧翰空欢喜一场,只是娶了新君妹妹阿不里,并没有在权力再分配中得到更多。羞愤之下,萧翰转而勾结外甥、太宗子耶律天德叛乱。哪知他的一举一动未能躲过耶律屋质的监视,很快阴谋暴露,天德伏诛,主谋的萧翰只是挨了板子。

逃过一劫的萧翰毫不气馁,一年后与妻子阿不里勾结安端造反。彼时,太祖诸弟中安端硕果仅存,萧翰寻这个资深犯上作乱者合作,倒也算"识人"。

世宗当初嫁妹也没安什么好心,合理的解释就是在萧翰身边安插眼线。哪知妹妹居然被策反,实在是让世宗颜面扫地。恼羞成怒的世宗不再手下留情,果断杀了萧翰,阿不里则瘐死。

在杀了萧翰之后,为平息后族的不满,世宗不得不将萧撒葛只册为皇后。局势略稳定,世宗又开始部署南下之事。

天禄五年(951)七月,世宗南行至详古山,察割联合耶律盆都等发动政变,趁世宗酒醉,"率兵入弑太后及帝,因僣位号"。

察割是安端之子,奸诈狡猾更在其父之上。之前,世宗于镇州继位,他劝欲持两端的父亲依附新君。嗣后,安端主政东丹国,封明王;察割被封泰宁王,成了朝堂新贵。

察割"貌恭而心狡,人以为懦",看上去老实木讷,一副人畜无害的样子,实则满肚子坏水。太祖皇帝一见他的模样,便断言"此子目若风驼,面有反相"。为了接近世宗,取得信任,察割假装父子交恶,与父亲划清界限。

察割的苦肉计骗过了世宗,却未能瞒过火眼金睛的耶律屋质。屋质提醒世宗小心提防。世宗皇帝却不以为然,认为察割舍父事我,可保无他。屋质一针见血地指出"察割于父即不孝,于君安能忠"。

屋质忠言逆耳,世宗皇帝不听,结果致英年早逝。

辽世宗的历史评价不是很高,在位期间似乎并无建树。其实,对于契丹王朝而言,世宗虽不是开拓之君,却是继往开来的君主,在制度建设方面颇有创举。

太宗耶律德光虽然收得幽云十六州,却并未对这些地方形成有效统治。这其中,尤其以镇守幽州的赵德钧、赵延寿父子最是棘手。

赵德钧虽死,但其在幽州经营多年,势力盘根错节,德光也不敢贸然行事。无奈之下只得以汉治汉,以赵德钧子赵延寿(义子)为幽州节度使,封燕王。为示殊宠,德光还特意将后唐明宗小女儿永安公主嫁与赵延寿。及改幽州为南京,迁留守,总山南事。由此,在幽州地方形成了以赵延寿为首的汉军集团。

世宗上位投鼠忌器,命赵延寿继续任南京留守,只是重建南枢密院,派了心腹高勋出任南枢密使之职——"总汉军事"。此举,目的就是架空赵延寿。第二年,赵延寿薨,世宗索性派中台省右相耶律牒蜡出任南京留守,封燕王。

在石敬瑭纳幽云十六州十余年后,世宗终于兵不血刃地解决了赵氏父子的割据势力,对幽州地方逐步形成了有效统治。

前赴后继

察割弑君自立为帝,"百官不从者,执其家属",数年前的一幕历史重演。

危急时刻,耶律屋质再次挺身而出,联合诸王平乱,杀了察割,拥立太宗子寿安王耶律述律为帝,是为辽穆宗。

穆宗即位为君,对这位两次挽救契丹王朝于危难的社稷之臣道:"朕之性命,实出卿手。"遂委其以重任命知国事。

契丹朝堂,有人绞尽脑汁觊觎帝位,有人却浑不以为意。可笑的是,想得到的可望而不可即，无意于此的却有意外之喜，穆宗皇帝的上位便是如此。

穆宗为屋质拥立后，旋即对谋逆者施以霹雳手段：察割，为娄国（世宗弟弟）手刃；耶律牒蜡凌迟，妻子皆诛；耶律朗伏诛，籍其家属；盆都，凌迟处死……

即便如此，也未能令犯上作乱者止步。

应历二年（952）春正月，"太尉忽古质谋逆，伏诛"。

六月，国舅政事令萧眉古得（世宗妻弟）、工部侍郎李澣等谋南奔。

七月，政事令耶律娄国（耶律倍之子，世宗弟）见穆宗不恤政事，联合林牙耶律敌烈、侍中神都、郎君海里等发动叛乱。

八月，眉古得、娄国等伏诛，杖李澣而释之。

应历三年（953），李胡之子宛、郎君嵇干、敌猎、林牙华割、郎君新罗等人密谋叛乱。事情败露，华割、嵇干等被杀，宛被释放，罨撒葛（穆宗弟弟）被贬。

穆宗打压耶律倍派系，接下来自然是李胡一脉。耶律宛是李胡之子，罨撒葛是穆宗胞弟，他们联合起来反抗也是情理中事。

应历四年（954），益都谋叛，被杀。

应历九年（959）十二月，太宗庶子敌烈、前宣徽使耶律海思（耶律释鲁庶子）及萧达干等谋反，事觉，鞫之。

应历十年（960）秋七月，政事令耶律寿远、太保楚阿不等谋反，伏诛。

十月，李胡子喜隐谋反，辞逮李胡，囚之，死狱中。

穆宗登基后的十年间，谋反叛乱此起彼伏，他不得不打起十二万分精神小心应付，好在洪福齐天，有惊无险，多次都安然无恙躲过劫难。为此，他苦思解决之道，最终学习后周世宗，依样画葫芦设置了殿前都点检之职。

从此，宗室叛乱渐次削平，局势基本得以稳定。

在与乱臣贼子斗智斗力的同时，穆宗不忘开科举、招揽士人为己所用。在幽云地方均赋役、劝耕稼，以至年谷屡稔。家中有粮，心底不慌，穆宗在稳固政权的同时，不忘尽力保护后汉政权周全。就连远在淮南的南唐政权，也与之结为同盟，在后周世宗南征时，穆宗出兵河北以示声援。

结果后周世宗转而掉头北伐，兵不血刃夺得三关之地。若非柴荣染疾班师，后周与契丹在幽州城下必有一番血战。

应历十三年（963），穆宗开始无节制地酗酒，清醒时饮酒，醉酒后昏睡，于是获赠雅号"睡王"。后人亦因此诟病其懈怠国政、荒淫无道，视其为昏君。

世人如此认识，不免失之偏颇。契丹王朝建立以来，谋逆之事层出不穷，而以穆宗朝矛盾最为尖锐，犯上作乱蔚然成风。在经历三世开拓之后，契丹国力消耗殆尽，民生艰难，百业凋敝，连年战争以至满目疮痍，穆宗不得不适时调整国家战略，将努力恢复发展社会生产视为当务之急。试想，穆宗登基以来宵衣旰食、日理万机的同时，尚需时刻提防皇室勋贵的谋逆造反，长期精神高度紧张，行事乖戾、情志出现状况也在情理之中。过量饮酒，不过是借用酒精麻醉神经而已。

现代医学证明，饮酒也是一种自我调节、舒缓压力的方式。

穆宗登基为巩固统治，政治去世宗化势在必行。结果整合各方政治势力，却导致朝堂之上鱼龙混杂，离心离德，叛乱纷起。在疲于应付国内乱臣贼子谋逆的同时，又面对中原后周、赵宋政权的强势崛起，穆宗不得不取守势，联络南唐、北汉割据政权制衡。

战略趋于保守，穆宗却不忘加强对幽云十六州的经营。面对后周大军的进攻，南京留守萧思温请示穆宗，要求增兵以加强幽州城防御。穆宗却道："敌来，则与统军司并兵拒之；敌去，则务农作，勿劳士马。"

穆宗不愿劳师动众，只想做个守成之君。后人嘲笑他懦弱，却不知内忧外患之下，做个守成之君好难。

应历十年（960）之后，犯上作乱的权贵死的死、亡的亡，其余开始变得消停。穆宗精神一懈，喜欢上了饮酒，很快发展为酗酒。久而久之，酒精中毒导致精神错乱、喜怒无常，继而暴虐异常，身周侍奉的奴役动辄得咎，往往因为一些小过错就死在穆宗刀剑之下。

应历十三年（963），正月癸酉，杀兽人海里。三月癸丑朔，杀鹿人弥里吉，枭其首以示掌鹿者。六月癸未，近侍伤獐，杖杀之。甲申，杀獐人霞马。十二月庚寅，杀彘人曷主。

应历十四年（964），二月戊辰，支解鹿人没答、海里等七人于野，封土识其地。十一月壬午，宴饮达旦，杀近侍小六于禁中。

应历十五年（965），三月癸酉，近侍东儿进匕箸不时，手刃刺之；癸巳，虞人沙剌迭侦鹅失期，加炮烙、铁梳之刑而死。十二月甲辰，以近侍喜哥私归，杀其妻。十二月丁未，杀近侍随鲁。

应历十六年（966），正月乙酉，杀近侍白海及家仆衫福、押剌葛，枢密使门吏老古、挞马失鲁。

应历十七年（967），四月戊辰，杀鹰人敌鲁。五月辛卯，杀鹿人札葛。十二月辛未手杀饔人海里，复脔之。

应历十八年（968），三月庚戌，杀鹘人胡特鲁、近侍化葛及监囚海里，仍剉海里之尸。

应历十九年（969），二月癸亥，杀前导末及益剌，锉其尸，弃之。

就因为筷子递慢了这样的小过失，就手刃刺之，斩击射燎，断手足、烂肩股，折腰胫、划口碎齿，弃尸于野，穆宗确实是残忍暴虐。

穆宗滥杀无辜，令其身周侍奉的各色人等每天提心吊胆，度日如年。

不是在恐惧中爆发，就是在恐惧中死去。二月己巳，近侍小哥、盥人花哥、庖人辛古等六人铤而走险，杀死了睡梦中的穆宗。

穆宗遇弑，世宗次子耶律贤率飞龙使女里、侍中萧思温、南院枢密使高勋率甲骑千人驰赴行在。史称"群臣劝进，遂即皇帝位于柩前"，这便是景宗了。

令人不解的是，景宗即位，不是大索天下，缉拿杀死穆宗的元凶小哥、花哥等人，而是以宿卫不严的罪名，将任殿前都点检的耶律夷腊葛和右皮室详稳乌古里处死。

新君对穆宗心腹痛下杀手，原因不外乎有两种：其一，耶律夷腊葛与乌古里对景宗皇帝上位的正当性，表示怀疑；其二，穆宗死得蹊跷，二人或者是知情者，而保守秘密最好的办法，就是杀人灭口了。

史载，应历十九年（969）二月戊辰，耶律贤入见穆宗，穆宗当众表示："吾儿已长成，可付以政！"次日（己巳日），即发生了穆宗遇弑之事。

史官如此记述，无非欲告诉后人，景宗皇帝接班，不是因群臣拥戴，乃是穆宗的意愿。只是如此一来，不免破绽百出。穆宗难道预见了自己的死亡，进而言辞闪烁地立下了政治遗嘱？

按契丹朝初期叛乱频繁的史实推测，景宗的即位怕是一次惊心动魄的谋逆事件，只是真相被成王败寇的现实掩盖，后人不得而知罢了。

史家画蛇添足的记载，或者正是绞尽脑汁苦心孤诣的结果。或者有人会质疑，莫非历史的故纸堆中皆是阴谋论？

爬梳史料，抽丝剥茧便知分晓：景宗赶往行在，随行以飞龙使女里、侍中萧思温、南院枢密使高勋三人为主。

女里出身卑微，为积庆宫宫分人。穆宗在位时，为习马小底。积庆宫为世宗皇帝所设，景宗皇帝对他们十分熟稔是情理中事。史载，景宗在潜邸，以女里出自本宫，待遇殊厚，女里亦倾心结交。穆宗遇弑，女里是往景宗处通风报信的，事后，景宗以翼戴功，加政事令、契丹行宫都部署，寻加授太尉。

从穆宗朝连弼马瘟都不是的小角色，到新君的太尉，女里的升迁只能用火箭速度来形容。从前，女里是扶年幼的景宗上马的第一奴隶。现在，成了施以援手扶景宗上位的第一功臣。小哥、花哥铤而走险，或者就是他在暗中摇唇鼓舌、极尽蛊惑之能事的结果。

高勋，字鼎臣，本是后晋大将杜重威心腹，随杜降辽后，取得耶律德光信任，委以四方馆使之职。高勋为人机敏，"好结权贵，能服勤大臣，多推誉之"，因此仕途一帆风顺。辽世宗在位时，任枢密使、总领汉军；穆宗即位，高勋仍受重用，"应历初封赵王，出为上京留守，寻移南京"；景宗即位，"以枢密使知政事令高勋守政事令，封秦王"。

不管谁做皇帝，高勋皆宠遇不衰，一直受重用，不断加官晋爵，果然是"为人机敏"。

景宗上位的另一勋臣萧思温，小字寅古，是宰相敌鲁之族弟忽没里之子。

萧思温出身国舅帐，娶太宗女吕不古，不知是穆宗的姐夫还是妹夫。因为其女萧绰，后人对他似乎抱有好感。其实，萧思温这人奸诈狡黠更在女里、高勋之上。

萧思温有三个女儿，长女嫁太宗次子罨撒葛，次女嫁李胡子喜隐，三女萧绰，嫁与了世宗子耶律贤。仔细分析便知，三个女儿分别嫁给了太祖皇帝三个儿子的后人。不论三个女婿谁做皇帝，萧思温都是外戚。

前文曾言，大女婿齐王罨撒葛曾犯上作乱，二女婿赵王喜隐也前仆后继，耳濡目染之下，耶律贤怎能不怦然心动？只是他隐藏得更深，在总结二人失败经验后迎难而上。俗话说，不是一家人，不登一家门，在环境熏陶之下，耶律贤怎会做到出淤泥而不染？

景宗上位之初，立萧绰为后，萧思温如愿以偿成了国丈，官拜北院枢密使，兼北府宰相，不久更加尚书令，封魏王，成了与高勋、女里一样的新贵。

高勋、女里、萧思温三人权势熏天，也不知收敛，"一时纳赂请谒，门若贾区"。如此高调行事，很快便乐极生悲。

先是，保宁二年（970）五月，萧思温为国舅萧海只、海里、神觊三人所杀。保宁八年（976），高勋莫名其妙卷入了景宗弟只没妻安只投鸩毒案，被流放至铜州，最终因谋害国丈萧思温之罪，"诏狱诛之"。保宁十年（978），女里因家中私藏甲五百被囚，"有司按诘"，"得杀萧思温贼书"被赐死。

且不论高勋究竟有无谋杀萧思温，仅是时隔八年，女里衣袖中仍时刻保存有杀萧思温的凶手书信这一罪证，便令人惊诧不已。这究竟是封什么材质的书信，可以在衣袖中保存如此之久？如此低下的智商，居然曾经成功地扶持景宗皇帝上位？

唯一合理的解释，就是萧绰势力令人恐怖，已经大到无须考虑臣民的感受。史称，保宁八年（976），景宗"谕史馆学士，书皇后言亦称'朕'暨'予'，着为定式"。

原来，景宗亲自开启了与皇后的共治模式。

拥戴景宗上位的三位功臣，皆不得善终，抛开是否功高震主、罪在不赦不谈，景宗皇帝如此行为，不免有欲盖弥彰、自欺欺人之嫌。

景宗即位，帝位从太宗一系又转回了耶律倍一系。景宗在位十四年间，朝局基本稳定，然而仍不乏犯上作乱者。李胡长子喜隐在穆宗时谋反，以亲故释之，不久再次谋反被囚。得知景宗登基，在狱中的喜隐居然自己卸了刑具，大摇大摆地来见新君。景宗一见大怒，诛杀看守者，将他再次囚禁。不久，又皇恩浩荡赦免了喜隐。哪知这厮故态复萌，再次谋求一逞，景宗索性将他发往祖州囚禁。

锲而不舍地坚持谋反，着实"难能可贵"，喜隐声名远播中外。

乾亨三年（981）五月，上京汉军有宋降卒数百人欲劫立喜隐，结果无法攻入祖州城，只好退而求其次，拥立喜隐儿子留礼寿。上京留守闻讯，率军杀至。七月，留礼寿伏诛。次年七月，喜隐被赐死。

乾亨四年（982）同年九月，景宗薨。

景宗在位的十余年间，一改穆宗时的严刑峻法，拨乱反正，整顿吏治，调平法律，重置登闻鼓院。同时，大胆选拔起用了一批支持封建化改革的契丹与汉人官员，特别注意提拔汉人官员。"任人不疑，信赏必罚"之下，大量汉人官员加入统治阶层。涌现了室昉、郭袭、高勋、刘景、马得臣、韩德让等一批汉人名臣。景宗通过任用他们，汲取中原王朝的统治经验，加快契丹的封建化进程。其中，室昉保宁间任政事舍人，景宗"数延问古今治乱得失，奏对称旨"，不久即改任为南京副留守，此后出任工部尚书、枢密副使、参知政事、枢密使兼北府宰相，一直做到加同政事门下平章事，成为权倾朝野的宰相。

"室昉进《无逸》之篇，郭袭陈谏猎之疏，阿没里请免同气之坐……"景宗虚心纳谏，革除弊政，朝堂气象为之一新。

为吸引更多的汉人知识分子加入统治集团，保宁八年（976）十二月，景宗"诏复南京礼部贡院"，开科取士。

为稳定社会秩序，景宗努力发展农业生产，契丹国中农业很快得到恢复，不但实现了粮食自给，甚至可以一次性支援北汉政权粟二十万斛（二百万斗）。在扶持北汉割据政权的同时，与北宋政权保持接触。景宗与北宋政权和睦相处的同时，亦不惮与之兵戎相见。保宁十一年（979），宋太宗灭北汉，挟新胜之威进军幽州。宋辽战于高梁河，宋军大败，宋太宗仅以身免。

后周世宗取三关后，慑于中原兵威，契丹一直取守势。高梁河之战后，景宗信心大振，频频派大军南下，双方互有胜负。

乾亨四年（982）四月，景宗亲自统军南下，战不利，五月班师。

九月景宗崩，终年三十五岁。

萧太后

景宗在位十余年间，励精图治，大胆革新，王朝元气渐复，隐约有中兴气象，契丹上下再生觊觎中原之心。

圣宗即位，虽是契丹王朝开国以来第一次和平的皇位更迭，也是第一次实现嫡长子继统，但其过程也非一帆风顺。

史载，韩德让不俟诏，密召其亲属等十余人并赴行帐。与萧太后一番密议，敕诸王各归第，不得私相燕会，随机应变，夺其兵权。等掌控了局面，这才召集蕃汉臣僚，立梁王隆绪为皇帝。

《辽史》记载，景宗皇帝驾崩后，萧绰被尊为皇太后，摄国政。萧绰泣曰："母寡子弱，族属雄强，边防未靖，奈何？"

耶律斜轸、韩德让当即表示："信任臣等，何虑之有？"于是，萧太后与耶律斜轸、韩德让参决大政，"委于越休哥以南边事"。

圣宗即位之初，掌握朝政大权的是萧太后、耶律斜轸、韩德让三人，主持对宋军事的则是时任于越的名将耶律休哥。

契丹国中人事更迭，宋太宗误以为有机可乘，于是兵分两路北伐。

统和四年（986）五月，宋军大败于岐沟关。是年冬，耶律休哥统军南下报复，取得君子馆大捷，"长驱入深、祁、陷易州、杀官吏，卤（同掳）士民。所过郡邑，攻不能下者，则俘取村墅子女，纵火大掠，辇金帛而去"。

两次交锋，宋军作战的弱点暴露无遗，耶律休哥信心倍增，于是提议"可乘宋弱，略地至河为界"。

萧太后对此的态度则是——"不纳"。

果然，统和七年（989），宋往威虏军运送给养，耶律休哥前往打劫，结果大败于徐河，损兵折将。从此，耶律休哥"以燕民疲弊，省赋役，恤孤寡，戒戍兵无犯宋境，虽马牛逸于北者悉还之"。

《绣像杨家将全传》中的萧太后议图中原

十年间，辽军再无南犯之事。

作为杰出的女政治家，萧太后无疑是善于学习的。她从宋廷先南后北、先易后难的统一过程中，掌握了老太太吃瓜——专拣软的掐的本事，明智地选择对宋不战不和，彼此相安无事。待高丽、女真、阻卜等周边隐患一一肃清后，再南下与宋一决雌雄不迟。

圣宗日渐长大，在母亲言传身教之下，学到了许多，随着时间的推移，越发沉稳老练。

经数十年的努力灌输，中原王朝的忠孝思想逐渐深植契丹、汉人民心底，身为天子，圣宗皇帝对母亲晨昏定省，不敢有丝毫违逆。

一众文武看在眼里、记在心里，统和五年（987）四月，群臣为圣宗上尊号"至德广孝昭圣天辅皇帝"；开泰元年（1012）十一月，百官再上尊号"弘文宣武尊道至德崇仁广孝聪睿昭圣神赞天辅皇帝"；太平元年（1021）十一月，群臣上尊号"睿文英武遵道至德崇仁广孝功成治定昭圣神赞天辅皇帝"。随着时间的推移，圣宗皇帝的尊号字数越来越多，但始终有"广孝"二字。

圣宗驾崩后，群臣上谥号"文武大孝宣皇帝"，据此可知圣宗对母亲必是百依百顺，否则如何当得起一个"孝"字。

史书记载，圣宗在母亲的辅佐下，采取了一系列措施，巩固了统治，使契丹王朝臻于郅治。

似乎这一切完全基于母慈子孝。实则，历史经不得仔细推敲。

圣宗继位时年十二，这个年纪心智尚未成熟，更遑论治理一个幅员万里的王朝。非常时期，萧太后称制，处置军国大事是应当应分的事情。当圣宗二十出头的时候，还可以说他太过年轻，嘴上无毛、办事不牢。但当圣宗皇帝三十而立时候，萧太后仍不还政，就实在有些说不过去了。

统和年间，契丹朝的军政大事似乎由圣宗处置，实则不然。圣宗虽是名义上的天子，实权却完全掌握在萧太后手中，皇帝最多是个橡皮图章而已。

许多事情细究起来便可以发现，圣宗与母亲的关系绝不是母慈子孝那样简单。

其一，圣宗皇帝的婚姻。

可以断言，圣宗的婚姻是封建包办婚姻，其主持人则是圣宗母亲萧太后了。

史载，统和四年（986），圣宗即位的第四年，时年十六岁的圣宗便娶萧氏为皇后。这位萧氏不知是何许人，更不知其来历门第，但以情理忖度，必是政治联姻无疑。

统和十九年（1001），萧氏因罪被降为贵妃。其所犯何罪，因何被罪，史无记载，想来事涉宫闱，史家讳言。数日后，册萧氏为齐天皇后。自然此萧氏非彼萧氏，乃是萧太后弟弟萧隗因之女，大丞相耶律隆运（韩德让）之甥。齐天皇后十二岁选入宫，先后为圣宗诞下二子，可惜皆早夭。

圣宗第三位皇后便是钦哀皇后，不过乃是母凭子贵，辽兴宗所尊，不在本文探讨之内，略过不提。废后立新后的时候，圣宗已然是过而立之年的人。令他苦恼万分的是，十五年来，萧后并未诞下麟儿，圣宗皇帝膝下无子。据此看来，圣宗皇帝第一位皇后被降贵妃，有未生育的原因。

其二，嚣张跋扈的弟弟。

圣宗同母弟有两位，二弟为耶律隆庆，三弟为耶律隆祐。与三弟耶律隆祐好道、生性冲淡不同，耶律隆庆依恃母亲宠溺，行事飞扬跋扈。耶律隆庆比圣宗小两岁，八岁时即封恒王，统和十六年（998）徙王梁国、任南京留守。

契丹王朝推行军政合一制度，各京留守既是各京所在地最高军事长官，也是最高行政长官，拥有统兵权、行政权和司法权。南京是辽在华北的政治、军事和经济中心，属于边防重镇，地理位置十分重要。

耶律隆庆任南京留守可谓位高权重。《契丹国志》记载，定州之战后，隆庆因功封梁王，加兵马大元帅之职。望都之战擒王继忠，因功封南京留守。

梁王，契丹一朝除皇位继承人之外，未见授予他人。第一个获封梁王的便是圣宗皇帝，此后兴宗、道宗、天祚帝任皇太子之时皆曾获封梁王。圣宗之后，梁王成了皇太子的专属王号，人臣不得染指，其中缘由，当细思之。

此前，曾有赵延寿、耶律牒蜡、耶律娄国三人在任职南京留守期间参与造反。史料中虽不云耶律隆庆有何动作，只是含糊其词称"其调度之物，悉奢侈于隆绪"。

在契丹朝中任兵马大元帅之职者，此前有耶律德光、耶律李胡兄弟二人，

第三章　契丹话事人之难弟篇　　113

获天下兵马大元帅封号者,是有权力问鼎至尊之位者,储君人选。从前述律后溺爱次子、三子,先后封两个儿子为兵马大元帅,导致兄弟阋墙,政局动荡,长子耶律倍失了帝位。如今萧太后再封耶律隆庆为梁王、兵马大元帅之职,岂能不令圣宗皇帝心下惶恐?

非但如此,耶律隆庆还拥有自己的斡鲁朵。有辽一代,"居有宫卫,谓之斡鲁朵;出有行营,谓之捺钵"。许多人不明斡鲁朵究竟为何物,简单来讲,斡鲁朵是统治者迁徙不定的宫帐,只需将其视为契丹统治者强干弱枝的一种手段即可。

有辽一代,除了九任皇帝,应天皇太后、承天皇太后各置一宫之外,耶律隆庆置敦睦宫,共为十二宫,若再加上韩德让"拟诸宫例"建文忠王府,便是十三宫。述律后与萧太后都曾称制,设有斡鲁朵也不为过。耶律隆庆也有自己的斡鲁朵,既与体制不符,又背离设立斡鲁朵的初衷,只能理解为萧太后刻意为之。

据史料记载,耶律隆庆有查葛、遂哥、谢家奴、驴粪、苏撒五个儿子,汉名分别为长子耶律宗政、次子耶律宗德、三次耶律宗允、四子耶律宗教、五子为耶律宗诲。太平初年(1021),耶律宗教任始平军节度使;太平三年(1023),耶律宗政任辽兴军节度使、平营等州观察、处置使;耶律宗德任广德军节度使……

虽不知耶律隆庆几个儿子的出生年月,但据其履历可知,圣宗无子时,隆庆至少已经是三个儿子的父亲了。

这让生育子嗣艰难的圣宗皇帝很受伤,情何以堪。

萧太后所做的一切,根本没有顾及圣宗皇帝的感受。朝堂上一些心思活泛的大臣,不免见风使舵,夤缘攀附。在萧太后的纵容下,耶律隆庆在朝中形成了自己的政治势力。

即便萧太后欲行废立之事,可是圣宗皇帝并无失德之处,他们也只得静待时机。对于母亲的逼迫,圣宗心中雪亮,只是他在朝堂之上,并无倚重之臣,只好行事越发谨小慎微,暗中苦思解决之道。

圣宗乾纲不振,传至宋廷,以至于宋官家君臣一度误以为圣宗皇帝是个脑子不怎么灵光的人。殊不知，那不过是圣宗韬光养晦，有意营造的假象而已。

统和二十一年（1003）十一月壬辰，故于越耶律休哥之子道士奴、高九等谋叛，伏诛。虽说叛乱很快便平复，但因为犯上作乱之人乃耶律休哥之子而震动朝野。

耶律休哥是威名远播的契丹名将，国之柱石，历仕三朝，在景宗时荣任大于越之职，位尊权重。他的子孙为何会犯上作乱？

仔细想来，无非觊觎皇权罢了。

想要搞清楚耶律休哥后人因何造反，须从于越这个职位讲起。

《辽史》记载，于越一职最早见于遥辇氏时期，"非有大功德者不授"。最早任于越之职的，是耶律阿保机的叔父耶律释鲁，"太祖仲父述澜，以遥辇氏于越之官，占居潢河沃壤，始置城邑，为树艺、桑麻、组织之教，有辽王业之隆，其亦肇迹于此乎"。

述澜即耶律释鲁，释鲁在任部族于越后，开始逐步对外扩张，"北征于厥、室韦，南略易定、奚、霫"，不断对外征伐，势力壮大后，不再是突厥附庸。史称"先遥辇氏可汗岁贡于突厥，至释鲁为于越始免"。

释鲁死后，任遥辇氏于越的便是耶律阿保机了。而阿保机正是"以遥辇氏于越受禅"成为部族可汗，最终称帝的。

耶律阿保机称帝后，为加强集权，虽保留了于越这一职务，但有意限制其权力。于越之职由从前的掌军政大权，渐渐变成了一种荣誉虚衔。但能获封于越，仍是人臣至高无上的荣耀。

史载，"终辽之世，以于越得重名者三人：耶律曷鲁、屋质、仁先，谓之三于越"。曷鲁、仁先事迹不在本文探讨范围，耶律屋质对契丹王朝的卓越贡献，前文已然述及，不再展开。耶律休哥文武双全，功勋卓著，完全有资格跻身其间，不见名讳，正是因后人犯上作乱。

史载，释鲁有三子——滑哥、绾思、海思。其中长子滑哥因为谋反，与其子被凌迟处死，无后；次子绾思，天赞年间曾任南院夷离堇；三子耶律海思，于穆宗朝时与敌烈谋反，死于狱中。

绾思有逊宁、敌辇涅、稍隐三子，其中逊宁即耶律休哥。

耶律休哥官拜于越之后不久，圣宗继位。为加强对幽云地区的控制，萧太后不得不倚重这个威震南北的名将，"令休哥总南面军务，以便宜从事"。

耶律休哥受命于危难之际，有了便宜行事的尚方宝剑在手，在对宋作战中得以尽情施展，数次杀得宋军大败，名扬天下，以至宋人欲止儿啼，乃曰："于越至矣！"小儿即不敢啼哭。有耶律休哥镇守，保幽云之地十余年间无虞，契丹朝廷无南面之忧。

统和四年（986），耶律休哥进为宋国王。统和十六年（998）薨后，为酬其勋劳，有诏于南京立祠。按辽制，王爵次序为梁王、辽王、宋王、晋王……其中，梁王为皇太子专属，辽王则仅见于耶律仁先一人，宋王之位虽名列第三，但已然是位极人臣，尊荣显贵可知。

耶律休哥生前，萧太后为示尊崇，诏其免拜、不名，给予无上礼遇。尤其令人不解的是，统和七年（989）三月"戊子，赐于越宋国王红珠筋线，命入内神帐行再生礼，皇太后赐物甚厚"。

再生礼，是契丹民族的传统习俗，"每十二年一次，行始生之礼，名曰再生。唯帝与太后、太子及夷离堇得行之"。随着封建化进程的深入，再生礼已然成了皇帝、皇太后、皇太子的专有礼仪。人臣行再生礼的，仅有耶律休哥一人。萧太后突然赐耶律休哥如此殊荣，令其后人想入非非也是顺理成章之事了。

从某种意义上讲，耶律休哥祖父释鲁对契丹王朝，有肇基之功。正是因为释鲁的器重，耶律阿保机在部族中才得以脱颖而出。简而言之，没有释鲁，就没有耶律阿保机的化家为国，没有耶律休哥，就没有圣宗朝的繁荣昌盛。从太祖朝始，滑哥就谋反，冠冕堂皇地讲是试图再现祖上荣光，其实质仍是觊觎皇权。

耶律休哥经营幽云十余年，势力自然是盘根错节。萧太后与圣宗皇帝平叛后，势必对南京地方官员做一番大换血。树倒猢狲散，许多人迫不得已之下南奔投宋。

仲父房的子孙在时隔近百年后依然觊觎皇权，对圣宗心下触动很大。契丹一朝，并不是只有耶律阿保机的子孙才是皇族。岩木之后曰孟父房，释鲁之后为仲父房。耶律阿保机在化家为国的过程中，因部族人口众多、势力过于强大，便以血缘亲属关系的远近做出区分，规定：肃祖（阿保机高祖）长子的后代为五院部，又称南院部；将肃祖第三子、第四子的后代及懿祖（肃祖第二子、阿保机之曾祖）第二子、第四子的后代合并为一部（懿祖长子无后），称六院部或北院部。同时又将玄祖（懿祖第三子阿保机祖父）第二子岩木的后代析为孟父房，第三子释鲁的后代析为仲父房，玄祖季子德祖（阿保机父亲）的后代析为季父房，总称"三父房"或"三父帐"。自太祖耶律阿保机之后，皇位一直在其长子耶律倍与次子耶律德光二人及其后代间轮转，也就是完全由季父房掌控。哪知在时隔数十年后，仲父房的后人依然对皇位念念不忘。

统和二十二年（1004），圣宗皇帝年过而立，迟迟不见萧太后归政。虽说母亲欺人太甚，也只有隐忍不发。多年以来，朝堂之上倒也有自己的政治势力，但以汉官为主，且其中文臣居多。若是长篇大论讲道理，这些人唇枪舌剑，自是鲜有敌手，但用来制衡萧太后与隆庆，便成了秀才遇到兵。这些饱学硕儒每日"不孝有三，无后为大"地在耳边聒噪，岂敢怂恿他谋求亲政？且这种事涉及宫闱，不足与外臣道。传将出去，即使不至于身死名灭，不免贻笑天下。苦思冥想之下，似乎唯有与宋实现和平友好往来，南北息兵罢战，令隆庆的兵马大元帅成为有职无权的摆设，皇位才得安稳。

圣宗如何说动萧太后御驾亲征，不得而知。《辽史》中，只是简单地记为"庚戌，命楚国王隆祐留守京师。（九月）闰月己未，南伐"。耶律隆祐是景宗三子，留守上京。隆庆并未一同出征，镇守南京。

更不知圣宗使了什么手段，又说得权倾朝野、年逾花甲的韩德让一同出征。韩德让，业已于统和十九年（1001）三月赐名为"德昌"，统和二十二年（1004）十二月赐姓"耶律"。严谨地讲，随圣宗出征的他，此时名唤韩德昌。

韩德让赐名"德昌"之日，正是圣宗废后的这一天，其中究竟有何关联，耐人寻味。

出猎图 | 辽 | 胡瓌 | 台北故宫博物院藏

第四章

大宋话事人之难兄篇

真宗继统

翻检史书，只要稍加留意，就会惊讶地发现，宋真宗与辽圣宗二人身上竟然有许多相似之处。若用难兄难弟来形容这二位天子，似不为过。

真宗本是太宗皇帝第三子，得以继位为君，可谓一波三折。

太平兴国七年（982）七月，赵光义封长子德崇为卫王，次子德明为广平郡王，兄弟二人并同平章事，轮番往中书视事，学习处理政事。次年，赵光义将儿子们的排行字由"德"改为"元"：长子德崇更名元佐，进封楚王；次子德明改名为元佑，封陈王；三子德昌更名元休，封韩王（后更名元侃，封襄王）；四子德严更名元隽，封冀王；五子德和更名元杰，封益王。五人并同平章事，同日赴中书视事。

赵光义在逼死赵德昭、赵德芳（太祖皇帝二子）后，急着为几个儿子更名，无非不愿意臣民联想到两个倒霉侄儿，逐步淡化赵匡胤一朝影响。

表面上看，赵光义对五个儿子一视同仁，是希望通过历练、观察，看看哪个儿子更值得托付重事。实则他最初属意的接班人是长子赵元佐。因此，史家笔下就平添了赵元佐少聪警、貌类太宗，帝钟爱之的赞美之辞。

在逼死两个侄儿后，赵光义又加紧了对弟弟赵廷美的迫害，构陷其谋反，贬往房州居住。是时，满朝文武明哲保身，无一人主持公道。哪知赵元佐天性未泯，彼时尚未尽谙政治的阴暗与无情，挺身而出救之。面对这个傻儿子，赵光义只有置之不理。儿子政治上不成熟，难以理解父亲的良苦用心。

赵光义上位乃是兄终弟及，坊间留下了烛影斧声的传闻。为了强化其继承人的合法性，赵光义炮制了一个金匮之盟的东西。其内容为：杜太后在日，曾对太祖言，希望太祖万岁后，传位二弟光义，此后二弟传三弟光美（太宗即位后更名廷美），最终廷美传位德昭、德芳兄弟。

金匮之盟的新鲜出炉，恰好印证了"肉食者鄙，未能远谋"的古语。当初，赵光义只想着尽快巩固统治，未承想弄巧成拙，若按金匮之盟的约定，皇位是与自家儿孙无缘的。除非太祖皇帝无后，三弟廷美自绝于大宋人民。

在他坚持不懈的努力折磨之下，三弟廷美死于贬所。消息传至汴梁，赵光义终于长舒了口气，悬在他心中的一块石头终于落地。而赵元佐得知消息，震惊不已，受不了打击，精神瞬间崩溃，从此变得疯疯癫癫。

精神失常的赵元佐从此被监视居住，痛失储君之位。

雍熙三年（986），太宗为次子元佑改名元僖。十月，以陈王元僖为开封尹、兼侍中。

淳化三年（992）十一月某日，赵元僖早朝，刚到殿内庐中还没有坐稳，忽觉身体不适，腹如刀绞，顾不得等待朝见父皇，匆匆忙忙又返回府第。赵光义得知消息，赶到儿子府上视疾，赵元僖已然处在弥留之际。旋即溘然长逝，享年二十七岁。

赵元僖暴卒背后实则另有隐情，事关宫闱秘辛，不在本文探讨范围。

老年丧子的赵光义大受打击，很长时间内绝口不提立储之事，满朝文武也无一人敢揭伤疤。淳化五年（994）九月，赵光义召还贬知青州的寇准，拜为参知政事，试探地问他道："朕诸子孰可以付神器者？"

寇准曰："陛下为天下择君，谋及女人、中官，不可也；谋及近臣，不可也；唯陛下择所以副天下望者。"

赵光义俛首久之，屏左右曰："襄王可乎？"

寇准曰："知子莫若父，圣虑既以为可，愿即决定。"

赵光义遂以襄王为开封尹，改封寿王。

二十七岁的赵元侃，终于成为皇储。仔细讲来，赵元侃最终得以继统，寇准有定策之功。

开封尹之职位尊权重，后周世宗、太宗皇帝皆曾任此职，而后继位为君，元侃出任此职，自然是万众瞩目。赵官家虽未公开立皇太子，但大宋臣民皆是心头雪亮，知道官家有意培养赵元侃。

直到至道元年（995）四月，孝章宋皇后崩，赵光义这才公开将赵元侃立为皇太子。一直以来没有公开立储，正是与宋皇后健在有关。宋氏的死，标志着赵匡胤时代的彻底结束，赵光义行事再无顾忌。八月，赵光义诏告天下：立儿子寿王元侃为皇太子，改名赵恒，仍摄开封尹一职，大赦天下。

李唐季世到宋太宗至道元年，中原战乱不休，动荡不已，册立太子的礼仪也废止了近百年。这时候恢复举行，朝野士民无不是载奔载欣，举国上下一片欢腾。赵恒告祭祖庙的銮舆回京时，京师之人观者如堵，人们交口称赞其真社稷之主也。

消息传到宫中，赵光义心底疑云大起，转而羡慕、嫉妒、恨上了自己的儿子。他立刻招来寇准，一见就疾言厉色，斥责道："天下臣民属意太子，欲置我于何地？"

寇准心下虽觉好笑，却也不敢逆了龙鳞，只好委婉地劝慰赵官家："陛下自择太子付以神器，天下拥戴，乃是社稷之福，可喜可贺！"

赵光义听了，这才转嗔为喜。

事情传至赵恒耳中，他心中不免五味杂陈。自己行事谨小慎微，如履薄冰，父亲仍在吹毛求疵，实在是令他忧心忡忡。思来想去，唯有讨得父亲欢心，太子之位才得稳固。

按制度，皇太子殿庐幄在宰相之上，百官称臣。赵恒却主动向父亲提出不令朝臣在他面前自称臣下。非但如此，赵恒见了李至、李沆等大臣，必先拜，迎送降阶及门。

如此一来，赵恒不但淡化父亲心中一国二主的疑虑，更在天下臣民面前树立起了谦逊恭谨的形象。

不过，赵恒夹着尾巴低调做皇太子，仍不免百密一疏，惹得太宗皇帝不悦。

至道二年（996）春，国内大旱，赵恒悲天悯人，蠲免了开封所属十七个县百姓的田租。赵恒本意是一举两得，既讨父亲欢心，又博一个行善政的虚名。哪知弄巧成拙，"有飞语闻上，言按田官司欲收民情，所蠲放皆不实。太宗不悦"。

赵光义倒是不在意田租的多寡，而是觉得行此仁政必须由他这个皇帝亲自实施，儿子未经同意收买人心，显然是越俎代庖了。

赵官家不悦，于是派官员彻查此事。

各地方官员在揣摩一番官家心思后，得出了"放税过多，悉追收所放税物"的结论。而在亳州做地方官的王钦若往太康、咸平二县按察，得出与之相反的结论："田实旱，开封止放七分，今乞全放。"王钦若不但认为赵恒做得对，而且有所保留，应该全部减免才是。就在所有官员迎意承旨的时候，甫入官场的王钦若却敢于说真话，甚至为年轻的皇太子背书。

这正是王钦若在真宗即位后得大用的原因。如果是他人如此行为，史家必然记作仗义执言，可恨的是发生在王钦若身上，如此行径则成了投机钻营。

至道三年（997）二月，赵光义病笃。这天，吕端一如平时入禁宫视疾，却不见皇太子赵恒的身影。怀疑将有宫廷之变的他，急忙在所持笏上写了"大渐"两个字，派心腹立即去寻赵恒。

不一刻，赵光义便龙游大海。

赵光义才死，大太监王继恩便闯进宫来对吕端道，皇后在中书，请宰相大人商议何人继位之事。

吕端闻言，镇定自若地道："官家适才拟就遗诏，烦请宣政使大人入内检视。"

大行皇帝居然留有遗诏？王继恩本待不信，又见吕端一脸淡定，不疑有诈，举步就进了书阁。

等他前脚跨入，吕端上前就将门掩了，旋即锁了个严严实实。王继恩情知上当，在里面拼命拍门。任凭王继恩如何扯了公鸭嗓子声嘶力竭恫吓威胁，吕端只是不为所动，安排左右小心看护，径直来见李皇后。

李皇后一见吕端，开门见山问道："宫车已晏驾，立嗣以长，顺也，今将奈何？"

吕端斩钉截铁地回道："先帝立太子，正为今日之事，岂容更有异论？"

李太后毕竟是妇道人家，见吕端义正词严，心下先自怯了，不再作声。

在吕端的主持下，赵恒于宫中即皇帝位，是为宋真宗。

若非吕端粉碎了李皇后、王继恩等人的阴谋，真宗即便得以继位，其间必有一番血雨腥风。宋太宗任吕端为相，断言其大事不糊涂，可谓识人。

李皇后是太祖朝大将李处耘之女，十九岁入宫，雍熙元年（984）被立为皇后。她曾育有一子，可惜夭折，便将赵元佐之子赵允升养在宫中，承欢膝前。虽然赵元佐被废为庶人，在她内心仍然希望他可以继位为君，自己喜欢的赵允升也会因此而成为继承人。

李皇后欲立元佐，不过是妇道人家私心作祟。即使如此，真宗皇帝仍不敢大意，即位之初，即任殿前都指挥使李继勋为使相，赴陈州；将参知政事李昌龄贬为忠武军司马；将王继恩贬为右监门卫将军，均州安置；将知制诰王旦除名，流浔州，籍其家赀。李太后势力被一扫而空，尽数逐出了朝堂。

即位后，真宗先是将几个弟弟逐一封王封公，加官晋爵。追叔父赵廷美为西京留守、兼中书令、秦王，赠太祖次子魏王德昭为太傅，四子岐王德芳为太保，又"以皇兄元佐为左金吾卫上将军，复封楚王，听养疾不朝"。

真宗皇帝如此做，既可稍存皇家体面，又可平息父亲遗留的皇室内部矛盾，可谓苦心孤诣。

真宗皇帝安抚人心的同时，又任命侍卫马步军都虞候傅潜、殿前都指挥使王超、侍卫马军都指挥使李继隆、侍卫步军都指挥使高琼并领诸军节度。此举意在制衡，加强对在京禁军的控制。其中，侍卫马军都指挥使李继隆是李太后兄长，须严加防范。

虽然做了皇帝，见了吕端这样的重臣，真宗仍不敢托大，"必肃然拱揖，不以名呼"。

吕端等人再拜而请，真宗辄道："公等顾命大臣，朕安敢上比先帝？"他明白，若非这些老家伙鼎力相助，自己能否坐上这个位置，还真不好说。

强势、猜忌心重的赵光义虽已作古，却在真宗心底成了挥之不去的阴霾。真宗想要走出父亲的阴影，令群臣服膺，势必宵衣旰食，努力刷新政治。因此即位之初，"每旦御前殿，中书、枢密院三司、开封府、审刑院及请对官，以次奏事，辰后入宫，上食，少时出坐后殿，阅武事，至日中罢。夜则召侍读、侍讲学士询问政事，或至夜分还宫，其后率以为常"。

非但如此勤政，真宗还放低身段，屡屡下诏求言，"善者必加甄赏，否者亦为优容"，为自己博了个宽厚好学、优容臣下的美名。

真宗继位之初，以黄老之术著称的吕端居相位，曾任太子师傅的次相李沆则"日取四方水旱盗贼奏之"，二人希望赵恒能够居安思危，政治上有所作为，一举扭转太宗朝后期的颓势。

太宗皇帝在位时，兴文教抑武事，增加科举科目，扩大取士名额，筑就了与士大夫共治天下的基础。真宗即位，着手改革科举，创造性地推出"别头试"和"誊录试卷法"，逐步完善科举制度，为底层知识分子通过科举步入仕途大开方便之门。

真宗皇帝劝学，革新科举，底层知识分子感激之余，炮制出了《劝学诗》，并将作者归为宋天子赵恒：

> 富家不用买良田，书中自有千钟粟。
> 安居不用架高堂，书中自有黄金屋。
> 出门莫恨无人随，书中车马多如簇。
> 娶妻莫恨无良媒，书中有女颜如玉。
> 男儿欲遂平生志，六经勤向窗前读。

后世有学者以为，宋真宗断断不会作此粗鄙诗文，更不会赤裸裸地用黄金屋、美女香车等低级价值取向诱惑人读书。却不曾想过，北宋国祚百余年，为何作者指为宋真宗，却不是广开科举的宋太宗，更不是与士大人共治天下的宋仁宗？

宋真宗就算没有写这样的奇诗，但至少说明，宋真宗在位期间有这样的社会氛围。人人以读书为荣，至于宝马香车、黄金美女，不过是鱼我所欲也，熊掌亦我所欲也。

受吕端影响，宋真宗轻徭薄赋、劝课农桑，推行"黄老之道"，与民休息，对农民做出一定的让步。此举减轻了农民负担，缓和了阶级矛盾，提高了农民生产积极性，推动了社会经济发展。官家体恤下情，小民自然感恩戴德，齐颂皇恩浩荡。短短数年间，真宗便在民间树立起了"仁义天子"的形象。

异论相搅

真宗以非嫡长子身份即位，由此自觉低人一等，性格不免懦弱，处理政事既少太祖的霸气，也无乃父的专断。若无大事不糊涂的吕端，他难以顺利即位。感激之下，真宗对辅弼自己的几位重臣表示："军国之事无巨细，必与卿等议之，朕未尝专断。"当其意见与宰相相左时，也会主动做出让步，不敢固执己见。

咸平元年（998）十月，吕端以年迈自请罢相之后，真宗皇帝以户部尚书张齐贤加兵部尚书，与户部侍郎、参知政事李沆并平章事。之前，是吕端独相，吕端之后便形成了张齐贤与李沆共同把持的新局面。

史书称张齐贤与李沆二人"情好不叶"，真宗皇帝任用二人为相，岂不是欲将这种矛盾激化？

殊不知这样的人事安排，恰恰说明真宗逐渐适应了新角色，且对"异论相搅"的祖宗法已了然于心，且可以纯熟运用。有宋一代有许多祖宗法，如守内虚外、强干弱枝、将从中御等，路人皆知，而异论相搅则鲜有人提及。

所谓"异论相搅"，即是明知大臣意见相左或者水火不容，却故意令其共处一朝，相互监督牵制，借此消除隐患。一人执政容易专权，二人秉政又容易形成朋党，最好的办法，莫过于将两个有相反意见的人放在一处，如此，既无专权，又无朋党之嫌。此乃帝王心术，不可不知。

"勤究民弊，务行宽大"的张齐贤与"清简为务，宽厚多恕"的吕端执政风格一脉相承，任其为相，是对先帝的肯定，也是对前相所行政治的延续。如果任潜邸旧臣李沆一人为相，岂能示天下至公无私？

只是，张齐贤任首相不久，于咸平三年（1000）冬至日群臣朝会中因醉酒失仪被罢，从此李沆一枝独秀。

真宗任开封尹时，听说蜀地妇人多才慧，于是心有所动。他的亲信张耆知道了他的心思，搜寻之下，还真替主子物色到一位蜀地美女，这便是后世传奇中狸猫换太子的主角刘娥，即章献皇太后。赵恒一见之下，宠之专房，乳母跑到太宗皇帝面前告了一状。赵恒无奈，只好把这女子安置在张耆家中。张耆为避嫌，自己搬出去居住。

真宗即位，不忘旧情，将这女子接到了宫中，准备立为贵妃。于是命太监于夜晚时分持手诏去向李沆咨询意见。李沆看罢，当着使者面引烛焚诏，轻描淡写地回绝："但道臣沆以为不可。"其议遂寝。

李沆不但断然拒绝了真宗，还将手诏一把火烧为灰烬。有这样强硬的臣子，实在是大宋人民的福祉。

中国人一向有男主外、女主内的传统，皇帝家尤其如此。寻常人或者以为，真宗皇帝纳后封妃似乎是个人生活，与他人无涉，更不干朝臣之事。做此想则大错特错，为防范出现唐武、韦之祸，有宋一代对宫闱管理设有严密的内省机构。

非但如此，士大夫在官家择后立妃上设有标准，且有监督权。有宋一代，想立心爱的女子为后、为妃，不是皇帝一人说了算的。士大夫们很清楚，这些女子在特殊时期会成为皇权代言人，发号施令，事关国家安危治乱，必须防微杜渐。

宋朝承旧制，皇后之下有贵妃、淑妃、德妃、贤妃、昭仪、昭容、昭媛、修仪、修容、修媛、充仪、充容、充媛、婕妤、美人、才人……

皇后的选立重视出身，妃嫔何尝不是如此？

皇后之下便是贵妃，真宗皇帝突然将一个来历不明的妇人封为皇后之下、千百人之上的贵妃，实在是骇人听闻。真宗皇帝碰了一鼻子灰亦无可奈何，只得封刘氏为正四品的美人敷衍了事。

没有李沆首肯，册刘氏为贵妃之事无法进行。

真宗只好循规蹈矩，李氏由美人而修仪，由修仪而德妃，直至大中祥符五年（1012）方进为皇后。其间一波三折，即使是到最后，由于反动者众，真宗皇帝"不降制于外廷，止命学士草词付中书"。册封刘氏为皇后，竟然是降低规格方得以草草完成。

将皇权小心翼翼限制在可控范围，是有宋一代士大夫的共识。

驸马都尉石保吉是太祖朝大将石守信次子，太宗雍熙四年（987）已然任知大名府兼兵马都部署，连改横海、安国二镇节度。真宗继位之初，更加检校太尉、保平军节度之职。即便如此，石保吉仍得陇望蜀，向真宗求为使相。

使相，从字面理解，使便是节度使，相则为宰相，合起来，可以理解为地位等于或约等于宰相的节度使。

使相之职起源于唐代，在两宋作为寄禄官存在了三百多年。北宋前期，使相基本上是以节度使、枢密使、亲王加同平章事、侍中、中书令为主，荣誉虚衔而已。宋初，多是以节度使加同平章事为主，任命的基本上是潜邸旧人或后周遗臣。宋太祖于陈桥兵变黄袍加身建立了赵宋政权，不欲重蹈唐末五代以来的覆辙，巩固皇权和加强中央集权自然成了当务之急。惮于唐末五代以来骄奢跋扈的藩镇割据，汲取五代政权更迭教训，如何悄无声息不动声色地收夺兵权实是考验政治智商。对于德高望重的老臣，尤其是曾经担任过宰相的重臣，往往授予节度使的头衔，再加上使相的虚衔，以表示朝廷的器重。

宋代使相是从一品官，每月料钱四百贯，比宰相、枢密使还高一百贯，每月禄粟二百石，是宰相、枢密使的两倍。仁宗朝名臣富弼曾言："使相者，文武中并是第一等俸禄。"使相的服饰等级与执政官相同，并和宰相一样"加笼巾貂蝉"。遇使相生日，皇帝还要赐生日礼物。恩荫时，后人的入官数量、入官职级与宰相、枢密使等一样，享有最高特权。宋太祖曾对曹彬说："汝为使相，品位极矣。"

真宗皇帝去询问李沆意见，李沆当即一口回绝："赏典之行须有所自，保吉因缘戚里，无攻战之劳，台席之拜，恐腾物论。"

过了几天，真宗旧话重提，李沆依然不为所动。一连征询数次，李沆仍固执己见，真宗只得作罢。

李沆反对的理由光明正大，一句"恐腾物论"就让真宗皇帝哑口无言。舆论监督，成了大臣遏制皇权膨胀的方法，这大概才是李沆被称为"圣相"的缘故。真宗皇帝毕竟年轻，尚不谙帝王之道。使相之职于太祖、太宗朝不过为权宜之计，本是对武将权力的一种赎买。至真宗即位初期，承平三十余年，国之名器不可轻授矣。

崇文抑武也是祖宗法，李沆防微杜渐，他的意见必须尊重。

直到景德元年（1004），在李沆去世后两个月，石保吉才得到了梦寐以求的使相之位。

李沆逝后，参知政事毕士安任同中书门下平章事、监修国史，为首相，三司使寇准任同中书门下平章事、集贤殿大学士，为次相。

同中书门下平章事，是指由他官入相者。如果官至侍中、中书令，则为真相，不能称为平章事。

唐时李世民设集贤院、弘文馆修史，于贞观三年（629）由房玄龄监修国史，开宰相监修国史之先例。此后，宰相监修国史成为定制。宋承唐制，宰相监修国史成为常规，主要有兼监修国史、提举监修实录、国史、会要、玉牒、圣政，提举编修毛诗、尚书、周礼等经籍，提举编修敕令格式条例。有宋一代，除了王安石曾亲手参与修撰《三经义》，其余不过是向官家上呈成果而已。

集贤殿大学士，乃宰相贴职。一般来讲，首相曰昭文馆大学士（为避宣祖赵弘殷讳，改弘为昭），次曰监修国史，又次曰集贤殿大学士。首相也称为昭文相，监修国史则为史馆相，集贤殿大学士则称为集贤相。一听贴职，便知谁为首相，谁为次相。

毕士安与寇准同为宰相，何人排名在前，观其贴职便知。

在宰相的人事安排上，真宗皇帝还是颇费了些脑筋的。他先是任命翰林侍读学士毕士安为参知政事，一个月后方拜毕士安与寇准为相。而且有意令毕士安压寇准一头，排位在前。

毕士安（938—1005），字舜举，拜相时已是年近七旬之人。真宗任用如此年迈之人为相，并非出于敬老，不过是欲借重其德尊望隆，制衡寇准而已。

景德元年（1004）七月，真宗向来敬畏倚重的宰相李沆遽然病逝。当是时，契丹秣马厉兵，随时可能南犯。值此多事之秋，由何人继任宰相便成了热议话题。当时，朝野上下都认为寇准是最佳人选，但真宗对寇准"好刚使气"，不合群的脾性却有所顾忌。

寇准在回朝任参知政事后，建议官家立三子元侃为储，有定策之功。因担心他翘尾巴，太宗皇帝于是任吕端为相，位在寇准之上，希望借吕端的老成持重制衡寇准。

吕端任相后，知道寇准在赵光义心中具有重要地位，担心昔日同僚的寇准心中不平，主动上表请赵光义准许寇准与自己分日押班知印，同升政事堂视事。寇准虽年轻，却是进士及第科举入仕的天子门生，吕端是荫补为官，不免心虚。

吕端识大体、不专权，官家岂有不允之理。

进入中央决策层的寇准担心自己年轻不能服众，琢磨援引同僚，在朝中增加话语权。遍视朝臣，他最终选择了翰林学士张洎。

哪知张洎表面一副道貌岸然的清高样子，实则德不胜才。

张洎历事数君，宦海沉浮多年，政治嗅觉灵敏，刻意与寇准保持距离。与吕端老成持重不同，寇准太过张扬，不知韬光养晦，如此行事，倒霉指日可待。

很快，张洎的担心变成了现实。至道二年（996）七月，寇准被罢去参知政事一职，出知邓州。

表面上，是冯拯挟私愤状告寇准擅权、结党营私，朝臣中吕端、张洎、李昌龄尽是寇准荐引之人，数人在朝中党附寇准，以寇准马首是瞻。

朝臣专权是统治者最难容忍之事，赵官家立即招来几位重臣对质。张洎见势不妙，主动上前检举揭发寇准退多谤言。

史称"准色变，不敢自辩"，灰头土脸离开汴梁，出知邓州。

张洎说寇准退多谤言，寇准不敢当面辩驳，应是戳到了要害处。原来，寇准妻子离世后，续弦娶的是太祖皇帝宋皇后胞妹。天下女子多的是，而寇准为何要娶宋氏，实在是令人大惑不解。明知宋皇后是赵光义最隐秘的神经，偏偏与宋家结亲？做官反应如此迟钝，被贬也是情理之事了。

时隔数年，寇准重返朝堂，与毕士安同日拜相。也就是这一天，王继英由知枢密院事进枢密使，冯拯、陈尧叟自同知枢密院事迁签书枢密院事。

景德元年（1004）八月时，朝堂之上，宰相为毕士安、寇准。参知政事为王旦、王钦若。枢密使为王继英，副贰为冯拯、陈尧叟。

大宋宰辅班子由以上七人组成，其中，与寇准交恶的首推冯拯，其次则为王钦若、陈尧叟。

枢密使之职是唐末复杂政治环境下出现的一个官职，最初由宦官担任，负责承受进奏，沟通内外。至五代政权更迭，权力已然涉及军、政、财等各个方面，枢密使之职不再由宦官充任，改由士人担任，还有了庞大的机构建制——枢密院。其权力迅速膨胀，地位一度凌驾于宰相之上，以至于平章事兼枢密使才是真正的宰相。

至宋初，枢密院成了外朝政府机关，枢密使"参谋议，备事变"，其长贰与中书门下的宰相和参知政事共称"宰执"。真宗即位之初，宿将曹彬任枢密使，曹彬逝后，由王显、周莹担任。到王继英任枢密使时，枢密使之职已由武职转变为文职担任。与曹彬身经百战不同，王显、周莹只是武职，而非武将，王继英未有战场经历，负责军政完全是纸上谈兵了。

真宗皇帝坚持任命王显、周莹、王继英为枢密使掌握军政大权，并非因三人称职，不过是因三人皆潜邸旧人，心腹而已。

许多时候，忠心往往比能力更重要。

寇准与冯拯交恶，还要追溯至太宗朝。冯拯（958—1023），字道济，太平兴国二年（977）进士及第。冯拯少年得志，却仕途不畅，自补大理评事后，便一直在通判、太常丞、度支判官等位置上徘徊。淳化二年（991），冯拯与左正言尹黄裳、右正言王世则、洪湛等人试图拥立许王元僖为储被贬，出知端州。

大概是文人相轻的缘故，寇准一直与冯拯不相能。冯拯被贬岭表后，谋求重返政治权力中心。太宗一度打算让他回京委以重任，哪知道寇准"素不悦拯，乃徙知鼎州"。至道元年（995），冯拯再次上疏请立太子，结果惹得太宗大怒，将其贬往岭南，通判广州。

至道二年（996），太宗南郊祭天。依惯例，祭天大典之后，中外百官都会升官。寇准主管此事，只是寇准存了私心，凡其所喜者多得台省清要官，所恶者退序进之。

冯拯盼着郊祀之后，自己苦尽甘来，获官家青睐，重返朝堂，哪知道寇准仍有意打压他，出中书札子令冯拯排位于从前职位低于冯拯的彭惟节之下。这样一来，彻底无望的冯拯心中愤恨难平，告御状说寇准擅权谋私。同时把寇准所书的中书札子奉上为证；冯拯上司——广南转运使康戬也同时上书指斥寇准专权。

赵光义览表章顿时大怒，自己对寇准如此信任，结果却换来他用堂帖违制。朝臣专擅是最让他难以容忍之事，于是寇准遭贬出知邓州。

冯拯一次劝立储，一次劝立太子，虽有投机之嫌，却回报颇丰。至道三年（997）三月，真宗即位，即迁冯拯比部员外郎，十月又转为三司判度支勾院……

此番寇准拜相，宰执集团中最郁闷的还不是冯拯，而是王钦若与陈尧叟。

陈尧叟，四川阆中人，太宗朝端拱二年（989）状元及第，且为三元及第。其弟陈尧咨为咸平三年（1000）状元。加上端拱元年进士及第的陈尧佐，一门三进士，两个状元郎，一时传为佳话。阆中陈氏从此有了科举世家的美名。彼时，与陈家一较高下的唯有宋祁、宋庠兄弟了。

陈家兄弟当中，最为人熟知的不是老大陈尧叟，而是陈尧咨。

陈尧咨名闻天下非是因状元及第，而是因"陈康肃公善射，当世无双，公亦以此自矜"，曾被《卖油翁》当面羞辱一番。陈母教子的事情不在本文探讨之内，略过不提。

御驾亲征

真宗任命宰相不久，即传来契丹即将大举南犯的消息，真宗思来想去，决意亲征，于是找来宰执几人共同商议。

史载，九月丁酉（十六日），上谓辅臣曰："累得边奏，契丹已谋南侵，国家重兵多在河北，敌不可狃，朕当亲征决胜。卿等共谋，何时可以进发？"

毕士安曰："陛下已命将出师，委任责成可也。必若戎辂亲行，宜且驻跸澶渊，然澶渊郛郭非广，难久聚大兵，设或轻动，则反失机会。时巡早晚，当俟仲冬。"

寇准曰："大兵在外，须劳圣驾暂幸澶渊，进发之期不可稽缓。"

王继英曰："犬戎大举入寇，朝廷必期决战，所宜顺动，以壮兵威，仍督诸路进军，临时得以裁制。然将来驻跸，不可更澶州，庶不亏谨重。所议进发，尤宜缓图。若速至彼，势难久留。"

朝堂之上对御驾亲征已然形成共识，分歧只在于出发时间早晚，毕士安老成持重，认为当缓行。寇准则认为宜早不宜迟。两位宰相意见相左，枢密使王继英的意见便显得格外重要。关键时刻，王继英站在了毕士安一边。

少数服从多数，真宗最终采纳了毕士安、王继英的意见。历史证明，谋定而后动的意见是正确的。若按寇准的主意则太过仓促，难免忙中出错。这一战事关国运，大宋王朝输不起。

数日后，知澶州张秉上疏朝堂，称已然调集丁壮，修葺州城。张秉以为未雨绸缪之举可得官家嘉奖，不次升迁也未可知，哪知等来的圣旨却是徙张秉知滑州，引进使、英州团练使何承矩知澶州。

这件小事情向来乏人关注，仔细推敲，却隐含许多东西。

景德之前，宋廷政治"中书主民，枢密主兵，三司主财，各不相知"。眼见契丹逼迫，非常时期，真宗皇帝担心误了大事，不得不命"每得边奏，必先送中书"，并叮嘱毕士安、寇准"军旅之事虽属枢密院，然中书总文武大政，号令所从出……卿等当详阅边奏，共参利害，勿以事干枢密院而有所隐也"。同时语重心长道："枢密之地，尤须谨密，漏禁中语，古人深戒。若与同列及枢密彰不协之迹，则中外得以伺其间隙，实非所便，卿等志之。"

哪知言犹在耳，知澶州张秉便开始修葺州城，为迎接真宗皇帝亲征做准备。很显然，官家御驾亲征的消息已然泄露。知道官家欲亲征的一共不会超过十人，泄露风声的自然在这几个人当中。

知澶州张秉，字孟节，太平兴国五年（980）进士，与寇准、王旦有同年之谊。考虑到何承矩对王旦有荐举之恩，此番又代张秉出知澶州，最大可能是王旦投桃报李，向真宗推荐了何承矩。如此一来，走漏消息的最大嫌疑人便是寇准了。

真宗对寇准的信任度，明显不及毕士安，甚至在王旦之下。所谓"卿等志之"，不过是在敲打寇准一人。

原来，寇准未拜相前，忽一日有布衣申宗古敲登闻鼓，状告寇准与安王赵元杰（死后追赠为安王）勾结谋逆。消息一出，舆论哗然。赵元杰是太宗皇帝第五子，真宗即位授检校太尉、兼中书令，不久前加守太保。

勾结宗室犯上作乱，乃是十恶不赦之罪，寇准惶惧不安，毕士安挺身而出，"论于上前，请治宗古，具得其诬罔，遂斩之"。

不久，赵元杰亦"英年早逝"，此事方渐渐平息。

毕士安出面维护，寇准涉险过关，为表示感激，寇准将女儿嫁与毕士安次子毕庆长。毕士安与寇准，是一荣俱荣、一损俱损的儿女亲家。

议定亲征时间不久，契丹二十余万人马兵分两路大举南犯，形势危急，参知政事王钦若以寇深入，密言于上请幸金陵，签书枢密院事陈尧叟请幸成都。

听了二人建议，真宗急忙找来寇准商议对策。此时毕士安忽然患病卧床不起，寇准顺理成章主持工作，成了首相。

> 时钦若、尧叟在旁，准心知钦若江南人，故请南幸，尧叟蜀人，故请西幸，乃阳为不知，曰：谁为陛下画此策者？罪可斩也。今天子神武，而将帅协和，若车驾亲征，故自当遁去。不然，则出奇以挠其谋，坚守以老其众。劳逸之势，我得胜算矣。奈何欲委弃宗社，远之楚、蜀耶！

见寇准说得斩钉截铁，真宗皇帝只好打消了南幸西幸念头。

很快，朝堂有旨，"以钦若判天雄军府兼都部署、提举河北转运司，与周莹同议守御"。没有了王钦若声援，陈尧叟一人在朝，便不能掀起什么风浪了。

此后不久，陈尧叟也奉旨乘传先赴北砦，按视戎事，为真宗亲征打前站去了。

寇准请斩王钦若与陈尧叟当不得真，但三人政见不和是显而易见的。表面上看是三人政见不合，深层次则是宋初以来官员士大夫间的南北之争。

赵匡胤陈桥兵变夺取后周政权，仍以开封为都城，以中原地方为帝国腹心，故北宋王朝政治、军事重心皆在北方。随着对南方一众割据政权的征服，以胜利者、征服者自居的北方官员，在心理上自然有优越感，在政治上对南方士人有所防范，进而轻视南方士人也就顺理成章了。

自宋太祖始便选士重北轻南，至真宗即位时仍存在着"江南不能与中土等"的不平等现象。野史记载，宋太祖赵匡胤曾刻石禁中曰："后世子孙无用南士作相，内臣主兵。"其实，这个说法根本经不起推敲。宋太祖宫中太监虽少，但也不乏内臣主兵的事例。

宋太祖时代，北人独大，基本没有南方人什么事，倒也正常。到了宋太宗时代，南人逐渐以不同方式进入中央官僚之列，但其所占比例有限，不能与北人相争。宋真宗即位，南人势力已隐然有崛起之态，且势不可当。细究起来，完全是因为科举取士。南方少经战乱，经济繁荣，生齿殷繁。人口多自然读书人多，赵官家开科取士，给了南方读书士子尽情施展的舞台。散文有唐宋八大家的说法，其中宋人占有六席，无一例外皆是南方人。

江浙文气旺，乃是事实。与南方人比读书，北方人确实先天不足。

初时，南方士子屈居下僚，尚无人理会，待至真宗朝跻身宰执行列时，北方的官员自然心下严重不爽了。作为宰相，寇准自然当仁不让为北方士子代言，捍卫北方士子的利益。寇准与冯拯交恶，或许有文人相轻的一面，对王钦若、陈尧叟则多了地域歧视。

有宋一代，北方士人对江南、福建、四川地方尤其歧视，以至有"蜀民易摇，闽人狡险，楚人轻易"的说法流传。而王钦若是楚人，陈尧叟是蜀人，寇准自然要竭力打压了。

究竟要不要亲征，在真宗心底也十分纠结。御驾亲征，何人担任大将统军？何人留守汴梁？加上王继忠不断派人催促议和，契丹人葫芦里究竟卖的什么药？所有种种，令他烦忧。

思来想去，真宗最终请来寇准，听听他有何高见。寇准早已是惊弓之鸟，深思熟虑之后，举荐了雍王赵元份。留守之职，非是宰臣便是由宗室亲王担任。

雍王赵元份比真宗皇帝小一岁，今年三十有六，乃是太宗皇帝第四子。雍王任留守，有利的是他年轻忠谨谦逊，缺憾的则是他身子骨软弱，卧病在床。

公允地讲，留守最佳人选应是真宗皇帝长兄赵元佐。真宗即位封赵元佐为楚王，数次想与兄长相见，都被他托疾婉拒。如果任命赵元佐为留守，又不免会令人产生联想，节外生枝。

寇准自然明白官家心思，因此荐举了雍王赵元份。在这种大是大非的问题上，孰轻孰重他自然心中有数。咸平二年（999）契丹犯边，真宗亲征，命宰相李沆留守汴梁，如今李沆已逝，毕士安又病重，真宗皇帝自然属意寇准了。寇准晓得其中利害，他若任留守，必是多方掣肘，劳而无功。因此，转而荐举了雍王赵元份。

寇准如此荐举，正中真宗皇帝下怀。

此后数日，河北路告急文书雪片般飞至御前，契丹大军铁骑到处，生灵涂炭，百姓死伤无数。

宋真宗坐像 | 宋 | 佚名 | 台北故宫博物院藏

次日，真宗皇帝即派遣近臣祭天地、社稷、宗庙，奏告亲征之事。

十一月戊辰（十八），老将李继隆临危受命，任驾前东面排阵使。其旧部、马军都指挥使葛霸为副；武宁节度使石保吉，为驾前西面排阵使，步军都虞候王隐为副。

三军誓师，由李继隆统帅即日启程，先行奔赴澶州。

真宗皇帝有条不紊地安排亲征事宜，殊不知他寄予厚望的往契丹的信使曹利用滞留在了天雄军。

十一月二十日，真宗车驾从汴梁出发。这个时候，契丹军攻大名不下，转而破德清军（今河南清丰）。

二十一日，车驾至长垣县。

二十二日，至韦城。得知契丹游骑已至澶州，真宗命暂驻跸韦城。稍一犹豫，立即有人旧话重提请幸金陵。在寇准、高琼、王应昌等人的劝谏下，真宗皇帝硬起头皮继续上路。

二十六日，一行人终于赶至澶州。史载"次南城，以驿舍为行宫，将止焉"。

澶州之名源自春秋时卫国城邑"澶渊"，"居中国要枢，不独卫之重地，抑亦晋、郑、吴、楚之孔道也"。因地处险要，自古以来就是兵家必争之地。春秋时期晋、楚"城濮之战"，孙膑、庞涓斗智的"马陵之战"，汉末曹操、吕布的"濮阳之战"，皆是发生在澶州地方的著名战役。

唐末时，朱温与李存勖隔了黄河对峙，后梁贞明五年（919），李存勖派大将李存审在黄河德胜渡口夹河筑栅，并于两岸修筑南北二城，称为南北德胜城。宋初，城墙周长二十四里，共有四个城门，城垣南直北拱，状似卧虎，俗称"卧虎城"。南北城之间由浮桥连接，据史料记载，宋仁宗时，浮桥由四十九只脚船组成，想来真宗时候亦是如此。既云脚船，宽度按两米计，浮桥长度不过百米而已。

正是凭借了德胜城这个桥头堡，后唐最终顺利灭了后梁。此后十余年，石敬瑭割幽云十六州与契丹，北方门户大开，中原失去屏障，再无天险可据。为防御契丹军南下，石敬瑭将澶州治所由顿丘迁至德胜城。从此，德胜城就成了澶州城。

《太平寰宇记》记载，澶州与多个府州接壤，四通八达：东南距开封二百五十里，西南至西京（今河南洛阳）六百七十里，南至长安一千五百里，东渡黄河距濮州范县（今河南范县）一百一十里，南渡黄河距滑州韦城县一百三十里，西距相州内黄县七十里，北至魏府（今河北大名）一百一十里，东南至曹州（今山东菏泽）一百八十里，西南至卫州（今河南辉县）二百五十里。

赵匡胤代周，澶州的战略地位进一步得到提升，成为防范契丹南下中原的最后一道屏障。今日濮阳老城中心街四牌楼南北匾额上镌刻的"北门锁钥""河朔保障"八个大字，即为北宋澶州军事战略地位的真实写照。

至真宗景德元年（1004），于此间上演了影响中国千年历史上重要的一幕——澶渊之盟。

真宗到了南城，不愿渡过浮桥至北城。眼见头也磕了，却不肯再奉一揖，寇准哭笑不得，苦口婆心劝谏道："陛下不过河，则人心危惧，敌气未慑，非所以取威决胜也。四方征镇，赴援者日至，又何疑而不往？"

高琼见状，也在一旁帮腔。哪知他一开口，惹恼了一直沉默不语的冯拯。他虽不敢与寇准争辩，却敢呵斥这个武夫。高琼也是火暴脾气，当即出言讥讽道："君以文章致位两府，今敌骑充斥如此，犹责琼无礼，君何不赋一诗咏退敌骑耶？"

冯拯碰了一鼻子灰作声不得，也不敢太过得罪这个粗鄙武夫，只得讪讪退在一边。高琼当机立断，麾卫士进辇。到了浮桥边，轿夫还在犹豫，高琼用手中挝在辇夫后背敲打，催促道："何不亟行？今已至此，尚何疑焉？"

到了北城，寇准、高琼等人众星捧月般簇拥真宗登上北城门楼，张开黄龙旗。城内城外的宋军望见真宗后，士气大振，皆呼万岁。声闻数十里，契丹军兵相视骇然。

哪知乐极生悲，真宗皇帝至澶州席不暇暖，即从京师传来雍王元份病危的消息。

东京有劫盗，系右军巡狱，疑状未具，继获增值馀党。既至，见其徒械击，因共击狱卒，以谋奔窜。狱吏不能禁，驰白留守雍王元份，遽遣搜捕送府。主吏恐其复亡，亟折其足。元份始闻狱辞，怖甚，又不忍其酷法，遂惊悸，暴得疾。"

仔细推敲，这件事情处处透着古怪。京师重地，防卫森严，几个盗贼就敢折腾出狱吏不能禁的大动静？莫非盗贼比狱卒还要多些？这样的事情，怎么会是东京留守职责所在？

《宋史·职官志》记载，留守、副留守，旧制天子巡守、亲征，则命亲王或大臣总留守事。建隆元年（960），（太祖）亲征泽、潞，以枢密使吴廷祚为东京留守，以留守管掌宫钥及京城守卫、修葺、弹压之事，畿内钱谷、兵民之政皆属焉。

东京留守的职能范围囊括了政治、军事、经济等诸方面，虽负有审理刑狱、维持京师治安的职责，但设置此职的真正目的是捍卫皇权。一桩越狱案件，居然惊动了留守大人？尤其是元份听说打断了盗贼腿，便惊悸，继而暴得疾，更是令人莫名其妙，其间或者另有隐情。但雍王病重乃是史实。

一波未平，一波又起，前方战事尚不明朗，后方又出状况，不免人心浮动。一时，真宗心乱如麻。思来想去，身边似乎唯有王旦"堪任大事"，因此命其为权留守事，速返京师。

非常时期王旦临危受命，只提了个要求："愿宣寇准，臣有所陈。"

真宗一头雾水，待寇准至，王旦奏曰："十日之内未有捷报时，当如何？"

真宗闻言，顿时沉默不语，良久方艰难地道："立皇太子！"

澶州城外屯集了二十万契丹大军，兵凶战危，胜负难料，真宗能否全身而退实在是难以预料。总之，一切皆有可能。王旦这样讲，完全就是要官家当着宰相的面交代后事。

后人以为，这段记载乃是不实之言。真宗皇帝无子，何来立皇太子之说？

仔细忖度，这个记载或许实有其事。

契丹大军压境，真宗亲征，任命雍王元份为留守，意在稳定人心，以备不虞。为何坚持任命一个健康状况堪忧的弟弟，而不任命兄长元佐为留守？

翻检史书，原来如此。雍王赵元份有个儿子名叫赵允让。史载，赵允让"天资浑厚，外庄内宽，喜愠不见于色"。

史家何以如此不吝赞美之辞？

赵允让即濮安懿王。稍对宋史感兴趣的人皆知，北宋历史上有一桩震动朝野的公案——濮议之争。

濮，便是指濮安懿王赵允让了！议，则指在朝廷上议论。濮议之争，争的便是关于濮安懿王名分的问题。

嘉祐八年（1063）三月，宋仁宗"暴崩于福宁殿"，其养子赵曙（原名赵宗实）在皇后曹氏的支持下顺利继位，即为宋英宗。

英宗即位，按例对朝廷百官加官晋爵，对宗室已故诸王各加封赠。如何追封生父濮安懿王赵允让，如何称呼，在朝堂之上掀起了轩然大波。

就传统礼法而言，英宗既过继给仁宗，并继承帝位，与濮安懿王便只能以君臣相称。但称父亲为皇伯则于孝道有亏，英宗自然希望称父亲赵允让为皇考。很快，朝堂上百官形成了针锋相对的两派：一派是以司马光、王珪为代表，认为英宗既已嗣位仁宗，理应再称其生父为皇伯；另一派以韩琦、欧阳修为代表，支持新君追尊赵允让为皇考。

两派官员引经据典，各执一词，争论一年有余。直至曹太后出面，拍板同意英宗尊濮安懿王为皇考，这才结束这场闹剧。

真宗皇帝一连几个儿子皆夭折，无奈之下命人以绿车旄节迎养赵允让于禁中。直到他的儿子仁宗出生，这才以箫韶部乐礼送赵允让还邸。

所谓绿车旄节，乃是高规格礼仪，箫韶部乐更为宫廷乐曲，乃是宋代待皇嗣养子的礼乐制度。

有宋一代，若皇帝无子，则从宗室中选择"仁孝聪明者"养于宫中，封赐官爵，使之异于常人，隐约流露出传位意向。但是又不"正东宫之名"。如此，则为将来或者有皇子诞生留有余地。收养宗子不仅是为使皇位继承能够正常进行的一种措施，也是官家没有子嗣的情况下，安定民心，以防万一的一种做法。一旦皇嗣诞生，收养的宗子则会被礼送回藩邸。

赵允让在宫中近十年，直至仁宗出生，才被礼送出宫，年幼的赵允让无日不在焦虑、痛苦中煎熬。其子赵宗实四岁入宫，被封皇子时已然过去了二十六年，完全是从少年到白头，这种无休止的心灵折磨岂是寻常人能承受的？

英宗追封父亲为皇考，从心理学上讲，大概是抑郁心理的一种释放。其身体羸弱早逝，应该是受其祖雍王基因影响。

真宗收养赵允让，仁宗收养赵宗实，父子二人收养父子二人，如此反常其中必有缘故。如果非要做一个合理的解释，最大可能是当初真宗皇帝对雍王元份做过一个口头承诺。君无戏言，仁宗必须兑现父亲的话。

搞清楚了这一关键，便明白真宗皇帝立皇太子乃实有其事，绝非妄言。至于立何人为皇太子，真宗、寇准、王旦心下雪亮，只是后世人一头雾水而已。

搞清楚了立皇太子之事，便明白为什么真宗皇帝在略占上风的情形之下与契丹谋求和议了。

真宗皇帝与王旦有十日之约，因此急于赶回汴梁。回得略晚，王旦就有可能在京城立皇太子了。生米煮成熟饭，他所做的一切努力，便是在为他人作嫁衣。

辽圣宗与宋真宗，果然是一对难兄难弟。一个慑于母后淫威，敢怒不敢言；一个活在父亲阴影下，战战兢兢，如履薄冰。二人皆是正常继统，却又皇位不稳。二人皆有皇后，却都后继乏人。

二人同病相怜、心有戚戚，最终达成和议，也是顺理成章之事了。

第五章 权臣韩德让

玉田韩家

契丹，之所以能成为影响中原王朝更迭，与北宋并峙，主导东北亚政治格局的重要力量，正是因为它在封建化的过程中，团结、融合了治下各族群，最终形成以契丹贵族为主，汉、渤海为辅，共同掌控政权的局面。

契丹王朝真正崛起于后晋石敬瑭纳土。有了幽云十六州的广袤土地后，农耕文明开始深刻影响契丹，当大量涌入的农耕族群不再是少数族裔时，他们便需要在契丹统治集团内部有自己的代言人，以保护自身权益。

契丹王朝统治阶层对此心知肚明，他们也需要汉人中的优秀人才加入集团当中，为自身服务。从太祖耶律阿保机始，即注重笼络汉族人才，其后的太宗、世宗、穆宗、景宗无不如此，到辽圣宗时，汉人官员已经遍布朝野，形成了以"韩、刘、马、赵"四姓为主的汉人世家大族。

说是四姓，其实是五族，原来排第一位的韩姓分为玉田（河北玉田县）韩知古家族与安次韩延徽家族。刘为河间刘氏家族，马为医巫闾山马氏家族，赵则为卢龙赵思温家。刘、马、赵三家亦财大势雄，与韩家相较，实力略逊一筹而已。

韩延徽（882—959），本是卢龙节度使刘守光手下，奉命出使契丹，因言语冲撞了耶律阿保机，被扣留不遣。述律氏发现韩延徽才识不凡，举荐与阿保机。韩延徽很快脱颖而出，成为阿保机的佐命功臣，史载凡"营都邑、建宫殿、正君臣、定名分"，皆出自韩延徽之力。韩延徽历仕四朝，其子孙多在朝为官，逐渐形成了庞大的家族势力。

河间刘氏随赵延寿入辽，却是以文学起家，其中第二代人物刘景应历年间已然出任知制诰、翰林学士之职。刘景官至户部使，并历武定、开远二军节度使，直至统和六年（988）方致仕。刘景之子刘慎行，由膳部员外郎累迁至北府宰相。刘慎行有子六人，分别为一德、二玄、三瑕、四端、五常、六符，其中最著名者为刘六符。刘六符官至同中书门下平章事，乃是庆历增币的主要人物，后文将会述及。刘六符卒于辽道宗初年，刘氏家族以其子孙最为兴盛。

医巫闾山马氏第一代人物马胤卿，原为石晋青州刺史。辽太宗举兵灭晋，攻至青州，马胤卿坚守不降。后城破被俘，太宗义而释之，徙其族于医巫闾山。从此，马氏一族便安家于医巫闾山。马胤卿子马廷煦，官至南京留守，马氏逐渐发达。其后世马人望以才学称，辽道宗咸雍年间进士及第。初任松山县令，以敢于为民请命著称。后擢至中京度支司盐铁判官，又转南京三司度支判官，在任期间表现出了卓越的理财才能。马人望官至参知政事、南院枢密使之职，是辽天祚帝最倚重的大臣。

卢龙赵氏家族的第一代人物赵思温，本为后唐平州刺史兼平、营、蓟三州都指挥使，于天赞二年（923）降契丹。耶律阿保机征渤海，赵思温率汉军从行。扶余一战，赵思温率敢死士十余人突战先登，立拔其城。石敬瑭献幽云十六州与契丹，赵思温为首任南京留守，后为卢龙、临海等军节度使，进开府仪同三司。赵思温以忠直勇猛而得到辽廷信任，其子十二人皆仕辽，官至节度使、兵马使等，卢龙赵氏迅速成为显宦。

辽圣宗最倚重的汉臣韩德让，出自玉田韩知古家族。最初进入北地的汉人，大多数是被掳掠的，迫不得已，韩知古家族亦是如此。

《辽史》记载，韩知古是"蓟州玉田人"。耶律阿保机平蓟，韩知古为乱军掳入契丹，成了述律氏的家奴。阴差阳错之下，成为述律氏的嫁妆（媵臣），得以接近耶律阿保机。"善谋有识量"的韩知古很快引起阿保机的注意，"召之与语，贤之，命参谋议"。韩知古从此成了太祖皇帝的亲信，"信任益笃，总知汉儿司事，兼主诸国礼仪"。

阿保机称帝后，韩知古任中书令，奉命"治礼作乐"。韩知古借鉴中原儒家礼乐思想，综合契丹传统社会风俗，制定出了农耕文化与游牧文化相结合的契丹礼乐制度，最终成为辽太祖二十一名开国佐命功臣之一。

根据出土墓志，韩知古有子十一人，其中三子韩匡嗣，其母欧尼·么散夫人为正妻，按当时礼制，韩匡嗣乃是嫡子。韩匡嗣"娶兰陵萧氏，封陈国夫人"。

韩匡嗣兄长二人——彰国军衙内都将韩匡图，天成军节度使、司徒韩匡业；有弟八人——临海军节度使、太傅韩匡佑，燕京统军使、天雄军节度使、太师、政事令、邺王韩匡美，户部使、镇安军节度使、太保韩匡胤，镇安军节度使、司徒韩匡赞，殿中侍御史韩匡文，东头供奉官韩匡道，彰武军中军使韩图育，熊军将军韩唐兀都。

韩知古十一子，皆官至显要，其中以嫡子韩匡嗣最为显赫。韩匡嗣出身"宫分人"，得以跻身近侍，更因医术了得，为述律后宠信，值长乐宫，有幸结识了儿时的景宗。景宗幼年时经历"察割之乱"，落下了"风疾"，韩匡嗣用所习医术为他缓解病痛，因此大受信用。

韩知古殁后，玉田韩家沉寂数十年，未获大用。辽穆宗在位的应历年间，韩匡嗣只是任太祖庙详稳，等于坐了冷板凳。宋王耶律喜隐谋反被抓，牵扯出了韩匡嗣。不知什么原因，喜隐被下狱，韩匡嗣却释而不问，有惊无险，躲过一劫。前文曾提及，景宗登基，喜隐自己卸去刑具，大摇大摆地来见新君，俨然以功臣自居。穆宗不问韩匡嗣之罪乃是欲安反侧，并非顾忌汉臣势力。如果穷治，势必牵连甚众，引得物议沸腾，朝局动荡。

景宗即位后，韩匡嗣迅速发达，历任上京留守、南京留守，后"以留守摄枢密使"。韩匡嗣虽然受到帝后宠信，但才识平庸，军事一道更是门外汉。

《辽史·耶律虎古传》记载，保宁十年（978年，宋太平兴国三年），耶律虎古使宋还，奏称赵宋有取河东之意，哪知韩匡嗣不以为然，驳斥道："何以知之？"

耶律虎古："诸僭号之国，宋皆并必，惟河东未下。今宋讲武习战，意必在汉。"

韩匡嗣极力阻挠，辽廷便没有提前做战备。第二年，宋太宗挟灭北汉之威，果然率军来攻幽州。幸而耶律沙、耶律休哥等人力战，于高梁河大败宋军。

事后，景宗未能及时调整人事，便急于报宋北伐一箭之仇，贸然兴师，结果导致满城惨败。

满城之战，韩匡嗣刚愎自用，不听宿将耶律休哥建议，中了诈降计，张皇失措，率先弃旗鼓遁，导致辽军损兵折将。景宗大怒，历数其五条罪状，下令处斩，睿智皇后与众人出面说情，景宗顺水推舟从轻发落，"杖而免之"。

韩匡嗣不久起复，死后追赠尚书令。

为何萧绰引诸内戚一同为韩匡嗣开脱说情？原来，景宗即位后出于身体的原因，任命萧绰父亲萧思温为侍中，共当国政，"虽事多徇私，群臣畏后不敢言"。自萧思温死于非命后，萧绰失了依恃，想要在朝堂之上有更多话语权，势必寻求政治同盟，遍视朝堂，似乎唯有玉田韩家才是最佳拍档。

历史证明，萧绰目光如炬，施以援手，福报无穷。

韩匡嗣有九子，在其提携下，韩氏子孙夤缘而上，遍布朝野，其中尤其以韩德让成就最为突出。

韩德让（941—1010）在父亲荫庇之下，先是任东头承奉官，后补枢密院通事，转上京皇城使，遥授彰德军节度使。

韩德让从韩匡嗣诸子中脱颖而出，是因为保宁十一年（亦乾亨元年）的宋太宗北伐。当时，韩匡嗣任南京留守兼枢密院事，手握军政大权。宋军兵临幽州城下时，韩匡嗣却不在幽州，随扈景宗皇帝秋捺钵去了。

眼见宋军势大，耶律斜轸引兵退驻得胜口（今北京昌平西北），耶律沙撒至清河北（今北京清河街道），与城中的权南京留守韩德让互为掎角，严阵以待宋军。宋太宗以为辽军怯战，亲自率军长驱直入，兵临城下，大将宋偓、崔彦进、刘遇、孟玄喆兵分四路，将城围得水泄不通。幽州地方官吏见势不妙，纷纷降附。百姓也杀牛携酒、箪食壶浆前来犒军。

千钧一发之际，代父负起守城之责的韩德让指挥若定，披坚执锐，不避矢石。众将士见主将如此，群情激昂，胆气顿生。南京城内守军虽少，无奈宋军长途奔袭，到了城外已是师老兵疲，成强弩之末，战斗力低下。在守军的拼命抵抗下，宋军连番进攻皆未能突破城防。不久，耶律休哥率援军至，契丹里应外合，于高粱河大败宋军。

宋廷讳败，史家曲笔载为"车驾夕发，命诸将整军徐还"。真实的情况是宋太宗见大势已去，丢下残兵败将，独自乘驴车宵遁。宋太宗身中数箭，后来也是因箭疮发作而去世。契丹大将耶律休哥亦"披三创"，身负重伤，以至于无法骑马，只好眼睁睁看着赵光义坐驴车逃走。

此役之后，韩德让因功封辽兴军节度使、南院枢密使之职，跻身契丹统治集团高层。

辽兴军，即平州。天赞二年（923），耶律阿保机攻取平州。时，辽平州下辖营、滦二州，卢龙、安喜、望都三县，是先于幽云十六州纳入契丹的燕地重镇。辽兴军节度使属于封疆大吏，非亲贵勋臣不能任此职。

韩德让任此显职，可见大受景宗皇帝宠信。

乾亨四年（982），景宗病重，韩德让"不俟诏，密召其亲属等十余人并赴行帐"。

史家如此记载实是欲盖弥彰，不俟诏，如何知晓景宗病重？何以有与耶律斜轸俱受顾命，立梁王（辽圣宗）为帝之事？如果不是景宗皇帝有诏，那必然是萧绰及时将消息传递了出来。

里应外合之下，萧太后很快掌控了局面，"乃集蕃汉臣僚，立梁王隆绪为皇帝"。

为了平稳过渡，萧太后采取了一系列措施，倚重室昉，与耶律斜轸、韩德让参决大政，委于耶律休哥以南边事。

权臣发迹

新君登基，萧太后称制，韩德让总宿卫事。帝后等于将身家性命交在了韩德让的手中。

韩德让辅佐新君，势必在朝堂树立权威，第一个撞在他枪口上的便是料事如神的耶律虎古。

耶律虎古是六院夷离堇觌烈之孙，因出使宋廷有功，被景宗皇帝授予涿州刺史之职。新君登基，耶律虎古奉旨赴上京拜见。不知什么原因，耶律虎古与韩德让在殿上争执起来。韩德让大怒，从殿中武士手中夺过所持戎仗（最大可能是骨朵）在耶律虎古头上猛砸。

耶律虎古头破血流，卒。

韩德让咆哮朝堂，在众文武面前公然行凶，如此跋扈不臣，萧太后也不去处置责罚，为了助韩德让于朝堂立威，反而不遗余力地包庇他。统和六年（988），"太后观击鞠，胡里室突隆运坠马，命立斩之"。

击鞠就是马球，骑在马上打曲棍球，本是李唐贵族子弟的高级休闲娱乐活动。击鞠本传自西域，到了唐代蔚为风尚，唐代帝王嗜好击鞠，其中不乏高手，更有两位干脆就死于击鞠。唐玄宗球技堪称一流，时常策马挥杖、驰骋于球场之上，往来奔突，迅捷如风。

"阊阖千门万户开，三郎沉醉打球回。九龄已老韩休死，无复明朝谏疏来。"宋人晁说之的这首《打球图》诗，说的便是唐玄宗因为嗜好击鞠，往往深更半夜才回宫，耽误处理国政的往事。

无独有偶，唐僖宗治国能力低下，却颇具运动天赋，擅长骑射、舞剑、耍槊、蹴鞠，击鞠技术更是堪称一绝，他曾不无得意地吹嘘道：如果击鞠也开科举，朕一定是状元郎。

辽人本就擅骑射，又以唐文化继承者自居，击鞠在国内基本就是全民娱乐休闲方式。击鞠对抗性强，参与者马匹有冲撞，有肢体接触也是稀松平常之事。胡里室不知是有意还是无意，只是将韩德让撞下马来，便落了个身首异处的下场，实在是六月飞霜，死得冤枉。

从此，韩德让下场击鞠，完全就是他的个人骑术秀了。

萧太后如此宠溺韩德让，很快便流言满天飞，中外皆知。知雄州贺令图上奏宋廷称：

> 萧氏与韩私通，遣人缢杀其妻，遂入居帐中，同卧起如夫妻，共案而食。隆绪所居，与帐相去百许步，卫兵千余人，膳夫三百人，杂以蕃汉女奴，国事皆萧氏与韩参决。

为了与韩德让朝夕相处，萧太后竟然派人缢杀了韩妻。这样的事情即使是发生在现在，也太过匪夷所思。

萧太后与韩德让除君臣关系，究竟还有什么关系，直至今日依然没有定论，不过二人间有超越寻常男女友谊的关系是可以肯定的。

仿李公麟明皇击球图 | 清 | 丁观鹏 | 台北故宫博物院藏

韩德让的仕宦经历，确实是令人炫目。

统和元年（983），加开府仪同三司，兼政事令。

统和四年（986），加守司空，封楚国公，与萧太后讨宋还，与北府宰相室昉共执国政。

统和六年（988），率师伐宋，封楚王。

统和十二年（994），室昉致仕，韩德让代为北府宰相，仍领枢密使、监修国史，赐兴化功臣。不久，加守太保、兼政事令。

统和十七年（999），耶律斜轸死后，韩德让兼任北院枢密使之职，不久，拜大丞相，进齐王，总二枢府事。

统和二十二年（1004），韩德让随萧太后、辽圣宗出征，辽宋达成澶渊之盟。师还，徙晋王，赐姓，出宫籍，隶横帐季父房后，赐名耶律德昌，位亲王上，赐田宅及陪葬地。

自从室昉、耶律斜轸、耶律休哥死后，韩德让成了硕果仅存的勋臣，萧太后母子不得不倚重他，赐以几杖，入朝不拜、上殿不趋，如萧何故事。另外，左右护位特置百人，按契丹制度，护位只有国主才有。圣宗皇帝见了韩德让，见则尽敬，至父事之。

圣宗父事韩德让的记载出自《契丹国志》，后人则对其可信度存疑。《契丹国志》为南宋人叶隆礼所著，其中不免有失实之处，但如果出于这个原因断然否定他的史实价值则不免失之偏颇。

想要厘清此事，势必从韩德让与萧太后之间扑朔迷离之关系讲起。

对此，《辽史》的记载是"太后益宠任之"，《契丹国志》则只是含糊其词地记作"有龙阳之辟"。《辽史》著成于元末，《契丹国志》则成书于南宋末年，与萧太后、韩德让二人之事相距甚远，难以一窥全貌。而宋人路振的《乘轺录》则较为详备：

> 萧后幼时尝许嫁韩氏，即韩德让也。行有日矣，而耶律氏求妇于萧氏。萧氏夺韩氏妇以纳之，生隆绪，即今虏主也。耶律死，隆绪尚幼，袭虏位。萧后少寡，韩氏世典军政，权在其手，恐不利于孺子，乃私谓德让曰："吾

尝许嫁子，愿谐旧好，则幼主当国，亦汝子也。"自是，德让出入帷幕，无间然矣。既而鸩杀德让之妻李氏，每出弋猎，必与德让同穹庐而处。

爱恨情仇

《乘轺录》是宋人路振出使辽廷，记载其在辽境所见所闻的行记。

路振（957—1014），字子发，永州祁阳（今湖南祁阳）人。淳化三年（992）中进士甲科，授大理评事、通判邠州，继又徙任徐州……景德四年（1007），宋真宗诏修太祖、太宗两朝国史，路振以直史馆任编修官，大中祥符元年（1008），路振奉命出使辽廷，《乘轺录》便是其出使归来后所撰沿途见闻。

路振长于文学，治史严谨，所书史事，远非今日无聊文人之捕风捉影可比。《乘轺录》按日记述了其出使辽国所经地点及沿途的风俗民情，可补辽史记载不足，其史学价值自不待言。且其时，萧太后、韩德让尚健在，为当代人记录当代事，可信度颇高。路振为宋人，对辽统治者亦无所顾忌，自然是秉笔直书，不必为尊者讳。

路振的《乘轺录》，记载了萧太后与韩德让间的爱恨情仇，解开了历史之谜。悔婚这样的事情，以萧思温的心性完全做得出来。彼时，韩匡嗣参与喜隐谋叛，虽然侥幸躲过一劫，却也因此去官居家。穆宗无子，耶律贤有一飞冲天的可能。究竟选择何人为婿，似乎无须考虑。

唯一合理的解释便是，萧思温勾结闲居在家的韩匡嗣，与女里、高勋等人，怂恿耶律贤夺嫡。为坚定其信心，不惜悔婚，将许配韩德让的小女萧绰转而嫁与耶律贤。如此，几人便成了福祸与共的利益共同体。只是韩匡嗣行事不似三人那般张扬，瞒过了所有人。

史载，景宗与萧绰共育有四子三女。而令人不解的是，只是清晰记载了圣宗出生于保宁三年（971）十二月，其余几个兄弟姊妹的出生年月日却不见有记录。这样的事情若是发生在寻常百姓家中，不足为奇，但若是发生在已然严重封建化的帝王家，则值得令人深思了。

这样做，似乎有意在隐瞒什么。

萧太后（953—1009），讳绰，史称承天太后。辽景宗生于天禄二年（948），年长萧绰五岁。韩德让（941—1011）则年长萧绰十二岁。

《辽史》记载，应历十九年（969）二月景宗即位，萧绰即被选为贵妃，五月时便册封为皇后。所以如此，既有景宗为酬萧思温拥立之功的考量，也有萧绰貌美端庄、兰心蕙质，远超侪辈的原因。

选为贵妃，"选"有拣拔之意。这说明，极有可能萧绰是在应历十九年二月前，即景宗上位前嫁为人妇的。

很快，景宗皇帝便见识了萧绰的政治手段。

景宗登基改元保宁，同时大赦天下。耶律喜隐闻讯，自己卸去囚械前来参拜新君。景宗大怒，立即杀了看守喜隐的狱卒，将其重新监禁起来。哪知不久，喜隐重获自由，景宗非但复其爵位，更封宋王，还将萧绰二姐嫁给他为妃。

新君为何出尔反尔？

萧绰得知后，或者是出于父亲萧思温的授意，立即指出如此处理的不妥之处。喜隐虽身陷囹圄，但他身后势力仍不容小觑。而且此事的处理，丝毫没有顾及功臣韩匡嗣的颜面。闻听喜隐被囚，罨撒葛惧，出奔大漠。穆宗无子，按情理，胞弟罨撒葛为第一顺位继承人。如今景宗皇帝捷足先登，当务之急是安抚人心稳定局面。景宗立即省悟，自然要向萧绰请教如何亡羊补牢。

萧绰建议将二姊嫁给喜隐，是为了拉拢他，此举意在巩固景宗皇权。至于说二姊幸福与否，则根本不在她的考虑范围。

萧思温不嫁次女给景宗，有可能次女不为其所喜也未可知。

果然，安抚了喜隐之后，景宗又派人诏回罨撒葛，封为齐王，对其礼敬有加。一番动作，政局很快稳定下来。

萧绰表现出的政治才情，令景宗刮目相看。

景宗自幼父母早亡，身边除了女里、韩匡嗣几个，几乎没有可亲近之人。天禄五年（951）九月火神淀之变，世宗为察割等人所弑。御厨刘解里用毡子裹了时年四岁的景宗，藏在积薪中，侥幸躲过一劫。景宗惊吓过度，留下了心理阴影，继位不久，即重压之下焦虑过度，身体逐渐出现了四肢麻木等早期偏瘫的症状。萧绰的出现，令他空虚的心灵寻到了慰藉，很快便对其产生了依赖心理，主动让萧绰介入朝政的处理也就顺理成章了。

最初，萧绰只是辅佐景宗处理朝政。随着病情的加重，体弱多病的景宗逐渐将军政尽数交给萧绰处理，"刑赏政事，用兵追讨，皆皇后决之，帝卧床榻间，拱手而已"。时间一久，朝堂之上形成了"以女主临朝，国事一决于其手"的政治格局。

乾亨四年（982）九月，十二岁的辽圣宗即位，为防范诸王宗室犯上作乱，"统和元年（983）二月，禁官吏军民不得无故聚众私语，冒禁夜行，违者坐之"。可见新君即位之初时局之严重，亦可见萧太后行事之果敢，措施之严厉。

经十余年的历练，萧太后政治手腕越发老辣纯熟。

耶律斜轸是功勋卓著的大将，其最得意的一战就是生擒了宋将杨业。景宗为拉拢他，委以重任，"妻以皇后之侄"。因此，耶律斜轸得尊萧绰为姑姑。

圣宗登基，萧太后对其极尽拉拢之能事。据野史记载，萧太后有两只琥珀杯，每逢朝会，酌赐有功大臣，其他功臣都只赐一杯，唯有耶律斜轸得赐数次，以示殊荣。萧太后又让儿子和耶律斜轸当着众文武大臣的面，易弓矢、鞍马，约以为友。

契丹人易弓矢、鞍马，类似汉人的义结金兰。萧太后如此，不过是欲借重耶律斜轸，迅速稳定朝局。为巩固统治，萧后可谓绞尽脑汁，用心良苦。

景宗在位时，萧绰就非常注重对汉人知识分子的拣拔与任用。室昉（920—994），会同初进士及第，历任知制诰、翰林学士等职。统和元年（983），室昉想要辞官，被萧太后挽留。不久即进《尚书·无逸》篇以谏，萧太后闻而嘉奖。次年，令其主持修诸岭路，室昉征发民夫二十万人，"一日毕功"。一日毕功虽经不得推敲，但也知其人组织能力、办事效率远超侪辈。

室昉受命以来，与韩德让、耶律斜轸"同心辅政，整析蠹弊，知无不言，务在息民薄赋，以故法度修明，朝无异议"，完全是汉臣中的楷模。

《尚书·无逸》是历朝历代臣僚劝诫君王或勉励自身的经典座右铭（虽然这座右铭略长），是周公旦归政对侄儿的训诫，他希望周成王不要贪图享乐安逸，要知稼穑艰难，劝周成王效法文王勤俭节约，爱护民众。司马迁《史记》中言："周公归，恐成王壮，治有所淫佚，乃作《多士》《无逸》。"

殷鉴不远，周公旦谆谆教导成王居安思危，树立忧患意识。显然，室昉进《尚书·无逸》篇并不是献与圣宗的，他是献与萧太后的，希望她如周公旦那样，一心一意辅佐年幼的皇帝，体察民生的艰辛，毋荒废国政。

《尚书·无逸》篇是儒家为统治者量身打造的修身治国之道，乃万世帝王之药石金方。即便是昏庸之君，看了《尚书·无逸》也得表现出诚惶诚恐的样子。萧太后自然明白室昉的良苦用心，于是信之不疑，任为北府宰相。

郭袭，性端介，识治体，对称旨，知可以任事，于是拜为南院枢密使，不久又兼政事令。刘景，资质端厚，好学能文，为人忠实，被提拔为礼部尚书，不久又召为户部使，历任武定、开远二军节度使；马得臣，好学博古，善属文，尤长于诗，保宁间累迁政事舍人、翰林学士，常预朝议，以正直称……

汉人士大夫不再视契丹为夷狄，楚材晋用在千年前成为寻常之事。他们努力融入契丹朝堂，执掌契丹文教，或为皇帝掌管文书，负责记录整理编撰国史和实录，以儒家文化影响统治者，在契丹国内积极兴学，成为契丹游牧文明与中原农耕文明相互交流的桥梁。

萧绰的少年、青年时期皆是在南京度过的，受汉文明熏陶，有着极深的汉文化素养。骨子中又不乏契丹人的果敢坚毅精神，个性张扬敢作敢为，自然不甘受封建礼法束缚。

韩德让清楚萧太后如此对自己，其间不免夹杂了个人感情与政治需要，却仍"孜孜奉国、知无不为"，殚精竭虑忠心辅佐。

韩德让何以如此？仍需从历史故纸堆中寻找答案。

契丹王朝治下的汉官集团，有韩、刘、马、赵四大世家之说，排在第一位的"韩"，究竟是玉田韩家还是安次韩家，直至今日仍是聚讼不已的话题。

其实，韩、刘、马、赵四大世家在契丹王朝是不断发展变化的，其中不免有盛衰起伏，始终是互争雄长的。就玉田韩家的各发展阶段而言，真正的关键性人物不是韩知古，而是韩匡嗣。

前文讲到，满城之战辽军大败，景宗欲杀韩匡嗣，结果为萧绰所阻。韩匡嗣虽损兵折将，但忠心可嘉。彼时的韩匡嗣虽仍是宫分人的身份，但也有了自己的私城，奴隶摇身一变成了奴隶主。非但韩匡嗣娶兰陵萧氏为妻，就连他的弟弟韩匡美也先后连娶三妻，均是出自后族萧氏。

汉官与后族通婚，在从前是极为稀少的，更不用说是与太后之间发生桃色故事了。

或者，有人认为萧太后将自己与韩德让的私情公之于众，会令圣宗情何以堪？甚至有封建卫道士跳将出来大加挞伐。却不知游牧族群并没有那么多的精神桎梏，辽圣宗对母亲的感情亦表示理解，甚至亲书铁券读于北斗下赐予韩德让，父事之。圣宗皇帝选择了无视，最初大概是无奈，随着年纪的渐长、心智的成熟，保持了最大限度的隐忍与克制，甚至对韩德让礼敬有加，不吝高官显职，令玉田韩家发展到了令人瞠目结舌的高度。

统和二十二年（1004）十二月，辽廷对韩德让赐姓耶律，封晋王。次年十一月诏大丞相耶律德昌出宫籍，隶横帐季父房。从此，玉田韩家非但彻底摆脱了私奴身份，而且华丽转身成为皇族。

在玉田韩家私城的基础上，赐韩德让建文忠王府（文忠王府为韩德让死后赐名），其形制拟帝后斡鲁朵，这在皇族贵族中也是绝无仅有的。

随着韩德让的显达，韩家大批子弟跻身中上层官僚行列，"诸侄三十余人，封王者五人，余皆任节度使、部署等官"。大批子弟入仕并位至要津，使韩氏家族的势焰不可一世，时人将其与皇族后族相并列。以至当时有"耶律、萧、韩三姓恣横，岁求良家子以为妻妾"的记载，幽蓟人民苦不堪言。

耶律斜轸、耶律休哥、室昉等重臣相继离世后，韩德让越发位尊名重，权倾朝野。表面看似乎是萧太后姑息纵容，其实其中亦不乏圣宗皇帝推波助澜。

圣宗皇帝如此，或者与耶律隆庆势力在朝堂崛起有关。众所周知，政治就是各方势力的平衡。萧太后培植耶律隆庆势力，或者是出于制衡韩德让的需要，这样却令圣宗心下惶恐。契丹王朝立国数十年，叛乱谋逆之事时有发生，每一次政权更迭都有一番血雨腥风。圣宗以嫡长子身份继统，自然希望将皇位传诸子孙，而不至君权旁落。母亲称制二十余年不肯还政，已让他头痛不已。如今朝堂之上更多了封梁王、拥有敦睦宫（耶律隆庆斡鲁朵）、任兵马大元帅的弟弟。

即便耶律隆庆无意染指皇权，但不等于其身周不会出现一些夤缘而上之徒鼓动怂恿、挑拨离间。一想到曾任天下兵马大元帅的太宗，逼得先祖让国皇帝远走中原，兄弟阋墙的过往，圣宗就寝食难安。权力不可分享，尤其是至高无上的皇权。圣宗除了将内心想法严严实实包裹起来，就只有在母亲面前表现得更加谦恭了。

时间一久，他惊喜地发现，耶律隆庆与韩德让龃龉不断，二人势同水火。宋人路振《乘轺录》记载为："虏相韩德让尤忌之，故与德让不相叶也。"

与圣宗谦逊知礼不同，耶律隆庆凶悍狡黠、飞扬跋扈，仗着萧太后宠溺，"调度之物，悉侈于隆绪"。如果听之任之，最终夺嫡成功上位，非但韩德让身家性命不保，只怕整个韩氏家族也难逃一劫。

圣宗需要有人助他巩固皇权，韩德让则须借重圣宗维护整个家族利益。二人一拍即合，心有灵犀达成默契，共同对付萧太后与不谙韬晦之道的耶律隆庆。

统和二十二年（1004）闰九月，圣宗皇帝与萧太后、韩德让一同南下，统二十万大军御驾亲征，先就存了不得为人道的小心思。

耶律隆庆留守南京虽未从征，军中却有他的心腹大将萧挞凛。萧挞凛亦称萧挞览，字驼宁，是萧思温的再从侄。史称萧挞凛"幼敦厚，有才略，通天文"，东征西讨南伐屡立战功，是继耶律休哥、耶律斜轸之后，契丹朝中涌现的又一智勇双全、可出将入相的厉害人物。

耶律隆庆任南京留守、兵马大元帅时，萧挞凛正担任南京都统军使之职。

南京统军司亦称燕京统军司，是契丹王朝在南京地区最为倚重的军事机构，设立于辽太宗升幽州为南京之后。南京虽有居庸、松亭、林榆之关、古北之口，却无险可守，当年宋太宗亲征，可以率军轻易突至幽州，四面围城。宋廷无疑是契丹最为强大的对手，因此对宋的进攻、防御都需要大量投入，在南京屯集重军。

幽云十六州纳入契丹版图之初，考虑到当地人口中汉人占大多数，为笼络人心，最初两任统军使皆为汉人。宋太宗北伐，南京汉将望风而降，从此南京统军使之职便由契丹人自己担任，一直至辽亡。

南京都统军司的契丹军和渤海军，以及南京侍卫亲军都指挥使司所部汉军，皆隶兵马大元帅麾下。其中，南京统军司所部契丹军装备精良，战斗力最强。

统和二十二年（1004）前，萧挞凛数次统军南下，屡有斩获，此次南犯，萧挞凛荣膺前锋之职。

统和四年（986），耶律斜轸为诸路兵马都统时，萧挞凛担任兵马副部署之职，曾助诸路兵马都统、枢密使的耶律斜轸于朔州大败宋军，生擒宋将杨业。统和十四年（996），以功加兼侍中、封兰陵郡王；统和二十年（1002）夏，萧挞凛破宋军于泰州；统和二十一年（1003）四月，与耶律奴瓜擒宋将王继忠于望都。

萧太后封耶律隆庆为梁王、兵马大元帅，有意栽培之心昭然若揭，萧挞凛为隆庆部下，自然是言听计从了。此番南下，耶律隆庆虽未从征，但有萧挞凛任前锋，也算是在军中有自己心腹。

契丹二十万大军南犯，纵横驰突，烧杀掳掠，恣意破坏，有意使河北从此成为契宋间的战略缓冲区。

十月八日至十二月，真宗皇帝先后九次发诏安抚两河人民，滨、棣、德、博、青、淄、潍、郓、濮、邢、洺、磁、相、澶、滑、怀、卫、河阳，及通利军饱受战火摧残，粮食、耕牛，以至耕具，无不为契丹军掠夺破坏殆尽。流民传言萧挞凛下令屠杀十五岁以上男子，可见战争之恐怖血腥。

真宗得河北奏报，"诸州多被蹂践……惨然形于颜色，乃下罪己诏"。主忧臣辱，寇准等辅臣见状，亦忙不迭地上表请罪。

前文讲到，圣宗皇帝见大名府城高池深，易守难攻，当下绕城而走，于狄相庙设伏大败宋军。孙全照拼死相救，宋军依然损兵折将，狼狈退回城中。

兵贵神速，圣宗安排人马伏击宋军之际，萧挞凛则率前锋人马直扑德清军。

德清军距离澶州不过七十里，城小兵微。果然，萧挞凛率大军杀至，知军、尚食使张旦及其子指挥手下兵将拼命抵挡，城破而亡。虎翼都虞候胡福力战，金疮遍体，犹奋剑转斗，手上弓箭矢不虚发，战至一人仍冲入敌阵，挺刀杀数十名契丹军卒，最终寡不敌众，壮烈牺牲。

萧挞凛挟战胜之威挥师向澶州挺进。他东征西讨，身经百战，鲜有败绩，数次南下也未遇敌手，不免心下志得意满，哪知在澶州城下遇到了劲敌——大宋名将李继隆！

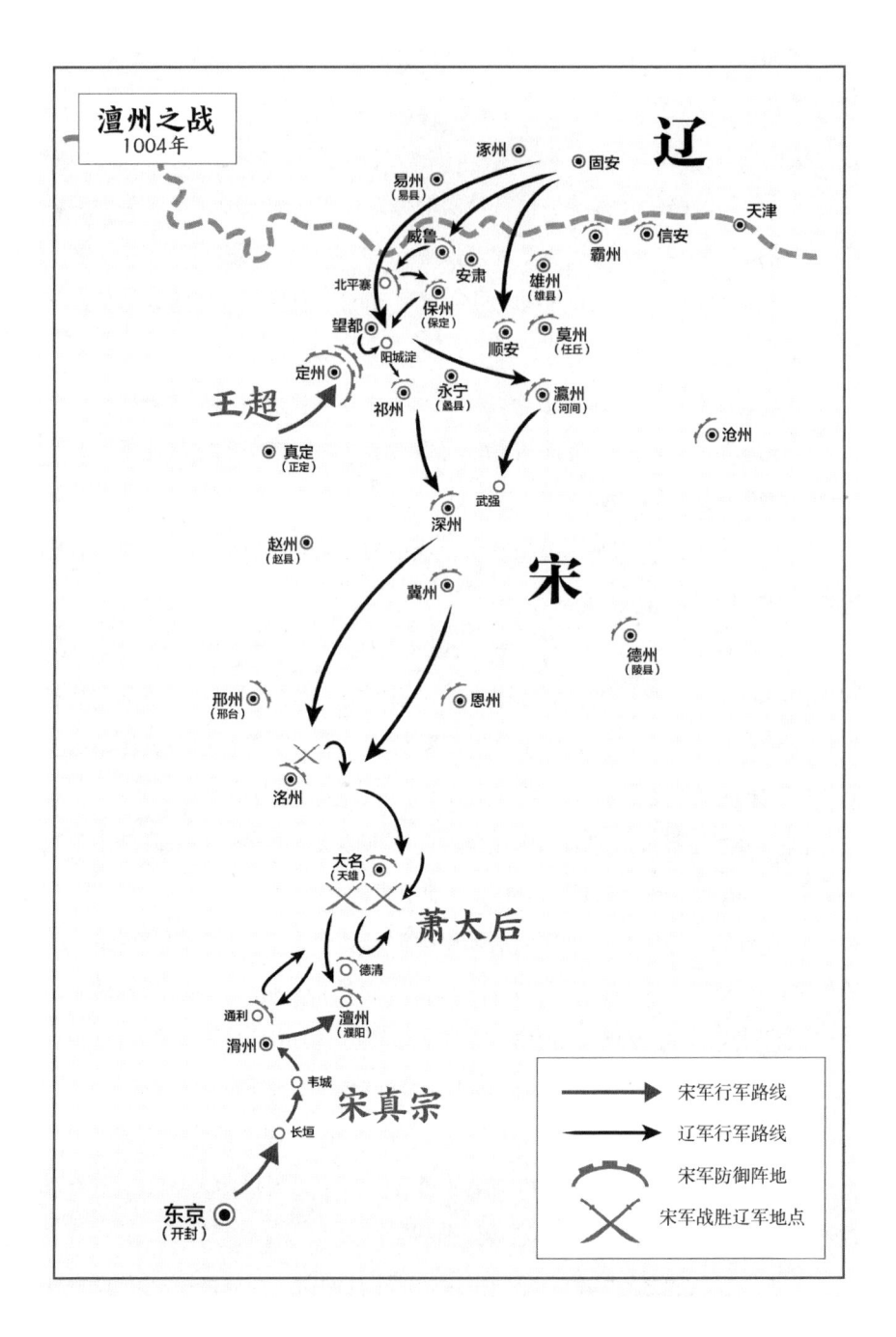

澶州之战示意图

第六章

大宋排阵使李继隆

名将风范

萧挞凛率军杀至澶州城下，却见城外早有一支人马布下大阵，挡住了去路。

萧挞凛勒马看时，见宋营壁垒森严，阵营上方杀气弥漫，其间不知有多少人马，不禁倒吸了口凉气。得知对面统军大将是李继隆，萧挞凛当机立断，命手下退后数里安营扎寨。

原来，萧挞凛虽未曾与李继隆交过手，却知耶律休哥在此人手下吃过大亏。他并非鲁莽之辈，明白自己不及耶律休哥多矣，又见宋军军容严整，熟谙"无邀正正之旗，勿击堂堂之阵"兵家要旨的他，自然要避敌锋芒了。

他对王超、王钦若这些人可以无视，却不敢轻慢身经百战的李继隆。

李继隆（950—1005），字霸图，是宋太祖朝开国功臣李处耘长子。李处耘"临机决事，谋无不中"，是陈桥兵变中的重要角色，在赵匡胤代周后因功封宣徽南院使、枢密副使之职，十一岁的李继隆荫补为西头供奉官。

此后，李处耘随慕容延钊率军平定荆湖，再次立下殊勋，却因与主将慕容延钊龃龉，被贬为淄州刺史。受父亲牵累，李继隆也被罢官，虽不久复官，心底却不免留下阴影。

李继隆在宋太祖朝担任供奉官十余年，充当赵匡胤武官侍从，因机智勇敢、随机应变，逐步崭露头角，被擢为庄宅副使，不久又改御营前后巡检使。

宋太宗即位，改年号为太平兴国，如何迅速稳定朝局，如何兴国便成了首要任务。而兴国，似乎平北汉、光复幽云十六州故土才算。为此，宋太宗决意对太原用兵。

太平兴国四年（979）正月，宋太宗亲率大军北征，调兵遣将讨伐北汉。命宣徽南院使潘美为北路都招讨制置使，统领崔彦进、李汉琼、曹翰、刘遇等人进围太原。是役，李继隆任提举都监，负责与李汉琼攻城南。刘继元盘踞坚城负隅顽抗，攻防大战激烈，李继隆表现抢眼，史书记载"机石过其旁，从卒仆死，继隆督战无怠"。众寡悬殊，北汉刘继元眼见辽援军不至，坐困龙城，无奈选择了出降。

北汉割据政权灭亡，宋太宗结束了五代十国以来的分裂局面，基本实现了统一。只是没有了北汉，与契丹王朝间便少了战略缓冲，幽云之地便成了双方争夺的焦点。宋太宗不顾师老兵疲，转而率军直扑南京，意图毕其功于一役，实现千秋功业。

哪知事与愿违，高粱河一战宋军大败。宋太宗乘驴车宵遁，诸将乱作一团，唯有李继隆敦阵整旅，安全退回宋境。

高粱河铩羽而回，宋太宗一战胆寒，对契丹由主动进攻变为被动防御。分兵屯守要冲，命河阳节度使、北龙武将军崔彦进等镇守关南，以都钤辖刘廷翰、钤辖李汉琼戍守镇州，殿前都虞候崔翰知定州，并授阵图予诸将。

九月，辽景宗命韩匡嗣为都统、南府宰相耶律沙为监军，率军数万南下报一箭之仇。三十日，辽军进抵满城西集结。彼时，宋军刘廷翰已率部抢占滩头，于徐河严阵以待，崔彦进则率军自关南北上黑芦堤，转而西进，沿长城口潜师至辽军侧后，隐隐然对敌军形成了前后夹击之势。李汉琼、崔翰领兵赶至，准备按官家所赐阵图布阵。

待布好阵后，众将这才发现"阵相去百步，士众疑惧，略无斗志"。赵官家赐阵图，企图以一成不变应对战场的瞬息万变，如此对敌，只怕是败多胜少。

右龙武将军赵延进登高远眺，见辽军势大，"东西亘野，不见其尾"，于是提议道："主上委吾等边事，盖期于克敌尔。今敌骑若此，而我师星布，其势悬绝，彼若乘我，将何以济？不如合而击之，可以决胜。违令而获利，不犹愈于辱国乎？"按阵图与辽军交锋，容易被对手各个击破，如果变阵，或者有一线希望，胜负未知。

崔翰等持反对意见："万一不捷，则若之何？"按阵图布阵作战就算是败了，也可推脱；如果擅作主张而作战失利，则是罪无可恕。

赵延进无奈，只得表示，如果失败，由自己承担责任。众人仍犹豫不决，眼见战机稍纵即逝，李继隆挺身而出，慷慨陈词道："兵贵适变，安可以预料为定，违诏之罪，继隆请独当之。"

李继隆此时已任镇州监军，六宅使之职。见官家亲信监军开了口，众人这才依计而行。众人先是派人请降，趁韩匡嗣轻敌之机主动发动进攻，大破契丹军。此役斩首万余级，获马千匹，生擒酋长三人，俘老幼三万口，以及兵器、车帐、羊畜甚众。

宋官方记载虽有夸大战果之嫌，但辽军损失惨重应去史实不远。此战后，契丹主将韩匡嗣险些被盛怒的辽景宗杀头，从侧面证实辽军损兵折将，损失惨重。

此战之后，李继隆因功封为宫苑使、妫州刺史。

满城之战后，宋辽双方多年未有大的战事发生，皆埋头整理内政，消除边患。

雍熙元年（984），幽居房州的赵廷美病卒，朝野再无人对皇权构成威胁，宋太宗于是重新萌生了收复幽云的念头。雍熙三年（986），宋太宗决定兵分三路北伐。东路以曹彬为主帅，崔彦进为副帅，率主力十万出雄州，取道东北经固安再折至涿州，然后向幽州挺进。又以米信为主帅、杜彦圭为副帅，率一支人马从雄州出发，向西北经新城（今河北高碑店）至涿州与曹彬部会合。中路以田重进率军从定州出发，出飞狐（今河北涞源），西路则由潘美、杨业等率军出雁门关，企图三路并进，一举解决困扰中原王朝数十年的历史遗留问题。

令人无语的是，如此重要的军事行动，"上独与枢密院计议，一日至六召，中书不预闻"，百官之首的宰相赵普居然一点儿都不知晓。岂非咄咄怪事？

宋太宗的作战意图是——曹彬、米信率部"声言取幽州，且持重缓行"，将辽军主力吸引在幽州，使其不敢轻易调人马往援云州。待田重进、潘美、杨业光复云、武、应、朔等山后诸州后，三路兵马会合，一鼓作气夺取幽州。

哪知事与愿违，东路军突飞猛进，连下新城、固安，攻占了涿州。因为进展神速，在涿州城待了十余日，粮草难以为继，只得弃城退兵返回雄州。宋太宗得知消息大惊，急忙派人往军前拦阻。曹彬无奈，带了五十天的粮饷，再向涿州进军。

得知宋军大举北伐，萧太后亲临南京坐镇指挥，决定集中优势兵力各个击破。辽军先乘曹彬孤军冒进与粮草难以为继之机，仗着骑兵机动性强于宋军，不断袭扰。曹彬率军辛苦跋涉且战且进，终于重夺涿州。早已屯集于驼罗口（涿州东北）以逸待劳的辽军在萧太后的指挥下，直向涿州杀来。宋军再次弃城而走，耶律休哥率众在后紧追不舍，于岐沟关追及宋军，曹彬所部大败，人畜踩践，丧师数万，"弃戈甲若丘陵"，"沙河为之不流"。

负责殿后的李继隆却振旅而还，并未有所损失。

田重进得知东路军大败，奉诏率军退回定州防守。西路宋军孤掌难鸣，陈家谷一战，大将杨业被擒，壮烈殉国。

雍熙北伐，宋太宗未料到会以惨败收场。接下来的君子馆之战，刘廷让所部全军覆没，死者数万人。宋军精锐尽失，大伤元气，朝野间反战之声高涨，宋太宗不得不审时度势，暂时抛开了对幽云之地的领土要求，对辽采取守势以争取和平。

公允地讲，这种转变是战败后清醒的认识，是明智的选择。然而，这一转变却遭后世诟病，南宋著名思想家叶适认为由战略进攻转为战略防御，是造成宋廷"大患所以二百年而常在"的根本原因。

战后，赵官家下罪己诏，统军将领亦受到责罚：曹彬素服待罪，深自引咎，责授检校太保、右骁卫上将军；崔彦进为右武卫上将军，米信为右屯卫上将军，其余依次降黜。唯独李继隆非但未受责罚，反而往知定州，收容败军乱卒。不久，李继隆升至侍卫马军都虞候、领云州防御使。

李继隆成为宋太宗倚重的将领，其中既有其军事才能确有过人之处的原因，亦有其外戚身份的原因——他的妹妹于太平兴国二年（977）七月入宫，雍熙元年（984）十二月册为皇后。

李继隆，乃是国舅爷。

此后数年，唐河之战、徐河之战，李继隆表现亮眼，可圈可点。

契丹方面，负责对宋作战的耶律休哥也知宋军不可轻侮，变得消停了许多。此后数年间双方暂时休战。

一波未平，一波又起，李继迁煽诱党项各部袭扰州县，播乱西北。宋军屡次征讨，李继迁总能败而复起。宋太宗接受赵普以夷制夷的建议，于端拱元年（988），赐名原知夏州事李继捧为赵保忠，授予定难军节度使，恢复以党项酋豪统治夏州的传统，招降了李继迁。

李继迁虽表面恭顺，实则在辽宋之间左右逢源而已。赵官家对此洞若观火，无奈契丹方面的压力如山，无法全力对付李继迁，于是希望通过禁售青白盐这样的经济制裁手段削弱李继迁势力以迫其就范。哪知损人不利己，大量党项部落失去经济来源，迫不得已倒向李继迁，党项各部空前团结，李继迁实力大增。

彼时，夏州、银州为党项人所控，宋军虽收复绥州，但仍面临威胁。李继捧坐镇夏州，李继迁则率部在灵州、夏州与通远军的交界地带，飘忽不定。

赵官家本想着鹬蚌相争，渔翁得利，哪知李继捧也不是傻瓜，不但不去剿灭李继迁，反而姑息纵容，任由他发展壮大，自己则暗中与辽人勾结往来，意在巩固夏州势力。

淳化五年（994）正月，李继迁欲将绥州士民迁往平夏，意在加强所属蕃汉各部的控制，逼反属部，于是主动进攻灵州及通远军。

眼见局面渐渐不可收拾，宋廷急调李继隆任行营都部署，率大军入西北对付二李。

宋军未到，二李却已然大打出手。先是李继迁突然发难，偷袭李继捧，围攻夏州城。李继捧自然不肯将夏州拱手相让，双方正打得不可开交时，李继隆长途奔袭，宋军突然如神兵天降，李继捧束手就擒，李继迁狼狈退走。李继隆深知穷寇勿追的道理，任由他逃之夭夭。

此一战后，李继隆声名远播西北，成了党项李继迁的劲敌。

至道二年（996）五月，李继迁围灵州。七月，宋太宗命李继隆自环州，殿前都虞候范廷召自延州，王超自夏州，步军都虞候丁罕自庆州，西京作坊使张守恩自鄜州，五路大军约定于乌白池会合，然后进援灵州。哪知李继隆不按宋太宗所授方略用兵，径自由青冈峡直抵李继迁巢穴，结果与丁罕会师，十余日未遇一个敌人，只得退军。王超与范廷召两军到达乌白池，与李继迁大小激战数十次。李继迁见宋军势大，这才退兵。

宋军对辽、对西夏作战每每落在下风，原因不在兵将，而是"将从中御"的祖宗家法。宋太宗总想着统筹全局，胡子眉毛一把抓，结果怕是只能适得其反。

即使是李继隆谨遵圣略循规蹈矩，擅长游击的李继迁也不会傻到等宋军合围，与具有优势兵力的宋军对抗。

宋太宗并未追究李继隆责任，反而在他的强烈建议下，于原州故平高县设置镇戎军。镇戎军建成后，即成了西北交通枢纽、控扼丝路的战略要津，其重要性尽显无遗：它既是宋廷泾、原、仪、渭北面捍蔽，又是环、庆、原、渭、仪、秦诸州党项熟户所依恃的堡垒，还成了回鹘、西凉六谷、青唐吐蕃入宋进贡的必经之路。后来，在镇戎军设立的榷场更是成了制衡西夏的利器。

仅此即知，李继隆成为太宗朝名将，乃实至名归。

重出江湖

至道三年（997）三月辛卯，宋廷以马步军都虞候傅潜为延州路都部署，殿前都虞候王昭远为灵州路都部署，代李继隆之职。

哪知两天之后（三月癸巳）宋太宗便于汴梁驾崩。在吕端的主持下，一举粉碎王继恩、李昌龄、胡旦等人阴谋，赵恒得以柩前即位，是为宋真宗。

李继隆欲回京觐见新君，却已不能。他虽远在千里之外，不可能参与废立之事，却因身份特殊而招新君猜忌。太宗临终调他回京，事情本身就颇耐人寻味。真宗不能如何李太后，却将李继隆由静难军节度使改授镇安军（陈州，今河南省周口市淮阳区）节度使，加检校太傅，不久再加同中书门下平章事、使相的虚职，彻底将他闲置起来。

李继隆数十年戎马生涯，东征西讨，南征北战，正值壮年，忽然被闲置，被挂了起来，一时心如死灰。他找来幼弟李继和一番训勉，亲笔书写唐代名将李勣的《遗戒》送与他，叮嘱道："吾不复预家事矣。"

李勣是唐初名将、军事家，是被李世民比作大唐长城的人物。李勣出身山东寒族，在李世民兄弟阋墙的争斗中明哲保身，不选边站队。玄武门之变后，李世民大封功臣，李勣仅位列五等。贞观末年，太子李承乾谋逆被废，皇储之争再起。有朝臣建议立魏王李泰，长孙无忌、褚遂良等则力挺晋王李治。最终，唐太宗决定立李治为太子。李勣再次置身事外，不介入两派之争，唯太宗皇帝之命是从。

李世民病入膏肓时，忽然担心儿子无法驾驭李勣，于是将他贬黜至千里之外的叠州（唐代与吐蕃及西域的前沿边境要塞，因山峰重叠而得名）。史载，李勣受诏，不至家而去。稍有犹疑，李勣即有家破人亡的危险。李治登基做的第一件事就是将李勣由叠州调回，改任洛阳刺史，授尚书左仆射之职。这一升一降，正是不为凡夫所知的帝王心术运用。其后，李勣支持李治废后立武氏，在高宗朝出将入相，左右逢源，安享尊荣。

李勣临终，叮嘱其弟"我即死，欲有方言，恐悲哭不得尽，故一诀耳！我见房玄龄、杜如晦、高季辅皆辛苦立门户，亦望诒后，悉为不孝子败之。我子孙今以付汝，汝可慎察，有不厉言行、交非类者，急榜杀以闻，毋令后人笑吾，犹吾笑房、杜也"。

房玄龄、杜如晦后人皆卷入了政奋斗争，落得身败名裂，为人所笑。李继隆熟知李唐往事，虽无意介入宫廷争斗，却仍被卷入其中，终落得贬黜闲置。李继隆正当壮年，手书李勣临终遗言与其弟，应是感到复出无望，心下焦虑。

世人皆知唐太宗得位不正，宋太宗亦是如此，因此即位后处处忖度、效仿唐太宗，学习李世民的虚心纳谏，就连李世民喜爱飞白体，喜欢写字赐予臣下这样的小事也是依样葫芦。他调李继隆回汴梁，应该也是觉察到李皇后与一干臣子的阴谋，担心李继隆手握重兵，成为这些人的有力外援。太宗有意将李继隆重贬，以保持政权的平稳交接，只是人算不如天算，未能等到李继隆回京就龙游大海了。

真宗皇帝险失皇位，对李继隆心生猜忌也是情理之事。新君登基，先是对原拥立元佐的官员做了一番清洗，解除李继隆兵权之后，又对河北沿边将领做了人事调整：范廷召为定州驻泊都部署，王昭远为天雄军都部署，葛霸为镇州驻泊都部署，王汉忠为高阳关行营都部署……

这些年高老迈之人犹自效力疆场，而正当壮年的李继隆却只能赋闲在家，令人情何以堪？李继隆数次谋求起复，都碰了软钉子，只得望峰息心。

咸平三年（1000）九月，李继隆故交知处州（今浙江丽水）杨亿任满回京，途经陈州，李继隆亲自往驿亭迎接，盛情款待数日，恭送离境。有心栽花花不开，无心插柳柳成荫，李继隆闲居，只是略尽一番地主之谊，从此二人不时书信往来，情好日密。到后来，杨亿干脆成了李继隆在朝堂的代言人，经常在真宗面前为他进言，为李继隆的起复出力甚多。

杨亿（974—1020），字大年，建州浦城人，乃一代文宗，西昆派领袖，文名满天下，交游遍天下。不过他所交往的多为文士，亦常与方外僧道之流诗文唱和。杨亿与李继隆一文一武，年龄相差二十余岁，二人因何产生交集？

杨亿本在朝中做官，如何得任知处州？

据史料记载，真宗皇帝即位第二年，杨亿即上疏请求调任外职，理由是思念母亲，求典近郡。真宗本不允，无奈他三番五次请求，只好同意。宋代有严格的避籍制度，即官员不得在籍贯所在地任职。杨亿本是建州浦城人，真宗皇帝为了方便他侍奉母亲，令他任知处州。浙江丽水与福建浦城接壤，真宗皇帝这样做，也算是对他的特殊照顾了。

杨亿自求外任，真正的原因恐怕是避祸。

真宗继位之初，就对拥立元佐派官员进行了清洗，只是罪名无法公之于众，只好含糊其词，"以继恩潜怀凶慝，与昌龄等交通请托，漏泄宫禁语言"，将王继恩、胡旦、李昌龄三人逐出朝堂。

此后，真宗公开表示："闻朝臣中有交结朋党、互扇虚誉、速求进用者。人之善否，朝廷具悉，但患行己不至耳。浮薄之风，诚不可长。乃命降诏申警，御史台纠察之。"

所谓互扇虚誉、速求进用者，自然是讲文臣了。淳化年间，十一岁的杨亿登童子科即任秘书省正字、太常寺奉礼郎，因献《二京赋》赐进士及第。次年二月，任直集贤院。至道二年（996）春，升任著作佐郎。真宗皇帝即位，杨亿奉旨与钱若水修《太宗实录》，一人编撰了大部分，正是文名鹊起的时候。

真宗即位之初，朝堂之上党争异常激烈，真宗这样讲或者是有感而发，但杨亿不做此想，文人本来就生性敏感，他担心真宗是意有所指，针对的就是他，于是就想着离开是非之地。

《太宗实录》共为八十卷，杨亿一人就完成了其中的五十六卷。杨亿性格耿介、刚正不阿，编撰时秉笔直书，或者哪里有不为新君所喜也是情理之事。

史载，在处州任上倏忽三年，杨亿将任满回京述职，作书李继隆，告知自己行程，称不日将回京（"肃奉简书，言旋京邑"）。得知消息，李继隆亲自往驿亭迎接，待为上宾，盛情款待数日，厚赠程仪，恭送离境。

李继隆出手阔绰，杨亿感激涕零，从此二人书信往来不断，结下深厚友谊。

按，宋代官场，官员间相互交往有严格之限制。李继隆身为外戚，且是谪居。杨亿曾为谏官，修过《太宗实录》，熟知典章制度，较寻常官员更加明白李继隆被闲置不用的原因所在，避之唯恐不及，怎敢公然与李继隆交往？

唯一的可能，就是杨亿途经陈州，拜会李继隆，是真宗授意为之的。否则，就算杨亿过访，早已是惊弓之鸟的李继隆也须避而不见。

这年十一月，真宗皇帝寿诞承天节，李继隆由陈州至汴梁贺寿，真宗皇帝表面上郊劳饯饮，宴见咨询，但只是一番敷衍，并未透露出令元舅出山之意。利用这一时机，李继隆又往杨亿府上拜访，二人友谊得以进一步加深。

咸平四年（1001），杨亿擢升知制诰之职，晋身两制。知制诰可以参议时政，乃天子近臣。

咸平六年（1003），望都之战王继忠被擒，真宗皇帝一时焦头烂额。李继隆多次上表求面陈边事，希望复出报效。杨亿为李继隆作《代陈州李相公陈情表》，其中有"伏望尊号皇帝陛下，曲回玄造，洞鉴丹诚，许于戎旅之间，乃至重难之处，赐之驱策，俾效疲驽。焚老上之龙庭，誓歼余孽；裹伏波之马革，庶毕乃心。奋发由衷，兢惶俟命，干冒宸严"之句，表达了他不甘沉沦，希望重返疆场，情愿如马援那样为国马革裹尸。

李继隆椎心泣血，坦露心曲，加上杨亿生花妙笔，也未能令真宗皇帝有所动摇，只是虚与委蛇，"优诏答之"而已。此后，李继隆仍请杨亿代为上表陈情，在他锲而不舍的努力下，真宗皇帝终于松了口，"奖其诚节，特诏归朝"。

半年后，李继隆等来新的任命——山南东道节度使。李继隆收拾了行囊正欲上路，万安太后（李太后所居为万安宫，故称万安太后）病重。尽管真宗皇帝心不甘情不愿，也不得不在天下臣民面前表示，"诏天下访善医者以闻"。同时，命李继隆改判离京师略近些的许州。

景德元年（1004）三月，李继隆出判许州未几，万安太后病危。因太后思念兄长，真宗诏李继隆回京视疾。自己则"亲调药饵，每对近臣忧形于色，或稍加言，必流涕"，一副孝子模样。

李太后病体支离，已是行将就木之人，李继隆仍恐真宗生疑，只是于万安宫外拜上名笺。直到李太后去世，兄妹二人也未能再见一面。

数日后，李太后薨。闰九月时，灵驾赴攒宫，李继隆得以再入汴梁参加葬礼。得知契丹大举南犯，赵官家准备御驾亲征，李继隆当即上表"恳请扈从，以捍牧圉"。这一次，真宗皇帝心中芥蒂终于尽去，"亦倾心委赖，动静咨访"。官家不耻下问，李继隆自然是知无不言，言无不尽。

危急存亡之际，君臣二人终于冰释前嫌，坦诚相见。倒非真宗皇帝心胸宽广，实在是闻鼙鼓而思良将，遍视朝堂，堪大用的统军大将似乎唯有李继隆一人。况且如今李太后已死，李继隆孤掌难鸣，所谓勾结自然无从谈起。七年来，李继隆夹紧尾巴做人，也是有目共睹。

眼见契丹大军迫近黄河，真宗下定决心，委李继隆军国重任，任其为驾前东面排阵使，马军都指挥使葛霸为副，西上閤门使孙全照为都铃辖，南作坊使张旻为铃辖；武宁节度使石保吉为驾前西面排阵使，步军都虞候王隐为副，入内副都知秦翰为铃辖。

五十五岁的李继隆终于复出，再战江湖。

排兵布阵

冷兵器时代的战争，需要排兵布阵。随着阵法趋于多样，布阵使之职应运而生。最早的布阵使见于唐末，最初多由皇帝身边的亲信宦官担任。其后宦官被朱梁斩杀殆尽，布阵使一职也改由武人担任。赵宋虽崇文抑武，但排兵布阵的事情文官实在是难以胜任，折中之后，则改由心腹担任。宋初的布阵使多由皇帝亲信、潜邸旧臣、内侍、外戚出任。

二十余年前的满城之战中，李继隆乃是监军，今日再与契丹人战，已然是排阵使。当然，真宗皇帝也不敢托大，在他身边安插的监军是亲信张旻（张耆）与内侍秦翰。李继隆虽是主将，但宋真宗任命东、西排阵使，正是为了掣肘，不令他一人专断。

李继隆统率马军，石保吉统率步军，二人究竟率多少兵马赶往澶州迎敌，史料中居然未有记载。

按，宋太宗末年，禁军马步军共计三十五万八千人，真宗朝禁军人数亦不过如此。其中河北屯扎二十万人抵御契丹，河东屯扎五万余人，西北各地屯扎五万人，留守京师万余人，李继隆带往澶州的最多为五万人马。

李继隆受命于危难之际，不敢耽误，急忙率军往澶州出发。他久在河北抗击契丹，知道澶州城小不利于守御，到了澶州一番巡察后，被惊出一身冷汗。

原来，这年黄河水泛滥，九月时候，河水决澶州横陇埽，对北城西南一隅造成严重破坏。张秉征调丁壮修葺城池，积极备战，结果被真宗皇帝叫停，导致北城门巷湫隘，城防形同虚设。而且，澶州城中马步禁军不过数千人而已，另有不到两千名负责治河抢险救灾的厢兵，其余则是地方义勇、"强壮"。设若契丹军来攻，只怕撑不到一天，澶州城便会失守。

见澶州城壁不足守，更无敌栅战格之具，李继隆当机立断，率领人马于城外安营扎寨，中军设在了城隍庙处。如此与澶州城守军为掎角之势，护住城防薄弱处，令辽军不能突至城下攻城。

赋闲七年，他一直在苦思克敌制胜之道。己方马军少，步卒多，在城外与契丹对阵，无异于以卵击石。唯有扬长避短，或有机会力保澶州城不失。历经数十年军旅生涯，他深知"兵者，国之大事也"，不敢有丝毫马虎，更明白与契丹这一战非同小可，自己身死名灭事小，若误了军国大事则罪无可逭。

他命人毁车为营，命士卒掘重壕，堑埋鹿角十余里，以大车数千乘重叠环之，步骑处其中。

李继隆身经百战，对敌经验丰富，深知契丹战术战法。他并非寻常粗鄙武夫，好读《春秋左氏传》，是文武双全之人。他布阵待敌，是存了"先为不可胜，以待敌之可胜"的心思，这也是敌强我弱的无奈之举。

用数万马步军与二十万契丹大军角逐，能有几分胜算？李继隆自然明白。敌军远来，利在速战，若能将契丹铁骑阻遏于澶州，便是成功。

李继隆使用的阵法名为"方阵"，乃是袭隋人故智。史载，隋与突厥战，"每虑胡骑奔突，皆以戎车步骑相参，舆鹿角为方阵，骑在其内"。

"方阵"是中原王朝为对付突厥人总结出的阵法。所谓"方阵"，由步兵、战车及骑兵三部分组成，战时步兵与战车交错，将鹿角半插入地，构成方阵，骑兵位于阵中央。步兵与战车夹杂鹿角组成的方阵，是为了限制和阻止突厥骑兵的冲击。《资治通鉴》胡三省注称："此古法也，虽卫青、刘裕未之能易也，所谓先为不可胜以待敌之可胜者也。"

大定元年（581），隋文帝杨坚废周自立。新君登基没几天，突厥人即大举前来。突厥人"来如激矢，去如绝弦，若欲追蹑，良为难及"，每到冰冻时节，突厥人来去如风，到中原劫掠一番，就呼啸而去。

突厥人与契丹人所仰仗的皆是弓马，隋人如何抵挡突厥铁骑南下？其后李唐统一之初，长时间面临的敌人同样是来自西北方的突厥、党项、吐蕃等游牧族群，他们无一不是擅长弓马，彪悍善战。是什么原因，令李唐在对敌作战中始终不落下风？

李继隆苦思之下，想到须从隋唐时期对游牧族群的战争中寻找答案。《李卫公问对》《李卫公兵法》《太白阴经》这些着眼实战、注重实效的兵书就成了他的日常功课。此番复出，正是验证所学的良机。如何保存实力，与契丹人周旋，不令契丹铁骑突至澶州城下，乃当务之急。

事实证明，"方阵"是当下宋军最好的待敌之策，舍此再无其他。

李继隆在阵中安排了大量弓弩手，此举既可以防止契丹铁骑奔突，也可以弥补自身机动性不强的弱点。

在热兵器发明之前，弓弩是人类最擅长使用的远程兵器。先秦时期，弓弩便成为诸侯争雄的主要兵器。然而，真正将弓弩的应用发扬光大是在宋代。在自身乏马的情况下，为了应付强大的游牧铁骑，使用强弓劲弩无疑是最佳选择。

《武经总要》中的守城武器，用以阻碍人、马行动

宋军使用兵器种类繁多，却以弓弩训练为重。史料记载，"军器三十有六，而弓为称首；武艺一十有八，而弓为第一"。十八般武艺之说始于宋，而十八般武艺排第一的便是弓。

对付游牧族群，吃亏多了，中原人也总结出了经验之谈——番长于马，汉长于弩，制骑以弩。

在与契丹、西夏沙场交锋时，弓弩效果明显。因此，弓弩在两宋军士作战训练和考核中占据首要地位。就单兵训练而言，弓、弩手的训练内容有"射亲""斗力""射远"。"射亲"是射箭的命中率，"斗力"为开强弓劲弩的力量训练，"射远"即箭矢射出后的飞行距离。

关于弓、弩手的教习，《武经总要》中有相关记载，兹不赘言。一般来讲，待掌握基本技法后，先射距离弓手一丈之外的标靶，百发百中之后，即拉大距离，直至百步之外。"凡军中教射，先教射亲，次教射远。"等于上百步外可以一发中的后，则开始射远的训练。针对军士的弓弩训练，亦制定有各种标准，并有相关考核与奖励。

宋廷对部队弓弩的训练和使用极为重视，宋人编撰的《武经总要》总结为"弩者，中国之劲兵，四夷所畏服也"。有了"制骑以弩"的认识，宋廷对弩的重视程度更在弓箭之上。这种情形，直接反映在弓、弩手在军中的比例上：按宋太宗的御制《平戎万全阵图》来看，运用弓、弩类兵器的士兵已占步兵战斗单元的六成左右。宋仁宗时"诸处马军，每一都（百人）枪手、旗头共十三人，其八十余人并系弓箭手；步军每一都刀手八人、枪手一十六人，其七十余人并系弩手"。仁宗朝弓手、弩手占八成左右，真宗朝想来介于六成至八成。

而且，刀手、枪手的设置，正是为了保护弓弩手安全的。南宋初年，按枪四分、弓弩各占三分分配教习，到后来，甚至有地方二分习弓、六分习弩，其余二分习枪排了。

宋军使用的弓以筋角反曲复合弓为主。《武经总要》记载了四种制式弓，"其弓饰有黑漆、黄白桦、麻背之别"，弓名分别为黑漆弓、黄桦弓、白桦弓、麻背弓。而宋初军队所使用的，多数为黑漆弓。所以如此，概因黑漆弓防水、耐霜露而已（真宗朝之后，各种弓箭层出不穷）。

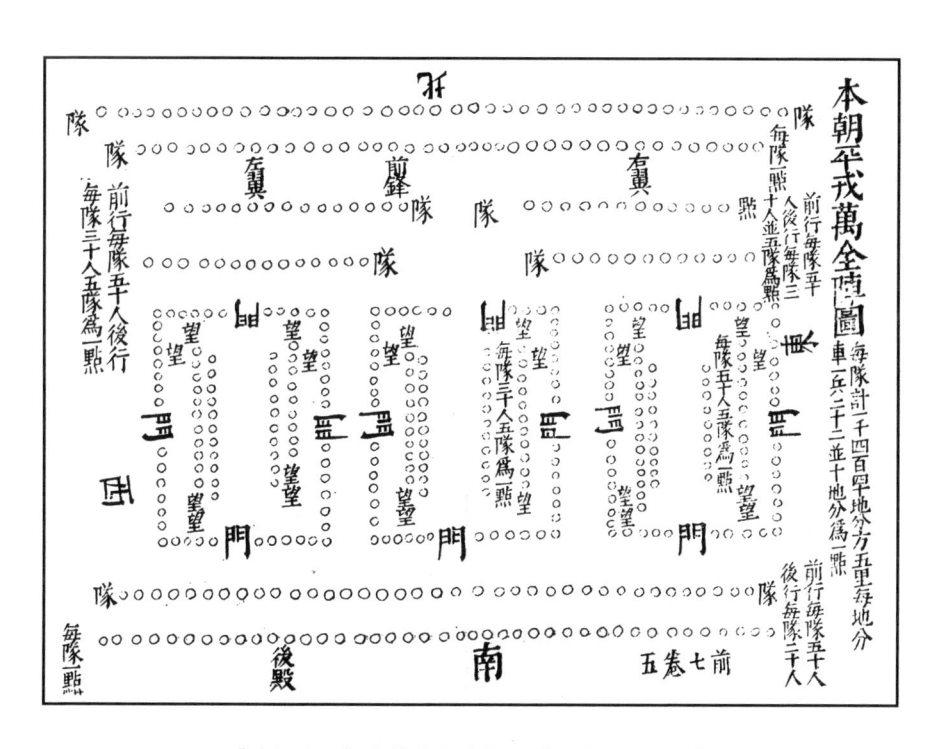

《武经总要》中的宋太宗御制《平戎万全阵图》

第六章　大宋排阵使李继隆

与弓相较，宋初的弩，由于射程远、穿透力强、操作简单、所需训练时间短等优点，成为宋军在战争中克敌制胜的法宝，故宋军十分重视对弩的开发与改进。虽名目繁多，亦不过分为单兵弩与床弩两大类。单兵弩，仅从字面理解可知，是单个士兵可以操作的弩，其既可用于野战，又可用于守备城池。宋初军兵使用的主要为黑漆弩、黄桦弩、白桦弩、雌黄桦梢弩四种，弩的弩臂前端有脚镫，皆属于蹶张弩。四种弩外形相同，只是材料的使用不同罢了。

神臂弓这个大杀器，宋神宗熙宁年间方出现，在神臂弓基础上改良的克敌弓则是南宋初年才有。

床弩，顾名思义，即以床承弩，又称床子弩。床弩虽射程远、威力巨大，但是单兵无法操作，需要借助弩床作承弓器，而且移动困难，机动性差。床弩的差别主要在弩弓配备数、张发人数、射程、发射箭矢类型等几个方面，其名目有小合蝉弩、大合蝉弩、斗子弩、三弓弩、三弓八牛弩等。

床弩射程最短也有数百步，有的甚至可达千步之遥，为了追求更大射程，往往加至二三张弓。射程动辄数百步，已非一人之力可掌控，故常需要数人乃至数十人合力，且辅以绞车引弦，方可张开。两弓弩通常为合蝉弩，"谓如两蝉之状"，三弓弩则在合蝉弩的基础上增加一张前弓。

床弩虽用复数弓体，却只用一根弦来牵引。两弓弩时，弦之两端系于后弓弓末，再将弦自前弓两端下方绕过；三弓弩时，弦之两端系于前弓弓末，随后将弦自后弓两端下方绕过，再将弦自中弓下方绕过。张弦时，以挂钩钩住弦的两端，将挂钩系于绞车，并转动绞车，在绞车牵引下张弦。使用时，一人负责瞄准，一人以槌击发其牙。

与单兵弩不同，射程更远、威力更大的床弩自然承担得也更多。不但箭重镞大可用于破甲，而且射出儿臂粗的踏橛箭可以插在城墙之上，军兵可以攀缘而上；亦可以系铁斗于弦上，一次性发射数十支箭。

床弩，就是宋军的大规模杀伤性武器，令契丹、西夏人闻风丧胆、吃尽苦头。

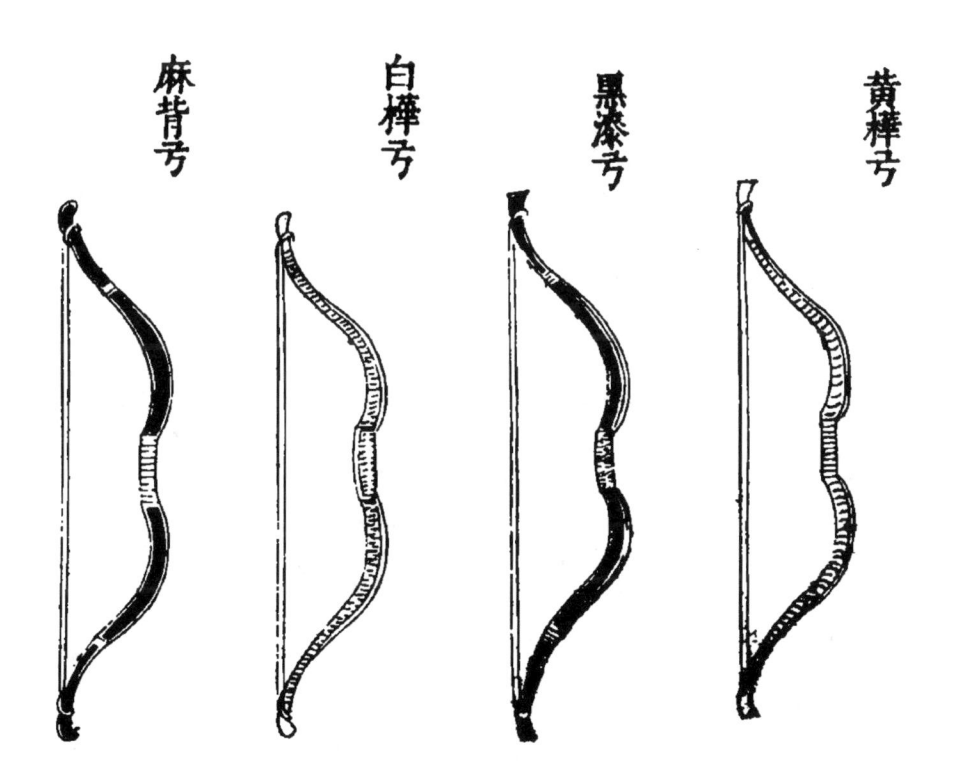

《武经总要》中的黄桦弓、黑漆弓、白桦弓、麻背弓

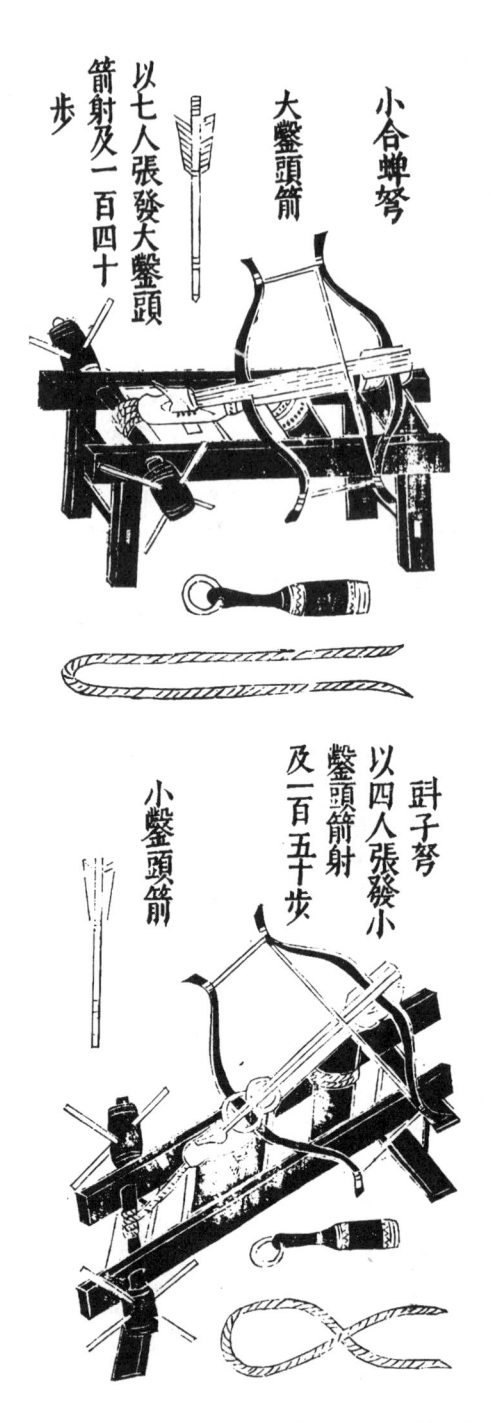

小合蝉弩　大凿头箭　以七人张发大凿头箭射及一百四十步

斗子弩　以四人张发小凿头箭射及一百五十步　小凿头箭

《武经总要》中的小合蝉弩、斗子弩、大凿头箭、小凿头箭

宋太宗两次北伐失利，宋人的国防策略便倾向于保守防御，规定，敌至"但令坚壁清野，不许出兵，即不得已出兵，只许披城布阵，又临阵不许相杀"。如此国防策略令将领束手束脚，被动挨打也是情理之事了。进而，作为防御反击的兵器弓弩在军中大行其道也就不难理解了。

李继隆在澶州城外布阵待敌，完全严格遵循"披城布阵"的圣训。所布方阵法，应是学自唐代李靖所创叠阵。叠阵有古车战余意，毁车为营，以拒马在前，用以限制敌军骑兵冲锋。待敌骑冲破拒马拦阻，闯入阵来，先是弩手去贼一百五十步发射，待敌骑冲至六十步时弓手再万箭齐发。有这一番疾风暴雨的打击，对手自然是死伤无数溃不成军了。

李继隆于城外布阵，本是无奈之举，哪知居然一举收得奇效。《辽史》记载，十一月壬申（二十二日），辽军先锋萧挞凛率部杀至澶州城下，结果中伏弩而死。

宋廷方面的官方记载是二十四日。"契丹既陷德清，是日，率众抵澶州北，直犯大阵，围合三面，轻骑由西北隅突进。李继隆等整军成列以御之，分伏劲弩，控扼要害。其统军顺国王挞览（挞凛），有机通，所将皆精锐，方为先锋，躬出督战。威虎军头张瑰守床子弩，弩潜发，挞览中额陨，其徒数十百辈竞前典曳至寨，是夜，挞览死。"

同一事件，怎么会有两种不同记载，而且死亡的时间也有不同？

综合分析，事情原委大约如此。十一月二十二日，萧挞凛率军佯攻宋军大阵，试探虚实。辽军从东北西三面（南面是澶州城）向宋军阵地发起冲锋，李继隆坚壁不出，一声令下，数万宋军依托大阵，万箭齐发。萧挞凛也非浪得虚名之辈，只是一阵纠缠，便瞧出了宋军大阵薄弱之处——西北。于是改易旗帜，径取宋之羊观、盐堆、凫雁（三者为地名），亲自按视地形，哪知一不留神，被宋军床子弩射中额头，当时就坠下马来。宋军从阵中抢出来，跟随萧挞凛的亲信舍生忘死，一拥而上，一番恶斗，才将主将抢回。

等到回营，萧挞凛已然伤重不治。"明日，輀车至，太后哭之恸，辍朝五日。"

究竟是谁的记载有误？究竟是谁杀死了萧挞凛？必须要搞清楚这个问

题。萧挞凛的死亡，是宋辽战争的转折点。《辽史》的记载粗疏，可以略过不提。

《续资治通鉴长编》记载，始终未见官家回复，贝州石普唯恐误了大事，又派遣手下指挥、散直张皓诣行阙，途中经过契丹军营，被抓获。"契丹主及其母引皓至车帐前，问劳久之，因令抵天雄，以诏促曹利用。"王钦若唯恐上当，仍不放曹利用离开。张皓无奈回到契丹营中复命，辽圣宗与萧太后赐皓袍带，招待的规格更上一层楼，并命王继忠作书，且另外派人前来商议和好事。知皇帝御驾亲征，张皓急忙赶来见赵官家，真宗"复赐钦若诏，又令参知政事王旦与钦若手书，俾皓持赴天雄，督利用同北去，并以诏谕王继忠"。

张皓接下来的事迹，则见于沈括《梦溪笔谈》。张皓才出澶州，即为契丹游骑捕获。张皓再见契丹帝、后，"与之酒食，抚劳甚厚。皓既回，闻虏欲袭我北塞，以其谋告守将"。

沈括含糊其词地将射死萧挞凛之功记在了张皓身上，不值得仔细推敲。张皓出使，见过契丹帝、后应实有其事，但试问一介使臣，怎么能出入契丹军营如入无人之境？如此机密军事又是如何探知的？而且他所见的是萧太后与辽圣宗，并非萧挞凛。按史料记载，契丹前军萧挞凛部与后军相距应为一日路程，至少相隔数十里之遥。萧挞凛的军务，便是萧太后与辽圣宗也未必知晓。故此，这个说法大谬不然。

顺带一提，沈括为张皓孙女婿。

这件事情，记载日期为十一月甲戌（二十四日），这应该是搞清澶渊之盟的一个关键节点。

仅从此一事即可知，《辽史》所载无误，宋廷官方记载失实。何故？如果在知道契丹先锋大将萧挞凛阵亡的情况下，真宗皇帝仍胆怯不敢北行，岂非大损官家英明神武之形象？

萧挞凛之死，虽属意外，却也是必然。《孙子兵法·军争篇》云"五十里而争利，则蹶上将军"，更何况契丹兴军以来，萧挞凛狂飙突进，从幽州至澶州城下已有千里之遥。

萧挞凛死后，战事并未变得明朗，反而扑朔迷离起来。史载，"挞览死，敌大挫衄，退却不敢动，但时遣轻骑来觇王师"。

真宗皇帝不知萧挞凛已死，辽军兵锋受挫，兀自进退失据。

"乙亥（二十五日），内出阵图二，一行一止，付殿前都指挥使高琼等。给诸军甲胄，及赐缗钱有差。"所谓一行一止，正是其举棋不定的真实写照。给甲胄及缗钱与随行军兵，不过希望这些将士卖命罢了。

"丙子（二十六日），车驾发卫南，李继隆等使人告捷，又言澶州北城门巷湫隘，望且于南城驻跸……"真宗终于重新上路。不过此处叙述似乎本末倒置。真正的原因是李继隆遣人告捷，给官家吃了颗定心丸。"言澶州北城门巷湫隘，望且于南城驻跸"，一者是对手只是小挫，萧挞凛的死并不能改变宋廷战场处于劣势的事实。为万全计，官家最好慎之又慎。二者，如此一来，为官家不过河寻个台阶下罢了。恰好，北城门巷湫隘是事实。

接下来的几天，是真宗皇帝生命中最为煎熬的时日，用度日如年形容最为恰当。朱熹《五朝名臣言行录》载，"会暮，上还宫，留准居城上。上使人视准何为，曰准方饮酒歌笑，上未尝不释然也"。司马光《涑水记闻》载："公在澶州，每夕与杨亿饮博讴歌，谐谑喧呼，常达旦。或就寝，则鼾息如雷。上使人觇之，喜曰：'得渠如此，吾或复何忧！'"

第六章　大宋排阵使李继隆

第七章

二龙相见

折冲樽俎

被寇准、高琼强拥着渡过浮桥，登上北城的赵官家，晚上还是回南面行宫歇宿的。但他又无法心安理得地入睡，派人去看寇准动静。得知他与杨亿饮酒喧呼，这才放心。寇准如此，不过是袭东晋谢安故智，为安定君心民心，故作潇洒罢了。

曹利用离了大名府，终于见到了辽圣宗。史称"见其国主、群臣与其宰相韩德让共处一车，群臣与其主重行别坐，礼容甚简"，商议良久，也没有头绪，于是派出了左飞龙使韩杞带了书信与曹利用至澶州城来见赵官家。

飞龙使一职，始置于武则天万岁通天元年（696）；可简单理解为管理皇帝御马的官职，其职位高于弼马温，非亲信不得担任。前文中，帮助景宗上位的女里便担任飞龙使一职。韩杞，从姓名忖度应为韩德让的子侄辈。宋使曹利用不过阁门祗候、崇仪副使之职，辽圣宗派出的使臣自然品秩与之相当，但须是亲信。

按，曹利用见到的只是辽圣宗、韩德让等，萧太后并未现身，原因见后文。

得知契丹使臣到了，真宗皇帝派出知澶州、引进使何承矩郊劳，翰林学士赵安仁担任接伴使。

果然，赵官家识人，韩杞与赵安仁一见，便被对方闹了个大红脸。当日晚间招待筵上，韩杞拿起眼前几上的一个橙子，装作轻描淡写地道："此果尝见高丽贡。"宋太宗北伐时，曾联络过高丽，高丽只是虚与委蛇，并未有所动作。此时，高丽已奉契丹正朔。韩杞如此讲，自然是大有深意。

赵安仁闻言，略一思忖，当即笑道："橙橘产吴、楚，朝廷职方掌天下图经，凡他国所产靡不知也。今给事中吕祐之尝使高丽，未闻有橙柚。"见赵安仁如此讲，韩杞只好默然。

宋与高丽关系，一直是藕断丝连，此番契丹南下用兵之前曾通知高丽王，哪知高丽旋即知会宋廷。赵安仁言之凿凿，韩杞也不好与他争辩。毕竟高丽国产不产橙子，他也不是很清楚。

与夷狄做口舌之争，宋人鲜有败绩。

仔细推敲，这个记载应是史家神来之笔，当时情势危急，真宗亲征，食不甘味，坐卧不宁，哪里会想到用水果招待辽使？

后人不知，宋真宗命翰林学士赵安仁为接伴使，其中大有深意，只道赵安仁曾修《太祖实录》，谙熟辽使至汴梁的外交礼仪。自宋太宗北伐以来，宋辽之间断绝外交往来已有二十五年。外交无小事，礼尚往来，宋真宗郑重其事，也是应该。

一直以来，宋廷朝野间就有人主张与契丹和平相处。

雍熙三年（986）北伐之前，刑部尚书宋琪上疏谏阻称："如将来杀获驱攘之后，圣人务好生之德，设息兵之谋，虽降志以难甘，亦和戎而为便……《易》称高宗用伐鬼方，《诗》美宣王薄伐猃狁，是知戎狄侵轶，其来尚矣。然则兵为凶器，圣人不得已而用。若精选使臣，不辱君命，通盟结好，弭战息民，此亦策之得也。"

宋琪建议宋太宗与契丹"通盟结好"，但不被采纳。

北伐铩羽而归后，宋太宗招来枢密使王显、副使张齐贤、王沔等人，检讨道："卿等共视朕，自今复作如此事否？"雍熙北伐丧师辱国损失惨重，宋廷上下终于意识到仅凭军事实力是无法解决幽云十六州等历史遗留问题的，转而由主动进攻变为被动防御，开始谋求弭兵息民的途径。

宰相李昉继而上疏曰："獯鬻之性，惟利是求，倘陛下深念比屋之磐县（悬），稍减千金之日费，密谕边将微露事机，彼亦素蓄此心，固乃乐闻其事。不烦兵力，可弭边尘。此所谓屈于一人之下，伸于万人之上者也。伏望陛下裁之！"

李昉认为契丹一穷二白，唯利是图，赵官家只要自己节约一些，稍微流露出谋求和平的意思，契丹人自然乐见其成。在朝堂之上形成共识后，宰相李昉试探性地提出用金帛财赋安定边疆的建议。

对于李昉的建议，宋太宗不置可否，他心底仍残存着倔强。契丹的报复来得如此之快，君子馆一战，宋"缘边创痍之卒不满万计，皆无复斗志"，"敌势益振，长驱入深、祁，陷易州，杀官吏，卤士民"。

为了挽回颜面，次年正月，宋太宗再提亲征北伐。此议一出，朝堂之上一片反对之声，李昉认为太宗此举不惜民生以建立个人勋业，甚至将官家与隋炀帝作比。见无一人支持，宋太宗只得作罢。

这年四月，宋太宗不耻下问，征询一众文武御辽之策，殿中侍御史赵孚上疏："臣愚以为不用干戈，不劳飞挽，为万世之利者，敢献其说，惟明主择之。古者兵交使在其间，虽飞矢在上，走驿在下，盖信义不可废也。昔苗民逆命，帝乃诞敷文德，而有苗格。又仲尼曰：'有能一日克己复礼，天下归仁。'只如并门一方，历代难取，圣襟英断，一举成功。当其逆城危于累卵，生聚怀伏，而陛下犹遣通事舍人薛文宝入城谕之。日者北边未宾，全燕犹梗，再兴军旅，将复土疆。臣窃计屯戍边陲，故非获已，暴露原野，岂是愿为？欲望朝廷通达国信，近鉴唐高祖之降礼，远法周古公之让地。圣人以百姓之心为心，君子见几而作，谕以祸福，示以恩威，议定边疆，永息征战，养民事天，济时利物，莫过于此。臣又计彼虽嗜好不同，然去危就安，厌劳喜逸，亦人情之所同也。"

"近鉴唐高祖之降礼，远法周古公之让地"之句，是赵孚为对契丹通好议和寻求理论支持：近者，唐高祖起兵反隋，有向突厥称臣的权宜之计；远者，有古公亶父（周文王祖父）让地予獯鬻之举。

赵孚为宋太宗找了台阶下，史载，"上嘉之"。

赵孚有个儿子叫赵安仁。据史料记载，赵安仁于雍熙二年（985）进士及第，"补梓州榷盐院判官，以亲老弗果往"。赵孚上疏时，已近花甲之年，赵安仁为照顾老父，中进士后竟然没有去梓州做官。他对父亲上疏始末自然是知之甚详。

宋真宗任命他为接伴使，有何用意不问可知。

果然，赵安仁不负所托，韩杞觐见赵官家的礼仪、程式，全部由他拟定。

十二月初一（庚辰），契丹使臣韩杞入对于行宫之前殿，跪授书函于阁门使，阁门使捧了，内侍省副都知阎承翰启封检视，交与寇准。寇准读罢，真宗命韩杞升殿。

韩杞恭恭敬敬参拜，云"国母令臣上问皇帝起居"，带来的国书依然是"以关南故地为请"。

关南地方的问题是个纠缠不清的历史遗留问题，契丹人如此行径，显然是缺乏诚意的。

真宗愁眉紧锁，对寇准道："吾固虑此，今果然，惟将奈何？"

宰辅商议之后，达成共识。正告契丹使臣，如果真心议和，宋廷可以"岁给金帛，助其军费，以固欢盟"，前提则是，关南为大宋固有领土，根本无须探讨归属问题。但具体如何，"惟陛下裁度"。

真宗当即表示，"朕守祖宗基业，不敢失坠"，如果契丹执意要求关南，则当决一死战。只是念河北人民，重有劳忧，倘若每年"以金帛济其不足"，朝廷亦可以稍存体面。只是这种事情只可意会不可言传，更不能白纸黑字写将出来，因此只能令曹利用与韩杞"口述兹事可也"。

真宗令赵安仁作国书，内容如下：

近沐徽音，愿修惠好，爰遣单车之使，特伸咫尺之书，聿导素心，远闻清听，遽劳专介，复示笺函，载窥溢幅之辞，备觇睦邻之道，冀保安于疆境，将偃戢于干戈，永修玉帛之欢，长固丹青之誓，既形高义，深慰至怀，方属严凝，久兹涉履，勉加颐摄，以集祺祥。

宋廷军事方面虽不及契丹，但文化远胜对手多矣。如此妙文，莫说契丹鲜有人写得出来，便是全部读懂也无几人。宋人在国书内容这一领域，完胜对手。

观此绝妙好文，句句似言修好，却无一字关涉修好之条件。

宋廷赐韩杞袭衣、金带、鞍马、器币。韩杞即日回国，按礼仪前来陛辞，哪知借口所赐袭衣稍长为由，有意"复左衽"。

左衽（ɡèn），即左袵。衣冠，是华夏传统文化之一，"交领右衽"则是汉人最主要的服装特征。"交领"，是领口相叠交，而"右衽"则为衣服的左领要压着右领。这一传统来自阴阳五行学说，汉人祖先认为左代表阳，右代表阴，这种观念体现在衣冠上便是人活着穿的衣服要阳上阴下（左压右），待人死后所穿的衣服便是阴上阳下（右压左），称为"左衽"。而游牧族群为左衽。因此左衽、右衽就成了区分华夷的最简单办法。孔子曾感慨："管仲相桓公，霸诸侯，一匡天下，民到于今受其赐，微管仲，吾其被发左衽矣。"

一直以来，儒家耻于左衽。石晋献地于契丹，朔北人民皆左衽，在中原士民眼中看来完全是奇耻大辱。

韩杞不穿真宗所赐袭衣，复左衽，非但是不懂外交礼仪，简直就是一种赤裸裸的挑衅了。赵安仁见状，义正词严地道："君将上殿受还书，天颜咫尺，如不衣所赐之衣，可乎？"韩杞担心坏了和议大事，曲在己方，只好改服而入。

于是，宋廷外交又胜一阵。

真宗兀自担心曹利用未能领会方略，误了大事，将他召来面授机宜，"地必不可得，若要求货财，则宜许之"。曹利用也是八面玲珑之人，立即给官家加油打气称，自己略晓契丹语，曾在无意中听到韩杞与手下人对话，说澶州城外北寨宋军"劲卒利器，与前闻不同"，心下甚是畏惧。此行契丹若是提出非分无理要求，"必请会师平荡"。

真宗闻言，大概只有苦笑，如果真的可以一举荡平契丹，何必许货财，何必急匆匆打发韩杞回去复命？

真宗正忧心忡忡间，忽而天有异象，"日有食之"。

日食，在现代人眼中，不过是一种自然现象，不值得大惊小怪。但在一千年前，却是件天大的事情。

在古人眼中，日食不但不吉利，而且是大不吉利。《诗·小雅·十月之交》写道："十月之交，朔月辛卯，日有食之，亦孔之丑。"丑者，恶也、凶也。孔者，甚也。在《诗经》所处的年代，日食已经被视作大不吉利之事，朔月的日食更甚。

为了制约皇权，儒家创立了一套天人相应论的说辞。认为人的行为，特别是帝王的行为和政治措施也会反映在天象方面。皇帝鼓吹自己受命于天，来教化和统治人民，他若违背了天的意志，天就要通过特殊的天象来提出警告，如若执迷不悟，天就要降更大的灾祸，甚至要另行安排代理人。

在所有特殊天象中，以日食最为严重。有"夫至尊莫过乎天，天之变莫大乎日蚀"的说法。一旦日有食之，就意味帝王举措失当或有失德处。春秋时晋人伯瑕认为，日食是"不善政之谓也。国无政，不用善，则自取谪于日月之灾"。发生日食，无须问责，必然是国君的过错。

儒家借助"天"来约束皇权，虽收效甚微，却也聊胜于无。历史上，不管是昏君还是明君，在日食期间无不战战兢兢，如履薄冰，反躬自责，希望可以换得上天原谅。

汉文帝二年（公元前178），日有食之。为此，汉文帝下罪己诏，开皇帝自责历史之先河。儒家借助天象来警诫君主，皇帝们并不傻，甚至会主动配合，一块儿愚弄臣民。有时极端天象来得太过频繁，恰好可以借此机会申斥臣下，让那些执政大臣主动分担责任，甚至是直接替自己背锅。

搞到后来，君臣心有灵犀，成了一种约定俗成，《汉书》记载，"有天地大变，天下大过，皇帝使侍中持节，乘四白马，赐上尊酒十斛、牛一头，策告殃咎。使者去半道，丞相即上病，使者还，未白事，尚书以丞相不起，病闻"。汉成帝时，发生山崩、日食等系列天变，丞相翟方进还在犹豫的时候，就收到皇帝赐他的十石酒、一头牛。翟方进万念俱灰，只得选择自绝。

唐代孔颖达作《春秋左传正义》，危言耸听，说："日食，阴侵阳、臣侵君之象……"

真宗本就迷信，好神鬼之说，见有日食，自然而然联想到有臣下觊觎神器，一时六神无主，心惊肉跳，急忙素食避殿，招来司天监官员询问主何吉凶，怎生修禳以答天谴才好。

司天监官员战战兢兢来见官家。他们未能准确推算出日食时间，若是皇帝怪罪下来，如何是好？因此他们早就商议好了对策，当真宗皇帝问起之时，立即斩钉截铁地回道，按星经云主"两军和解"。真宗将信将疑，找来《晋书·天文志》看时，见果然如此，这才释然。

他却不知，澶州城外的辽圣宗此刻心中也是七上八下。契丹族起源之时即有日月崇拜的传统，辽太祖耶律阿保机时，受汉文明"天人合一"观念的影响，自然将萨满教中的太阳崇拜观念与封建帝王的诞生联系起来。《辽史·太祖纪》记载了阿保机出生时的异象："唐咸通十三年（872）生。初，母梦日坠怀中，有娠。及生，室有神光异香，体如三岁儿，即能匍匐……"

游牧族群风俗更敬天，契丹、西夏、女真政权的年号更是青睐"天"字。历代契丹皇帝年号皆有"天"字，以示天命所归。如耶律阿保机为"大圣大明天皇帝"，年号"天赞"，辽太宗为"天显"，辽圣宗为"天辅"，末代皇帝"天祚"。每逢新皇子诞生，都会拜日祈福。辽太宗将自己与皇后的寝宫命名为日月宫，凡兴兵，都要以青牛白马祭告天地、日神。而且，太宗皇帝已然有了"天无二日""二龙不相见"的自觉意识。辽太宗灭后晋，晋出帝石重贵准备郊迎，耶律德光断然拒绝，称："天无二日，岂有两天子相见于道路耶？"

辽人以为日食乃是日神遭遇不测，为了表示对日神的不幸遭遇的同情，契丹人在日食的时候，不论国家有多么重大的庆典活动，都要停止，并且罢宴止乐，不准食肉饮酒，同时还要进行救日活动，认为否则上天就会降灾于契丹人。

圣宗皇帝受儒家文化浸润二十余年，坚信自己为真命天子，见有日食自然会产生丰富之联想，立即命大臣代拜救日，修禳补救。

干戈玉帛

接下来的数日，真宗皇帝不敢掉以轻心，派遣殿中侍御史刘益、殿中丞皇甫选诣濮、青、淄、齐、潍等州安抚河北流民，又诏令左神武军大将军王荣、寄班供奉官郑怀德领龙卫兵马，与沧州部署荆嗣会于淄、青，防范契丹军队渡河……

真宗调兵遣将有备无患，又为抗击契丹有功之人加官晋爵。用人之际，自然不能吝惜钱财等物。

果然不出真宗所料，滑州传来消息，契丹一支军队攻通利军，知军王固弃城宵遁，好在宋军有备，契丹军入城抢掠一番，转而往东去了。

癸未（初四），与契丹和议之事终于有了眉目。

史载，曹利用与韩杞回到契丹营中，就关南的归属问题展开了论辩。

第七章 二龙相见 193

辽政事舍人高正始盛气凌人，道："石晋德我，与我关南地，周世宗取之，今宜还我。"

"晋人以地予契丹，周人取之，我朝不知也。若岁求财帛以佐军，尚可议，割地之请，利用不敢与闻。"曹利用心中有数，表现得不卑不亢。

"我为三关故地劳师动众远来，若只得财帛归，有何面目见国中父老。"高正始不为所动。

"禀命专对，有死而已。若北朝不恤后悔，恣其邀求，地固不可得，兵亦未易息也。"曹利用义正词严。

"今日之事，斗则两败俱伤，和则两利，愿二位大人熟计之。"王继忠在旁见状，急忙出面打圆场。

经过三天的艰难谈判，双方达成重要共识，关南之地搁置不议，契丹人"但欲岁取金帛"。最终，曹利用答应绢二十万匹、银一十万两，"议始定"。

对于三十万这个数字，史料记载与寇准有关。

原来，曹利用临行之际，真宗曾面授机宜。既然愿意每年"以金帛济其不足"，自然须向使臣交代底线，答应只要契丹人放弃对关南之地的追索，"百万以下皆可许也"。

哪知，寇准对此有保留意见，招来曹利用，正色道："虽有敕旨，汝往所许毋得过三十万。过三十万，勿来见准，准将斩汝。"

真宗皇帝的底线是一百万，寇准给出的底线却是三十万。真宗生于深宫之中，长于妇人之手，不识稼穑之艰辛，觉得百万不多；寇准身为宰辅，知柴米油盐贵，晓物力维艰财帛得之不易。

史料记载，"利用股栗。再至虏帐，果以三十万成约而还"。

其实，寇准应允三十万不是信口开河，而是循石晋旧事而已。

前文曾言及，后唐清泰三年（936），河东节度使石敬瑭被围太原，眼见情势危急，不惜称臣称子、割让幽云十六州，取得契丹军援。

石敬瑭称帝，年号天福，又向辽太宗许诺"岁输帛三十万匹"。

哪知新政权建立，"藩镇多未服从，或虽服从，反仄不安"。石敬瑭才称帝，曹州、镇州、同州、郓州等地相继发生叛乱。先是，天福二年（937）正月，安远军节度使卢文进叛降于吴；六月，天雄节度使范延光据镇反抗，自称天子。石敬瑭以杨光远为都部署、张从宾为副领兵进讨。哪知张从宾进至河阳，却举兵响应范延光，杀死石敬瑭之子、河阳三城节度使石重信，又至洛阳杀死石敬瑭另一子、东都留守石重义，"取内库金帛以给部伍，因东据氾水关"。

石敬瑭好不容易平了张从宾之乱，喘息未定，应州马军都指挥使郭崇威"耻臣契丹，挺身南归"；云州节度判官吴峦不愿割地，据城抗击契丹。成德节度使安重荣则更甚，以"诎中国以尊夷狄，困已敝之民，而充无厌之欲，此晋万世耻也"为由，谩骂甚至劫杀过境的契丹使臣。后来，他干脆与山南东道节度使安从进举兵叛乱。石敬瑭自觉夺取天下的手段不光明，因此对手下骄兵悍将过为姑息。"而藩镇之臣，或不自安，或心慕高祖所为，谓举可成事，故在位七年，而反者六起"。

石敬瑭倒也说到做到，称帝第二年即遣户部尚书聂延祚等请上尊号，"及归雁门以北与幽、蓟之地，仍岁贡帛三十万匹"。哪知辽太宗见反对者众，"诏不许"。天福三年（938）十一月，石敬瑭"复遣赵莹奉表来贺，以幽、蓟、瀛、莫、涿、檀、顺、妫、儒、新、武、云、应、朔、寰、蔚十六州并图籍来献"。至此，幽云十六州交割手续完成。辽太宗更定政区机构，"诏以皇都为上京，府曰临潢，升幽州为南京，南京为东京。改新州为奉圣州，武州为归化州"。

天福四年（939），石敬瑭交了第一笔岁输三十万的同时，还补交了天福三年（938）的三十万。《辽史》记载，"晋因辽之兵而得天下，故兼臣礼而父事之，割地以为寿，输帛以为贡"。所谓"岁输"，实则为"纳贡"。辽人可以如此讲，石敬瑭尚需顾及颜面，因此称为"助军旅之费"。

辽初，契丹人"行逐水草，军无馈运"，南下中原，后勤补给就成为大问题。为解决粮秣，干脆"日遣打草谷骑四出抄掠以供之"。辽太宗解了太原之围，北返前留下五千名契丹兵助石敬瑭。攻占洛阳后，石敬瑭随即"饯太相温及契丹兵归国"。请神容易送神难，他实在不愿因契丹兵骚扰地方而再招致民怨。

请耶律德光来援，提供粮饷也是应该的，如果契丹人自己解决了粮草后勤补给问题，他支付一笔钱给契丹也是情理之事。

"助军旅之费"为什么不是二十万、四十万，而是三十万呢？

原来，唐末五代以来，契丹每次南犯，用兵多寡不一，却动辄虚称三十万以张其声势。唐天祐十三年（916），周德威进攻新州，"契丹主帅众三十万救之"。石敬瑭向契丹请援，辽太宗耶律德光率军南下，"将五万骑，号三十万"。石敬瑭答应的"岁输"数额，正是契丹军总人数。

称臣称子的石敬瑭才给三十万，宋真宗却应允百万，传将出去，岂不会令舆论哗然？官家心烦意乱，一时不察，寇准却必须保持清醒。否则，一旦和议议定，悔之晚矣。

《续资治通鉴长编》记载的曹利用出使归来入行宫见真宗皇帝的一幕，颇具戏剧性。

史载，曹利用从辽营归来，入见行宫，真宗皇帝正在用膳，派了个身边侍奉的太监出来询问情况，曹利用拒绝回答，事涉机密，必须面奏官家。真宗皇帝又打发亲信太监出来询问，曹利用推辞不过，只好"以三指加颊"。这太监不得要领，回去复命云："三指加颊，岂非三百万乎？"真宗听了，大吃一惊，失声道："太多！"过了一会儿，又徐徐道，"姑了事，亦可耳。"

等到听曹利用亲口说出三十万后，真宗皇帝不禁喜出望外。此后，曹利用不次升迁，做到枢密使，此为后话。

尤其令真宗心花怒放的是，曹利用还带给他一个意外惊喜，王继忠通过曹利用，传语真宗皇帝——辽圣宗"愿兄事南朝"。不过有一个附加条件，要求宋廷立誓，派遣天子近臣持誓书至彼。

真宗皇帝强抑心下喜悦，渡过浮桥幸北寨，与手下重臣径直出城来到李继隆营中，"命将领从官饮"，并下旨犒赏三军。

非常时期，城外宋军仍需严防死守，警惕对手有无异动。这也是居安思危，政治家应具备的素质。

次日（甲申），曹利用与辽使右监门卫大将军姚柬之一同至澶州。真宗再次派何承矩郊劳，赵安仁任接伴使。史称，姚柬之在驿舍与赵安仁交谈，"颇矜兵强战胜"。

赵安仁当即针锋相对，表示："闻君多识前言。老氏云：兵者不祥之器，非君子之器，不得已而用之……胜而不美，而美之者，是乐杀人。乐杀人者，则不可得志于天下矣。"

于是，柬之自是不敢复谈。

据说，姚柬之祖上乃姚崇，姚崇历仕武则天、唐睿宗、唐玄宗，被誉为救时宰相。姚柬之祖父于五代时入辽，其父姚汉英于辽穆宗朝时已身居要职。姚柬之此番奉旨前来议和，"颇矜兵强战胜"似乎毫无必要。而赵安仁所言更是莫名其妙，仅凭一句话就能令辽使钳口不言？真宗皇帝令他为接伴使，正是希望他秉承父志，竭力促成和议，不是令他与辽使做口舌之争的。

姚柬之转而又屡称王继忠才干。王继忠降辽属于敏感话题，赵安仁说深了不是，讲浅了也不妥，只得含糊其词地道："继忠早事藩邸，闻其稍谨，不知其他也。"

史料如此记载，正是为了突出赵安仁敏于酬对，应对得体。至于其真实性，见仁见智好了。

接见了姚柬之之后，真宗于澶州行宫南楼大宴群臣，宾主举盏，一座皆欢。

第二天（丙戌），姚柬之入辞，真宗命西京左藏库使、奖州刺史李继昌假左卫大将军，持誓书与姚柬之一同前往辽营。"金帛之数，如利用所许，其他亦依继忠所奏云。"

金帛之数，后世尽人皆知，而王继忠所奏内容为何，大约只有从宋廷誓书中一窥究竟了。

> 维景德元年岁次甲辰，十二月庚辰朔、七日丙戌，大宋皇帝谨致誓书于大契丹皇帝阙下：共遵成信，虔奉欢盟，以风土之宜助军旅之费，每岁以绢二十万匹、银一十万两，更不差使臣专往北朝，只令三司差人般送至雄州交割。沿边州军各守疆界，两地人户不得交侵。或有盗贼捕逃，彼此无令停匿。至于陇亩稼穑南北勿纵惊骚。所有两朝城池，并可依旧存守，沟壕完葺，一切如常，即不得创筑城隍，开拔河道。誓书之处，各无所求。必务协同，庶存悠久。自此保安黎献，慎守封陲，质于天地神祇，告于宗庙社稷，子孙共守传之无穷，有渝此盟，不克享国。昭昭天监，当共殛之。远具披陈，专俟报复，不宣谨白。

宋真宗问萧太后书：

> 继辱行人，荐承问念，伫干戈之载戢，许玉帛以交驰，虔听重言，已有定议，共遵盟约，期边境之永安，庶保岁寒。致黎元之多福，诚坚金石，义贯神灵，佩服徽音，铭篆丹素，方属凝寒之候，更遵颐卫之方，式慰至怀，倍臻繁祉。

真宗皇帝答辽圣宗书：

> 近奉尺书，寻尘英听，复劳人使，特惠缄封。觌缛旨之优长，纫嘉猷之宏远。惇信明义，立帮国之永图。继好息兵，著简编之盛事。必遵信誓，长固欢盟。共成经久之规，允集无疆之庆。祈寒在候，庶务萦怀，善保兴居，永绥福履。

前番宋廷只有答契丹国主书，为何这次修书问候萧太后起居？

原来，真宗皇帝生性多疑，他在接待了韩杞与姚柬之两拨使臣后，发现了一些问题。

史载，真宗皇帝曾问寇准："韩杞与姚柬之来，都曾言其国母附达起居，而不述其主。此盖母专其政，人不畏其主也。朕询于利用，其言亦同。仍云闻听之间，盖因其主不慧。如是，则继昌之行，宜亦臻书其母。可令潜以此意访于柬之。"

曹利用秉承真宗旨意，去询问姚柬之究竟，姚柬之的回复是"国母比欲致书，以南朝未有缄题，故寝而不议。若南朝许发简翰，颇合便宜"。

因为萧太后的强势，宋廷上下竟然达成了辽圣宗智商是硬伤的共识。

有如此认识，宋人军事外交处于劣势也就不难理解了。既然辽圣宗愿意尊真宗皇帝为兄长，萧太后如何称呼赵官家根本不能成为问题，姚柬之此说根本当不得真。

辽廷为什么令姚柬之出使，而不是之前的韩杞？为什么萧太后不致书？

结合史料综合分析,此事大有蹊跷。

丙戌(初七),姚柬之陛辞,提出"收众北归,恐为缘边邀击"。真宗当即传诏,令诸路部署及诸州军,"勿辄出兵马,以袭契丹归师"。

真宗此举,并非秉承"归师勿遏"的兵家要旨,而是实在不愿弄险,破坏好不容易达成的和议大局。

打发走了曹利用与姚柬之,真宗开始安排善后事宜:分遣知制诰陈尧咨等抚谕怀、孟、泽、潞、滑、郑等州,放强壮归农;诏荆嗣仍屯郓州,都提举郓、青、淄、潍、齐、曹、单、济、沂、兖、密、亳、宋、徐州,广济、淮阳军巡检司事。

次日(丁亥),遣侍御史高贶庆等分诣河北诸州安集流民,瘗暴骸。群盗未获者,督捕之。

戊子(初九),真宗于行宫大宴群臣,酒酣耳热之际,笔走龙蛇作回銮诗,命近臣和。其诗云:

> 我为忧民切,戎车暂省方。
> 征旗明夏日,利器莹秋霜。
> 锐旅怀忠节,群胡窜北荒。
> 坚冰消巨浪,轻吹集嘉祥。
> 继好安边境,和同乐小康。
> 上天垂助顺,回旆跃龙骧。

观真宗回銮诗,通篇洋溢着豪壮傲然之情,似乎是契丹人慑于天威,狼狈北窜的。

北宋九帝多喜饮酒,但真正酒量过人的唯有宋真宗。他打仗一般,拼酒则罕逢敌手。真宗继位以来日理万机,无暇饮酒,更无机缘在臣下面前展示酒量,寇准与杨亿在澶州城头欢饮,他更不便参与。直至达成和盟后,身心一轻,筵乐就渐多,他贪杯的本来面目才广为人知。

有许多关于真宗皇帝喝酒的故事流传于后世,兹录两则以飨同好。

其一，朝臣李仲容以豪饮闻名，人称"李万回"。真宗特意召他前来比试酒量，喝了许久不分高下，真宗见状，命太监取巨觥来，李仲容急忙起身推辞"告官家，免巨觥"。真宗笑问："何故谓天子为官家？"天下臣民只知称天子为官家，但具体是怎么个来历却鲜有人讲得清楚，真宗皇帝如此问，既考校李仲容才学，又欲观他饮酒后头脑清醒与否。哪知李仲容脱口道："三皇官天下，五帝家天下，陛下兼三皇五帝之德，故名'官家'！"李仲容平时少言寡语，哪知酒后吐真言，说出如此得体的话来。

真宗皇帝被奉承得浑身舒坦，举起酒盏一饮而尽，感慨道："正所谓君臣千载遇也！"

其二，一次，真宗与群臣曲宴，喝着喝着，忽然问众臣工道："汴梁城中，哪家酒铺的酒最好？"答曰："南仁和！"真宗立即命人买来，分赐群臣后问起"南仁和"的价格，忽而又问唐代酒价几何。众人面面相觑，作声不得，丁谓灵机一动，笑道："唐酒价一升三十钱！"真宗问他语出何处。丁谓笑道："臣尝读杜甫诗'蚤来就饮一斗酒，恰有三百青铜钱'，是以知也。"真宗见丁谓有如此机智，赞叹道："杜甫诗自可为一时之史！"

大概是与文臣饮酒没有尽兴，真宗趁着酒兴又至城外北寨劳军，招来李继隆、石保吉等宴射行宫亭。真宗皇帝一发中的，众武将立即山呼万岁，捧觞称贺。真宗见众将如此知情识趣，大悦，命人赐袭衣、金带、鞍勒马等，竟然是见者有份。

李继隆老当益壮，将弓引满，同样一矢中的。多年坐冷板凳，早磨平了李继隆的棱角，待见官家如此兴致，他趁机率诸将上前叩谢天恩时，锦上添花，将一切荣耀归于上，奉承道："契丹无名犯塞，此盖将帅非才，致劳陛下亲驾戎辂，冒犯雪霜。当戎寇之深入也，群议皆务城守，若非决于宸断，尽出禁卫骁卒阵于北郊，授以成算，则前日敌众侵突，必不能戮其渠魁，遏其壮势。又戎寇退走也，若会诸将袭逐，必立奇功。陛下复念其请盟，许其修好，安民息战，示以好生，不令邀击，开其归路。臣等无以展尺寸之效。"

众将在旁闻言，纷纷点头附和。真宗这时酒意才有三分，尚在清醒时候，闻言笑道："北狄自古为患，倘思平愤恚，尽议歼夷，则须日寻干戈，岁有劳费。今得其畏威服义，息战安民，甚慰朕怀，亦卿等之力也。"

石保吉文才武略虽寻常，但歌功颂德的水平丝毫不逊李继隆，越众而出道："臣受命御寇，虽上禀宸略，至于戎人侵突之隙，分布行阵，指挥方略，皆出于继隆。"

石保吉毫不犹豫地将功劳尽归主上，顺势又吹捧了一番李继隆。澶州城外这支宋军的调度、布阵、攻防，皆是李继隆发号施令，石保吉虽是西面布阵使，权位与李继隆相当，但他亦有自知之明，知道自己斤两，故凡事配合服从。石保吉如此讲，等于是当众自曝其短。不过听在真宗耳中，却越发显得他虚怀若谷。

李继隆老于世故，懂得花花轿子人抬人的道理，当即投桃报李，将石保吉大大称赞一番，谦虚道："契丹之败并出圣谋，然宣力用心，躬率将士，臣不及保吉。"

二人你吹我捧，行宫亭中一派熙和景象。真宗大喜，笑道："将帅如此协和，共图勋绩，军旅之事，朕复何忧！"

定国节度使、太祖皇帝的另一个女婿魏咸信是役未曾建功，也在旁插科打诨，凑趣表示，官家君臣一出手，契丹远遁，搞得自己不得施展，连立功的机会也没有了。众人闻言大笑，于是尽欢而散。

辛卯（十二日），真宗心焦难耐，命给事中吕祐之赶回汴梁，阅视迎驾仪仗。王超姗姗来迟，率所部步骑万人抵澶州，真宗命拨归李继隆与石保吉统领。

壬辰（十三日），真宗命翰林学士邢昺祭河。

癸巳（十四日），真宗皇帝于行宫再次大宴群臣，远在京师的首相毕士安也拖着病体赶来面圣。席间出现了不和谐的声音，有人认为"岁赂契丹三十万为过厚"。毕士安正色道："不如此，则契丹所顾不重，和事恐不能久也。"

和议之事，乃出自真宗宸纲独断，不容否定，更不得妄言。身为宰相，维护官家权威自是责无旁贷。

甲午（十五日），真宗车驾离开澶州，打道回京。保州路部署张凝奏称，侦得戎首与其母已过定远军（今河北东光）。

乙未（十六日），真宗命天雄军诸路驻泊钤辖、都监等率兵赴磁、相、洺州招诱群盗，安集流民。

王继忠派人奏称"北朝已严禁樵采"，希望真宗皇帝约束各部将领，"无使杀伤北朝人骑"，破坏和议。

真宗对毕士安几人道："昨倘循群议，发大军会石普、杨延朗所部屯布缘河诸州，邀其归路，以精锐追躡，腹背夹攻，则彼必颠沛矣。朕念矢石之下，杀伤且多，虽有成功，未能尽敌，自兹北塞常须益兵，河朔人民无日休息。况求结欢盟，已议俞允，若彼自渝盟约，复举干戈，因而誓众，中外同愤，使其覆亡，谅亦未晚。今张凝等出兵袭逐，但欲绝其侵扰耳。"左右皆称万岁。

宋军如若能一举歼敌，自然不会令契丹匹马北归。无奈实力不济，眼睁睁看着辽军全身而退，徒唤奈何。此前，边将杨延朗得知契丹陈军澶州城下，进退失据，上疏建议真宗："敌顿澶渊，去境北千里许，人马疲乏，虽众易散。凡所剽掠悉在马上，愿饬诸军扼要路掩杀，其兵歼，则幽、易数州可袭取也。"

史称"奏入，不报"。大概真宗看了，唯有摇头苦笑。《续资治通鉴长编》记载，杨延朗等不到回复，索性率所部兵马杀入契丹界，"破古城，俘馘甚众"。

至于古城位于何处，俘了多少契丹兵，馘了多少，则无人讲得清了。

杨延朗，杨业之子，史称"威震异域，守边二十余年，虏人畏之，呼为'杨六郎'"。澶渊之盟后，宋真宗为力压契丹人一头，寻回城下之盟的颜面，给自己认了个名为"赵玄朗"的远祖。为避圣讳，杨延朗从此更名为杨延昭。

杨延朗遂城一战，威名远播，其所部区区数千人马，长驱直入契丹境内，亦无力改变整个战局的颓势。

丁酉（十八日），真宗皇帝车驾至陈桥，距离汴梁已不过一日路途。眼见就要回京师了，契丹使臣西上阁门使丁振与李继昌终于赶来觐见。

史称，李继昌至敌帐，"群情大感悦，馆设之礼益厚，即遣其西上阁门使丁振奉誓书来上"。

宋人一本正经记载的这段历史，今日读来，令人掩卷唷叹。辽圣宗急于北返,"所谓馆设之礼益厚",怕是自话自说了。

十二月初七,李继昌与辽使姚东之即辞别真宗皇帝,出城往契丹营中见辽圣宗,这段路最多不过数个时辰。怎么会拖延十余日才赶至陈桥驿相见?

这一切的不合情理,似乎没有人留意。如果打破砂锅问到底,答案应该是宋使李继昌一行成了人质,被强留在了契丹军中,直到契丹人觉得到了安全地带,才礼送他南归的。

被后世称颂的澶渊之盟,从始至终,都是在尔虞我诈中进行的。辽圣宗唯恐宋军突然袭击,因此一见誓书就率众北返了,宋真宗也不等见到辽人的誓书,就急忙班师回朝了。双方居然是心有灵犀,默契异常。

契丹誓书如下:

> 维统和二十二年岁次甲辰,十二月庚辰朔、十二日辛卯,大契丹皇帝谨致书于大宋皇帝阙下:共议戢兵,复论通好,兼承惠顾,特示誓书,云:"以风土之宜助军旅之费,每岁以绢二十万匹,银一十万两,更不差使臣专往北朝,只令三司搬送至雄州交割。沿边州军,各守疆界,两地人户不得交侵。或有盗贼逋逃,彼此无令停匿。至于陇亩稼穑,南北勿纵惊骚。所有两朝城池,并可依旧存守,淘壕完葺,一切如常,即不得创筑城隍,开掘河道。誓书之外,各无所求,必务协同,庶存悠久。自此保安黎献,谨守封陲,质于天地神祇,告于宗庙社稷,子孙共守传之无穷,有渝此盟,不克享国。昭昭天鉴,当共殛之。"孤虽不才,敢遵此约,谨告于天地,誓之子孙,苟渝此盟,神明是殛。专具咨述,不宣谨白。

从国书书写日期与收到日期可知,笔者忖度无误。

真宗皇帝阅罢大喜,立即命人抄录,分赐河北河东各地,咸使闻之。

壬寅,真宗诣启圣院谒太宗神御。宋辽终于结束二十余年的敌对,真宗谒告太宗也是情理之事。

甲辰,改威虏军为广信,静戎军为安肃,破虏军为信安,平戎军为保安,宁边军为永定,定远军为永静,定羌军为保德,平虏城为肃宁。

杨延昭 像

宋辽既化干戈为玉帛，"虏、戎"之类的字眼便显得不合时宜，改为"肃、安、信"之类正是宋廷对和平寄予厚望，向辽人释放的一种善意信号。

澶渊之盟后，宋廷忙于善后，抚平战争疮痍。辽廷上下似乎波澜不惊，《辽史》仅寥寥数笔："是月，班师。皇太后赐大丞相齐王韩德昌姓耶律，徙王晋。"

但事情似乎远非史家记载的那样简单。

此前韩德让被赐名德昌，是圣宗废后时的事情，相信赐姓一事也与圣宗皇帝有关。或者赐姓原本就是圣宗的意思，不过是假以萧太后名义罢了。

赐姓，是统治者利用权力更改臣下姓名的手段，是统治者绞尽脑汁笼络人心的一种方式，其背后有着丰富的政治文化内涵。赐姓事一事，滥觞于汉，盛于元魏，此后历朝历代不乏赐姓之举。赐姓，以赐国姓最多且最为尊贵。在游牧族群建立的政权中，国姓不仅代表着姓氏的尊贵地位，更是国家政权统治阶层的民族象征。将国姓"耶律"赐予汉臣，同时赋予其新的身份，可以使契汉君臣关系得以进一步加强，结为政治利益共同体，进而影响朝堂之上的政治秩序。这既意味着契丹汉化的深入，也向世人昭示了辽圣宗政治手腕的成熟。

有辽一代，韩德让是被赐国姓的汉臣第一人。赐姓，是"借示殊宠"，赋予韩德让享受契丹人特权的权力。不如此，不足以彰显韩德让之盖世功勋。赐姓之日起，耶律德昌须与国休戚与共，这也是辽圣宗试图建立新的政治格局所做的尝试。

契丹此次南征，死伤数万人，折损大将萧挞凛，可谓灰头土脸。但塞翁失马，焉知非福，此役之后圣宗皇权得以加强，再无人能挑战他的权威。耶律隆庆一改从前的嚣张跋扈，低调谦逊了许多。而辽圣宗皇权巩固，又与韩德让被赐国姓密不可分。

此前，韩德让总二枢府事，集北、南枢密使于一身，权倾朝野，契丹皇室、后族难免心下忐忑，赐姓后，则疑虑尽消。

第二年，即统和二十三年（1005）十一月，诏大丞相耶律德昌出宫籍，属于横帐。从此，韩德让不再是宫分人，华丽转身成为皇族。

有人认为，这是萧太后出于感激，令韩德让彻底融入契丹高层，主动维护统治者利益。也有人认为，这不过是辽圣宗驾驭权臣的手段而已，令韩德让更加死心塌地地为其服务罢了。不管怎样，韩德让在朝中行使权力，从此越发名正言顺。

千古之谜

统和二十四年（1006）五月初一，萧太后"幽皇太妃胡辇于怀州……余党皆生瘗之"，"次年六月，赐皇太妃胡辇死于幽所"。

皇太妃胡辇，即萧太后大姊，嫁给了穆宗胞弟罨撒葛。穆宗无子且不近女色，当时有继承权的无非太祖皇帝三个儿子的后人。太宗皇帝有五子，靖安萧皇后所生二子为述律（辽穆宗）、罨撒葛。若按游牧政权兄终弟及的传统，曾被穆宗委以国政的罨撒葛无疑是第一顺位继承人。

如果不出意外，穆宗百年之后，罨撒葛会顺理成章继位为君。哪知穆宗不恤国事，引来一众野心家觊觎皇权，罨撒葛终于按捺不住，卷入了李胡之子耶律宛的谋反，穆宗念及骨肉亲情，并没有治他的罪。应历十八年（968），罨撒葛故态复萌，找来当时最负盛名的卜者魏璘，占卜穆宗身后事，穆宗得知后龙颜大怒，将他贬往西北戍边。

罨撒葛离开权力中心未几，穆宗遇弑，耶律贤被拥立为君。罨撒葛由此与帝位失之交臂。

得知耶律贤杀了殿前都检点耶律夷腊、右皮室详稳萧乌里只立威，罨撒葛畏惧之下，窜于大漠。紧接着，夷离堇毕粘木衮以阴附罨撒葛被诛。

此后，不知何人出面斡旋，罨撒葛终于壮起胆子入朝，景宗释其罪，晋封其为齐王。

萧思温将长女嫁给罨撒葛，正是未雨绸缪之举。哪知人算不如天算，穆宗遇弑，另一女婿耶律贤捷足先登，是为景宗。

耶律贤继位之初，为迅速稳定局面，"进封太平王罨撒葛为齐王，改封赵王喜隐为宋王，封隆先为平王，稍为吴王，道隐为蜀王，必摄为越王，敌烈为冀王，宛为卫王"。其中，喜隐、宛为耶律李胡子，隆先、稍、道隐三人为耶律倍子，景宗叔父必摄、敌烈为太宗庶子。耶律贤对两个叔父最为倚重，耶律隆先兼政事令，任东京留守，耶律道隐为上京留守。

罨撒葛虽然还朝，但因为身份特殊，成了新君重点照顾对象，每日活在恐惧之中，于保宁四年（972）闰二月因病疽而死，终年三十八岁。三月，景宗追封其为"皇太叔"。

有辽一代，获封皇太叔者共计四人，罨撒葛是第一个获此殊荣的。景宗意示其地位尊崇，公开承认其具有继承皇位的优先权。授予死人，不过统治者是显示虚怀若谷的姿态，笼络人心的手段。

罨撒葛一死，萧胡辇就成了寡妇。萧胡辇成了"皇太妃"的同时，顺理成章成了太宗皇帝斡鲁朵永兴宫的新主人。永兴宫分军，原本是太宗皇帝的禁卫，有拥有万余精锐的劲旅。太宗永兴宫本来应由长子耶律璟继承，耶律璟称帝自建永昌宫，罨撒葛便成了永兴宫主。罨撒葛死后，萧胡辇自然而然成了新主人。而且，萧胡辇是太宗皇帝长女之长女，继承永兴宫也是应该。

辽王朝疆域广袤，部族众多，西北有阻卜、乌古、敌烈、党项等部，太祖皇帝在时，曾对西北多次用兵，进行军事征服。只是"不营城邑，不置戍兵"，对于逐水草而居的游牧族群难以形成震慑。西北阻卜等部族叛服无常，令辽统治者很是头痛。

此后，李继迁势力崛起于西北，对宋、辽依违其间，在西北与辽展开了对党项各部族的争夺。统和九年（991），为加强对西北的控制，辽廷任萧胡辇为西北征讨。统和十二年（994），"夏人梗边，皇太妃受命总乌古及永兴宫分军讨之"，以萧挞凛督其军事。

经多年讨伐，辽廷终于敉平阻卜等部叛乱，修筑镇（今蒙古国青托罗盖古城）、维（今蒙古国巴剌合思）、防（今蒙古国哈达桑）三州边城镇守，开展了大规模屯田。苦心经营之下，西北终于得以纳入辽王朝有效统治。

辽末，耶律大石远走西域，镇州提供了大量人马物资，萧胡辇为耶律大石开创西辽厥功至伟。

史料记载，皇太妃讨平阻卜立下殊勋，不免居功自傲，因此引得姐妹二人龃龉不断。

景宗即位后，萧绰二姊萧夷懒嫁与喜隐成为赵王妃。喜隐贼心不死，于乾亨三年（981）密谋犯上作乱，被景宗囚于祖州，第二年被下诏赐死。当时，景宗皇帝已病入膏肓，因此，萧绰二姊怀疑赐死自己丈夫的不是景宗，而是妹妹，是她有意如此。从此，她恨萧绰入骨。统和年间，因为南京的夷懒打算下毒害萧太后，结果被身边婢女告发，被萧太后鸩杀。

不过，这个说法破绽百出，经不得推敲。萧夷懒怎样搞到毒药？如此机密的事情，怎会让婢女知晓？

统和二十五年（1007），萧胡辇被赐死于幽所。

姐妹二人死于非命，孰先孰后，史料阙如。

统和二十七年（1009）十二月，萧绰病故，终年五十七。《辽史》称其"明达治道，闻善必从，故群臣咸竭其忠"，《契丹国志》亦称其"神机智略，善驭左右大臣，多得其死力"，然而"天性忮忍，阴毒嗜杀"，举的便是杀姊的事情。

仔细忖度，萧太后杀姊的事情很不寻常。

首先，"谋帅其众奔骨历札国"之说疑点重重。骨历札国，即北阻卜耶睹刮，萧胡辇在西北经营多年，威震中外，史称"统和间，皇太妃出师西域，拓土既远，降附亦众"。

萧胡辇为什么要率其众奔骨历札国？辽史并没有给出答案，根据宋廷方面记载，或者可以找到原因。统和二十二年（1004）春正月，"契丹奚王及南宰相、皇太妃、令公各率兵四万余骑，自鉴城川抵涿州，声言修平塞军及故城容城"。消息传至汴梁，真宗不以为然："胡人利于野战，缮完城堡或非其意。"于是命河北诸将谨斥候、治方田，相机行事。

后来，果如真宗皇帝所料，辽廷此举不过是在试探，最多是破坏宋廷于境上如火如荼开始的大建方田工程而已。萧胡辇无功而返，紧接着便是与萧太后反目，率其众奔骨历札国未遂。

萧太后与两个姐姐间似乎无甚来往，感情也淡薄，但怎么会发展到如此地步？

史料记载，统和四年（986）九月初一，是圣宗皇帝纳后的日子。作为长辈的萧胡辇按契丹风俗，"进衣物、驼马，以助会亲颁赐"。忙前忙后为侄儿的大婚忙碌。一切看上去和谐祥宁，彼时姊妹二人关系尚融洽。

此后，萧胡辇以皇太妃的名义经略西北，剿抚并用、知人善任，居然在漠北逐渐形成了一股庞大的政治势力。萧太后后悔莫及，先是安排了心腹萧挞凛前往西北监督萧胡辇。其后唯恐萧胡辇尾大不掉，因此有了统和二十二年（1004）春调她往涿州筑城之事。

显然，萧胡辇识破了萧太后的伎俩，想要重回漠北。萧太后怎么会让她全身而退？所以有了萧胡辇"结兵以篡后。后知之遂夺其兵，令领幽州"的事情。

所谓"领幽州"，不过是掩人耳目的说法，嚣张跋扈惯了的耶律隆庆任南京留守，自然是秉承母亲旨意处处与萧胡辇作对了。

统和二十四年（1006）五月初一，萧太后幸炭山清暑，"幽皇太妃胡辇于怀州，囚夫人夷懒于南京，余党皆生瘗之"。

萧胡辇被困幽州自然心有不甘，怎奈手段不及萧太后，被发往怀州幽居，萧夷懒则囚于南京，手下党羽悉数被活埋。

怀州是太宗皇帝奉陵邑，在今内蒙古自治区赤峰市巴林右旗，最初是太宗永兴宫驻牧地，太宗、穆宗皆葬于此。萧胡辇在怀州自然不甘心坐以待毙，而是想方设法想逃离。哪知萧太后防范严密，未能成功。史载，"近侍刘哥、乌古斯尝从齐王妻而逃，以赦，后会千龄节出首，乃诏诸近侍、护卫集视而腰斩之"。

遇赦便跑出来自首，以为萧胡辇已死，从此就会过上平常人的日子，落得腰斩以儆效尤，这侍卫实在是笨得可以。

萧胡辇与萧绰反目，最终落得死于非命，如果换个理解观点，似乎也讲得通。

萧胡辇在漠北形成一股强大的政治势力，萧太后为消除隐患，将她调回南京。在这件事情上，母子是达成共识的。辽圣宗亲征，又对任南京留守的耶律隆庆放心不下，于是命萧胡辇率所部亦屯驻南京，一者作为机动，以备不时之需，二者令其与耶律隆庆相互监督，不至于后院起火。

萧胡辇心恨萧太后，见萧绰与圣宗不合，顺理成章地倒向了圣宗一边。

哪知统和二十二年（1004）的澶渊之盟，意外成了萧太后与辽圣宗完成权力更迭的契机。

心平气和地分析，辽圣宗希望借此一战，与宋廷彻底解决关南归属问题。因此，南下之初，他力主战而胜之，是坚定的鹰派。与此截然不同的是萧太后，不管是战是和，不管是隆绪还是隆庆做皇帝，她都是皇太后，因此战与和对她无关紧要，甚至在她心中，希望儿子大败，如此，扶持次子隆庆上位便顺理成章。韩德让最初是与萧太后政治上共进退的，随着战事的推进，他的心思也开始有了变化。如果此役大败，辽圣宗的皇位固然不保，他的大丞相之职也就到了头。覆巢之下焉有完卵，整个韩氏家族遭到清算也稀松平常。此前，他与耶律隆庆交恶，就开始走近圣宗，二人心有灵犀，逐渐形成了政治同盟。当然一切极其隐秘，以致老奸巨猾的萧太后也未察觉有异。

萧挞凛虽有勇有谋，却只是耶律隆庆在军中的代言人。他自然希望立功，因此在河北大肆杀戮。他的意外死亡，打破了微妙的政治平衡。契丹军虽众，却悬军深入，犯了兵家大忌，宋军只守不攻，大打持久战，契丹困顿于澶州城下，进退失据，时间一久，难免土崩瓦解。于是圣宗皇帝执意议和，与宋达成和解，体面地结束战争，且有岁币可得，如此不战而屈人之兵，自然是最好的结果。关键时刻，韩德让及耶律奴瓜等将领一同表态支持。其余文武见状，立刻达成共识。

形势比人强，萧太后也知情势危急，不同意怕是难以安全北返，只得被迫应允。如此，即等于同意还政于辽圣宗。萧太后还政的具体时间，正是双方使臣来回奔波折冲樽俎之时。

证据一，张皓出使之时，"契丹主及其母引皓至车帐前，问劳久之"；待曹利用从大名府往契丹军前议和时却是另外一番光景——"见其国主、群臣与其宰相韩德让共处一车，群臣与其主重行别坐，礼容甚简"。

证据二，真宗皇帝见姚柬之只是附达起居，而未见萧太后有书信，觉察有异，故与寇准提及此事。只是被姚柬之搪塞过去，并未引起重视。

从这则记载分析，韩杞初至澶州时，应带有萧太后书信。

证据三，耶律隆庆是萧太后爱子，也是权倾朝野的人物，封梁王、兵马大元帅，有自己的斡鲁朵，但在澶渊之盟后，隆庆似乎泯然众人，从此再无建树。这样一个位尊权重的人物，何以《辽史》无传？

辽军班师回到南京，政权已然由萧太后转至圣宗皇帝之手。萧胡辇就成了萧后母子共同的敌人，等待她的结果不问可知。至于萧胡辇究竟是死于萧太后之手，还是死于辽圣宗之手，已然无关大局了。

统和二十八年（1010），"夏四月甲子，葬太后于乾陵，赐大丞相耶律德昌名曰隆运"。萧太后一死，圣宗少了羁绊，行事越发专断。当即与韩德让划清界限，从父事之到连御署，成了平辈论交。此时的韩德让"专权既久，老而多疾"，只好逆来顺受，跪谢天恩了。

统和二十九年（1011）三月，耶律隆运薨。灵柩将发，圣宗自挽车哭送，葬于乾陵侧，影堂制度一如乾陵。十月赠尚书令，谥"文忠"。从此韩德让的斡鲁朵就有了正式名号——文忠王府。

按封建谥法，"文忠"为仅次于"文正"的谥号，而"文正"是极美的谥号，是臣子梦寐以求的东西，历史上谥为"文正"的大臣屈指可数。

按谥法，经天纬地曰文，道德博闻曰文，忠信接礼曰文，能定典礼曰文……危身奉上曰忠，虑国忘家曰忠，让贤尽诚曰忠，危身利国曰忠……此前，唐相裴度、韩休谥为文忠，韩德让得"文忠"谥号，也是对其一生功绩的肯定。

因韩德让无子，圣宗皇帝以皇侄，即弟弟耶律隆裕之子耶律宗业承祧。耶律宗业无子，后又以其弟耶律宗范承祧。辽末时，天祚皇帝干脆令长子敖鲁斡为韩德让承祧。

由皇族来承祧，而不是由韩德让子侄辈承祧已是令人惊诧莫名，而天祚帝命皇长子承祧，更加令人难以理解。由此，后世怀疑韩德让与辽圣宗之间确实存有血缘关系。笔者以为，若要解开历史之谜，只需将二者的 DNA 做一个基因检测，自然会真相大白。

第八章 大宋都部署

此消彼长

话说真宗皇帝回到汴梁,席不暇暖,河北各地官员报称,各州遭战争蹂躏,损失惨重。真宗览奏,惨然形于颜色,下罪己诏,表示要与民休息。毕士安、寇准等人不敢怠慢,急忙上表待罪。

转眼就是景德二年(1005),真宗皇帝先是大赦天下,紧接着便是封赏澶渊之盟的有功之臣。李继隆、石保吉等人班师回京,抵京日,真宗临轩延见,"置酒高会,宴劳加等",给足了李继隆面子。李继隆、石保吉、葛霸、王隐等人以澶州之功,并加封邑,李继隆增邑千户外,特加开府仪同三司。

哪知,富贵怕见花开,李继隆一扫数年晦气,正在扬眉吐气之时,却发现染上病疽这种不治之症。李继隆回到家中便病重,二十四日,真宗皇帝带了内臣、太医亲自往李府视疾。

太医说李继隆病入膏肓,已然回天乏术,真宗感慨道:"继隆往岁西征,枉道误期,致陕西之民殍死甚众,加之仓卒,颇多杀戮,其间岂无冤枉乎?此可为戒也。"言外之意,李继隆之所以有今日,完全是因为当年于西北杀戮过重。

二月初五,李继隆卒于京师,终年五十六岁。

按,疽,肿也,分为内疽和外疽两种,其发病原理为火热毒邪,经络阻隔,气血凝滞。按现代医学讲就是肿瘤了。上医治未病,如果早发现、早治疗,就算无法痊愈,也不至于立即送了性命。真宗皇帝认为李继隆得病疽,乃是在西北杀戮过多遭的果报,官家定了调子,太医自然不便出手医治。或者,太医已经领会了官家意图,因而不愿意出手医治。

官家前来问疾,李继隆拖着病体,按礼制须穿上官服、执笏行跪拜礼迎送,不死也得折腾个半死。因此,封建时代许多臣下闻听皇上问疾,就知道已绝无生理,不死也须自己了断。

许多时候,统治者的临终关怀,其实就是一张催命符。

仁宗朝名将狄青,为统治者所忌,被贬陈州,只是嘴角生疮,仁宗每月两遣中使抚问,狄青承受不了如此巨大的心理压力,最终疽发髭,卒。

李继隆得病痈应该不是回京之后的事情，这种疾病应该是饮食清淡、起居有节，忌口才是，真宗皇帝三番五次召李继隆赴宴饮酒，应该是令病情急转直下的主要原因。

李继隆好友杨亿在其墓志铭中如实记载了其在澶州时的所作所为：

> 及先其御侮，受命忘家。临敌誓师，人百其勇。胡骑奄至，不介马而径驰；我武既扬，须破房而会食。大歼丑类，克振天声。保界洪河，申严戎政。轻裘缓带，奉迎乘舆，酾酒椎牛，宴犒卫士。上天眷命，北房请和。边尘载清，帝车来复。

"酾酒椎牛"，李继隆又是喝酒，又是吃牛肉，势必会加速病痈的扩散。李继隆死后，真宗皇帝辍朝五日，亲临哭之恸，追赠其为中书令，谥曰"忠武"，也算是对他一生功绩的肯定。有宋一代，谥为"忠武"者，北宋有李继隆，南宋有韩世忠。

真宗又命亲信太监入内侍副都知张景宗与殿头高品石延福，招名僧二十一人往李继隆宅第，大做法事七七四十九日。究竟是为超度李继隆亡灵，还是有其他目的，不得而知。总之，李继隆极尽人臣之哀荣。

何以如此？岂不闻俗谚云："太平本是将军定，不许将军见太平！"

历史上，死于痈疽之症的大臣，多是为统治者所深忌者。

而对在河北主持军务、被寄予厚望却令人大失所望的王超，真宗的处理方式则耐人寻味。

史称："步军都虞候、天平节度使王超为三路统帅无功，引兵赴行在，又违诏失期，上章待罪。上悯其劳旧，弗责。不久，以王超为崇信节度使，罢其军职，便道之任。"

望都之战，因王超畏战，王继忠陷于契丹。事后，真宗秋后算账，只是处理了几个无关痛痒的角色，非但没有追究王超责任，甚至没有申斥他，反而于景德元年（1004）四月间，"诏超随宜裁制，仍令压阵使臣禀其节度"，给予其临阵随宜裁制之权。

可见真宗对王超的宠信远在诸将之上。

《续资治通鉴长编》记载，契丹大举南下，萧挞凛与辽圣宗、萧太后进兵攻定州，王超阵于唐河，"执诏书按兵不出战，敌势益炽，其轻骑俄为我俾将所击，乃率众东趋阳城淀"。

王超率十万精兵镇守定州，却与契丹军并未发生大的战事。他并非畏战，而是秉承真宗旨意，老成持重而已。契丹军见宋军防守严密，无懈可击，无机可乘，明智地选择了避战，继续深入。

王超所部依托有利地形以逸待劳，坚守不出，辽军只得避实击虚，绕城而走，转攻瀛州。辽军倾力猛攻十余日，李延渥率众众志成城，力保不失。攻防大战期间，王超于定州坚守不出，并未赴援。

待契丹过大名府，直趋澶州，真宗皇帝亲征，诏王超率军勤王。王超却百般推托，在定州逗留月余不肯赴援。

当时的情势危急，二十万辽军从瀛州经深、贝、冀等州南下，沿途只派游骑剽掠牵制，宋地方官则奏称其"不利而去"。真宗闻讯，喜忧参半，喜则瀛州不失，忧则王超不至。彼时，洺州地震之后，城堞损毁严重，真宗皇帝传旨知州可便宜从事，情势危急时可弃城南走。哪知辽军过洺州而不攻，直趋大名府，顺道将洺州赴援大名府的一千五百名宋军杀得大败。辽军舍天雄军不攻，王钦若不知是计，贸然遣精兵出城追击，却落入契丹埋伏中。幸亏孙全照率军解围，但大名府守军损失惨重，德清军亦陷落。

宋廷大敌当前，虽士气旺盛，但已失天时、地利，李继隆所部及随真宗亲征的禁军虽众，却多是缺乏作战经验的新兵。时值寒冬，横亘澶州的黄河已然结冰，宋失天险，且州城狭隘，城中屯扎大军，加上涌入城中的流民，一时不免人心浮动。如果契丹军绕开澶州不攻，分兵数路渡河，宋军势难抵挡。

萧挞凛亲自按视地形，中箭仆地，辽军暂退。李继隆与守城的宋军也不敢追击；通利军近在咫尺，与濮州为澶州左右翼，眼睁睁见它陷落，竟坐视不救。一则彼时宋军力保澶州不失，二则实力不济，不敢挫辽军兵锋。

当时情形，汴梁至澶州不过二百余里，真宗走走停停，踟蹰不前。未曾料到萧太后与圣宗胆敢犯兵家大忌，悬军深入澶州。因此，君臣上下准备不足。

萧挞凛意外身亡，一时宋军士气如虹，辽军成为哀兵，而各存顾忌。

对辽而言，此次兴师，并未占得多少便宜，连攻瀛州十余日不克，如今又折了大将萧挞凛，陈兵澶州城下，一时进退失据。澶州城虽小，但有宋天子驻跸，宋军已退无可退，拼尽一兵一卒也要竭力防守。如果攻城失利，背后的定州王超与大名府宋军杀至，腹背受敌，不免重蹈当年莫州中伏覆辙。与其铩羽而归，不如体面结束战斗，全师北返。母亲若乘新败之余，公然拥立隆庆为帝，圣宗皇帝悔之晚矣。

就宋而言，退无可退，若战而败，汴梁亦不保。不战而守，澶州势难持久。置天子于危城，进无战胜之道，退则万众瓦解。寇准日后被谮，谓其无爱君之心，以真宗为孤注，去事实不远，寇准辩无可辩。真宗皇帝提心吊胆不肯过河，也在情理之中。

因此，花钱买个平安，订立盟约离开险地，于真宗而言是迫不及待。

真宗在澶州忧心如焚，寝食难安，手握重兵的王超却仍在观望等待。知镇州马知节移书责备，他推辞"以中渡无桥，徒涉为患"。马知节"命公疕材，一夕而就"，王超没有了借口，只好率军南下。

王超究竟率了多少兵马南下勤王，史家含糊其词，称其为大军。真宗命河南的一万步骑入澶州，归李继隆、石保吉二人节制，相信最多不会超过三万马步军。

彼时，辽宋和议已成定局，王超率大军姗姗来迟，不免引来流言蜚语，甚至有人猜测王超居心叵测。因此当他率军赶至大名府时，孙全照打算闭门不纳。关键时刻，王钦若力排众议，"命于城外十里结彩棚以待之，至则迎劳"。

史称"欢宴饮酒连日"。等到宾主尽欢，酒阑客散，王超所统人马"悉已分散诸道尽矣"。应该是王钦若一面稳住王超，一面向真宗请示，于酒酣耳热间大祸消弭于无形。

唐末五代以来，因勤王不成结果割据一方之事频发，王钦若博览群书，汲取历史教训，举重若轻，确有过人之处。

真宗回到汴梁，奖赏过功臣之后，秋后算账，罢了王超军职，降为崇信节度使。诏书云：

>侍卫马步都虞候、天平军节度使王超，总握禁兵，时推上将，一昨戎人犯塞，外屏屯留，既当督护之权，曾乏驱攘之效，稽违诏旨，缓失师期，讫致残人，雅当责帅。尚念向于行阙，曾览奏章，沥血申诚，省躬待罪。寻降矜宽之诏，复该赦宥之文，特示优容，止移藩翰，庶保君臣之分，无伤凤旧之情，屈法推恩，伫图后效。可崇信军节度使，便道之任。

较之前对傅潜籍没家产并流放的处罚，真宗对王超不过是薄示惩戒而已。咸平三年（1000），处置傅潜的诏书称："迁延不战，畏懦偷安。纵蛇豕之猖狂，抑貔貅之武怒。致其侵轶，毒我生灵。"措辞之严厉，远在王超"稽违诏旨，缓失师期，讫致残人"之上。

王超没有将契丹大军挡在定州，而是任由其长驱直入，真宗皇帝心中还可以接受，但陷自己于不测之地，心下就恨极了。但对王超仅是罢军职，并未重处，应该是王超回到汴梁后"沥血申诚，省躬待罪"，暗中做了公关。

这种事情虽不得见诸文字，但按常理忖度，愿意在官家面前进言的无非亲故。除了与之交好的同袍高琼，必是儿女亲家葛霸出面替他求情。真宗念昔日情分，对他做了宽大处理。

此前对傅潜畏战的处理，朝臣意见统一，要求重处之声不绝于耳：工部侍郎、集贤学士钱若水提议"有功者赏于朝，不用命者戮于市"；右正言、直集贤院赵安仁建议"无效者夺主兵之柄，赐之重罚，惩逗挠之失"；而左司谏梁灏则干脆建言"以军法论之，固合斩潜以徇军中，降诏以示天下"。见群情激愤，即位不久的真宗不敢不尊重朝臣意见。

景德二年（1005），真宗做天子已近十年，早非从前吴下阿蒙，虽一时还不至于宸纲独断，却也开始变得强势。真宗下罪己诏，毕士安等辅政大臣就得惶恐待罪。从咸平年间到景德年间，相权与皇权间悄然此消彼长。

回到京师后，毕士安病重不能视事，寇准则有朝臣奏称他在澶州时专权，不得不谨慎行事。朝野上下无人弹劾，在如何处罚王超的事情上，真宗皇帝自作主张。

细究起来，真宗皇帝对王超的处置亦有其道理，无可厚非。对澶渊之盟做一番复盘分析便知，王超镇守定州，没有南下追击契丹军，从军事上讲，有其合理性。

此前，真宗曾面授机宜："不须力战，但控扼备御，不失机，便可也。"王超至少做到了控扼备御，至于何为"不失机"，尚需看如何理解。

从重处置王超，真宗皇帝不免落下失察、不能识人之名，毕竟傅潜前车之鉴不远，谁来镇守定州岂能不慎之又慎？

赵匡胤建宋，沿今河北大清河至海河一线，与辽以拒马河为界，河北地区由此成了御辽前沿。宋初，河北路的大致范围为今河北省中南部地区、山东西北部以及河南省黄河以北的广大地区。与辽接壤的地方称为极边地区，河北路的极边地区有定州、莫州、霸州、保州、雄州、安肃军、广信军、顺安军、信安军、乾宁军、保定军等十一州军。

河北地区西部是太行山区，地势自西向东逐渐走低。定州背倚西山之险，军事地理位置极佳，对此宋人亦有相当之认识，"谋契丹必先河北，谋河北舍定、镇，无可议矣。"

定州地处太行山东麓，是华北平原上的重要交通枢纽，"州凭镇、冀之肩背，控幽燕之肘腋。关山峻阻，西足以临云、代，川陆流通，东可以兼瀛海。语其地势，亦河北之雄郡也"。

定州居燕、代、恒、冀之交，因地处津要，历来便是兵家必争之所。赵武灵王夺取此地后，"却燕代胡，辟地千里"；秦灭赵夺取后，派大将王翦驻守于此，以便取燕；汉光武帝平定河北，"以中山为驱除之始"……

西汉刘胜封中山王，定都于此。西晋后期，游牧族群在北方建立了许多政权，其中后燕慕容垂攻克苻秦，又在此建都称帝。北魏设中山郡，后更名为定州，取"平定天下"之意。石敬瑭割幽云十六州与契丹后，定州因与契丹边境相近，军事地位迅速蹿升。

宋太祖时，易州是防御契丹的最前沿。定州属于第二道防线，往南的大名府则为御辽的最后一道防线。太宗皇帝高梁河大败后，宋廷由主动进攻改为步步为营的消极防御。太平兴国六年（981），在河北设四军：霸州淤口砦建破虏军（后改为信安军），涿州新镇建平戎军（保定军），易州遂城县建静戎军（安肃军）……

雍熙北伐失利，易州陷于辽，宋太宗被动防御，又在定州博野县建宁边军（永宁军），唐兴砦改为顺安军，滑州黎阳县为通利军。这些错落在各州的军，不过是防守的小据点，令辽军不致突至城下而已。

定州在宋初整个河北防御系统中，处于总领全局的地位。

定州地理险要，屯扎重兵，因此需要良将镇守。宋初，镇守定州的最高统兵官为都部署。都部署又有行营都部署与驻泊都部署之分：遇有战事，临时委派的重臣统军出战，战后即罢，为行营都部署；长期驻守的都部署，为驻泊都部署。宋史大家王曾瑜先生对此概括为，"行营"往往用于征讨，"驻泊"则往往用于防卫。从太祖朝至真宗朝，经历了行营都部署与驻泊都部署并存，至仅余驻泊都部署的变化。

都部署的职务变化，见证了宋廷国策由积极进攻向被动防御转变的历史。

搞清楚都部署是怎么一回事，有助于了解北宋初年历史。都部署之职始见于五代，石敬瑭就曾担任成德军节度使、大同彰国振武威塞等军番汉马步都部署。后周显德年间，周世宗伐契丹，以韩通为陆路都部署，赵匡胤则为水路都部署。透过上述两项任命，便知大规模的军事行动，都部署之职已不再由地方节度使担任，而是改由中央禁军将领担任。这也意味着，周世宗有意弱化节度使的权力，着手加强中央集权。

通过诈称契丹入侵于陈桥发动兵变登上历史舞台的赵匡胤，自然深知武将跋扈专横的弊端，因此肇基之初，绞尽脑汁防范制约武将，收缴兵权加强中央集权。一朝天子一朝臣，其继任者太宗皇帝不敢重用前朝武将，大肆提拔藩邸旧人也是顺理成章之事。

真宗时大臣孙何上疏称"今之都部署，昔之大总管"，"盖元戎之任，无不统摄也"。据此可知，都部署之职在彼时依然十分重要。

所谓都部署，系马步军都部署的简称，嘉祐八年（1063）四月，宋英宗即位之初即下诏"天下官名、地名、人姓名与御名同者改之"。宋英宗名

第八章　大宋都部署　　221

为赵曙，为避圣讳，都部署不复存在，从此更名为都总管。

宋初，统领定州宋军的都部署有定州路都部署，还有镇定路都部署。景德元年前，定州都部署人事变化频繁，设置更是令人眼花缭乱，定州统兵的都部署有三种之多：定州都部署，镇定都部署，镇、定、高阳关都部署。

澶渊之盟签订后，真宗皇帝为做出遵守和约的姿态，第二年正月即下诏裁减河北地方兵力，河北诸州的强壮"尽遣归农"。"以河北诸州禁军分隶镇、定、高阳关都部署，合镇、定两路为一，天雄军、沧、邢、贝州留步卒六指挥，其余营在河阳（今河南孟州南）及京城者并放还，行营之号悉罢。"行营之号悉罢，即取消所有行营都部署，仅保留驻泊都部署。这一措施表明，宋廷从此在对辽军事上全然放弃了进取，只余留少许防御力量。

赵光义本来打算一举收复幽云十六州，以掩盖自己得位不正的尴尬。哪知两次北伐皆损兵折将，搞得灰头土脸。无奈为自己找个台阶下，对臣下宣称"外忧不过边事，皆可预防。惟奸邪无状，若为内患，深可惧也"，将统治重心移到了国内。赵光义这种行为，说得委婉是"守内虚外"，其实质则是斥地与敌。

宋太宗对辽外交政策的转向，无疑等于默认了契丹政权对幽云十六州的所有权。其后的宋真宗登基即诏告天下，表示对祖宗家法"谨守奉行，不敢失坠"。因此，虽然明知定州战略地位险要，却仍坚持将都部署人选的忠诚度放在第一位，即便是李继隆闲置不用，也要任命心腹王超为定州都部署。

都部署"掌总治军旅屯戍、营防守御之政令"，集地方军事、行政权力于一身，与宋初"收兵权""崇文抑武"的国策相悖。无奈契丹不停南侵，边境不宁，宋廷只好命武将统兵驻守防御。

李继隆、范廷召在太宗朝时皆曾担任定州都部署之职，二人资历、军事才干远胜王超，而真宗执意用王超，自然有他的考虑。

辽军至澶州，没有继续南下，而是选择议和，固然有政治的原因，面临军事压力也是不容忽视的重要原因。镇州、定州、瀛州、大名府这些军事要塞，依然在宋军的掌控之下。杨延昭率军可以轻松突入契丹境内，也暴露了契丹境上防务空虚的事实。辽军一路向南，进抵澶州，威胁汴梁，实际上也面临腹背受敌、进退两难的窘境。而瀛州、大名府宋军所做的只能是婴城而守，真正让辽圣宗母子忌惮的是定州王超所部宋军。王超在定州不出，圣宗母子始终心下无着，不知悬在头上的达摩克利斯之剑何时会落下。

庸才？将才？

王超为何龟缩在定州不敢南下勤王？除了其怯战，也应该从辽军作战特点中找寻原因。契丹人擅骑射，因此喜欢野战，战略战术多是从日常狩猎中学习总结出来的经验，其中最擅长的就是设伏，断对手粮道。

最初，契丹各部族居住生活范围大致在西拉木伦河及其支流老哈河流域。东与高句丽相邻，西面与突厥相接，南面则是同文同种的奚人，北面与室韦相邻。在隋唐时，契丹尚弱小，为了生存，不得不依附其他强大的政权。有时依附突厥、高句丽，有时臣服于中原政权。依附于谁取决于哪个政权足够强大，这也是契丹的生存之道和无奈的选择。

贞观年间，李世民征高句丽，契丹人、库莫奚人都曾率部助战。班师至营州，李世民接见了契丹首领窟哥，封其为左武卫将军。窟哥举族内附，李世民设松漠都督府以统之，以窟哥为松漠都督，赐姓李。窟哥死后，阿不固为松漠都督，与奚人联兵反叛，唐行军总管阿史德枢宾擒斩之。唐王朝封李尽忠为武卫大将军、松漠都督。

李世民如此做，是意在羁縻，哪知其后在地方官的选任上却太过疏失，不能体会其内涵。

武则天万岁通天元年（696）时，辽西营州附近居住有内附的突厥人、契丹人、库莫奚人，还有唐王朝灭高句丽强行迁徙来的高句丽和靺鞨上层贵族及其家属，也有一定数量的汉人。这样一个多族群杂居的地方，族群矛盾纠纷不断，稍有不慎就会酿成大乱。恰逢这年契丹大饥，而营州都督赵文翙妄自尊大，刚愎自用，不肯放粮赈济，结果酿成大乱。李尽忠、孙万荣在辽西地区发动叛乱，叛乱很快得到契丹、奚等少数族群的积极响应，"不二旬，众数万"，攻陷营州、兵围幽州。

武则天得知消息，立即调兵遣将，命左鹰扬将军曹仁师、司农少卿麻仁节等二十八位将领统兵讨伐。契丹先是诈称无粮，待唐军一至便降。结果唐军将士个个奋勇，人人争先，官军至黄獐谷，李尽忠又以老弱残兵迎战迷惑官军。麻仁节等不知是计，"弃步卒，将马先争入"，结果恰好落入埋伏，麻仁节等人被生擒。李尽忠得官军兵符，又诈作文书，强令署名，诱官军后续部队落入陷阱，"契丹伏兵于中道邀之，全军皆没"。

李尽忠本是窟哥之孙，孙万荣则是契丹孙敖曹曾孙，为李尽忠妻兄。此役之后，武则天对二人恨之入骨，为二人更名为"李尽毁""孙万斩"。

李尽忠叛乱虽然很快得以平复，但其破坏力巨大，导致了一系列连锁反应，可以说影响了整个华夏历史进程。

首先，从此边患不断，进一步导致边疆各游牧族群亦生轻中原之心；其次，间接令营州靺鞨人叛逃，建立渤海国，与契丹结下世仇。

类似的一幕再次发生：石敬瑭向辽太宗献土求援，辽太宗亲自统军五万人由扬武谷（今山西忻州原平西北）南下至晋阳，阵于虎北口。唐军于晋阳西北依山横阵，辽太宗以羸骑弱卒搦战，且战且退，诱唐军来追。战至傍晚时分，契丹伏军大起，大败后唐军。张敬达率败兵退保晋安砦，为副将杨光远所杀，率军出降。

王超虽拙于军事，但在军旅多年，对契丹战术至少有所耳闻。

景德元年，真宗皇帝与宰辅文武重臣对河北战前的部署如下。

> 天雄至贝，军士不过三万人，万一契丹过贝下寨，游骑益南，即须那起定州军马三万以上，令桑赞等结阵南来镇州……更令王超等于定州近城排布照应……恐契丹置寨于镇、定之间，则定州军马抽那（挪）不起，邢、洺之北，游骑侵略，大名东北县份，老小大段惊移，须分定州三路精兵，令在彼将帅会合，及令魏能、张凝、杨延朗、田敏等渐那（挪）向东，傍城寨牵拽。如此，则契丹必有后顾之忧，未敢轻易悬军深入。

按这个战前布置，王超的任务是策应支援河北东路的天雄军、贝、冀、赵等州宋军，相机向东运动，切断辽军回师退路。退一万步讲，王超即使出援，也须留下数目可观之军兵镇守定州。

以数万宋军与二十万契丹铁骑于河北平原间对垒，胜算又有几何？

王超被真宗皇帝委以重任，在河北多年，对辽军作战特点亦有相当之认识，唯恐落入辽军埋伏，不敢贸然率军追击。事实证明，王超持重是正确的，王钦若命人出城追击，损失惨重，险些无法收拾便是活生生的例子。如果此前定州宋军出城追击辽军，损兵折将的就不会是王钦若，而是王超了。显然，以王钦若的心智，断然不会重蹈覆辙。

设若没有定州王超所部宋军，契丹无后顾之忧，必不会止步于澶州城下。李继隆即便有三头六臂，也难以阻挡契丹铁骑南下。

《宋史》评价王超"临军寡谋，拙于战斗"，太过求全责备，有失厚道。

须知有宋一代，文臣风头可以盖过官家，但武将须夹紧尾巴小心翼翼做人。一个武夫表现亮眼，不但会令文臣群起而攻之，也容易遭赵官家嫉恨。在防范武夫弄权的太宗朝，被誉为宋初第一良将的曹彬甚至不惜自污以全令名。出身藩邸的王超通达人情世故，对官家驭下之道洞若观火，自然懂得谋身之道。

历史证明，王超虽军事才识平庸，但政治成熟，属于可以放心使用的将领。这样的武夫，最受统治者宠信。

烛影斧声后，赵光义成功上位。一人得道、鸡犬升天，从前晋王藩邸旧人夤缘而上。

王超先是隶御龙直，成为亲信扈从。此后，王超迎来开挂人生：端拱元年（988）时出为怀州防御使，淳化二年（991）便迁至河西军节度使、殿前都虞候，淳化四年（993）径直做到了殿前都指挥的高职。其升迁速度令人瞠目结舌。

但他究竟有何功绩，却史料阙如。由此可以断言，王超的不次升迁，完全得益于崇文抑武的国策及其藩邸旧臣的身份。

王超唯一值得称道的，是至道年间曾统军讨伐李继迁。但那一次，有着主角光环的是其子王德用。

至道二年（996），为了清除西北党项势力，宋太宗毅然决定兵分五路讨伐李继迁。史称，"李继隆自环州，范廷召自延州，王超自夏州，步军都虞候、容州观察使颍川丁罕自庆州，西京作坊使、锦州刺史张守恩自麟州，凡五路率兵抵乌白池，皆先授以方略"。

宋太宗丝毫没有吸取雍熙北伐失败的教训，仍于出师之前授以方略。须知兵者诡道也，焉有用兵千里之外，事先就能预判战场所有变化，军事部署面面俱到的？

首先，从择将分析，与王超未经战阵不同，李继隆、范廷召、丁罕三人皆是久经沙场的宿将，锦州刺史张守恩虽疏于战阵，却是太祖朝名将张令铎之子。宋太宗起用他为将，或者是考虑到虎父无犬子。

这次西征未能达到太宗皇帝预期。王超与范廷召两路人马按时抵达了乌白池，并且有所斩获，而且其中似乎又以王超一路显得更为突出。这一战，由于其子王德用跟随父亲一同出征，不仅掩饰了王超临阵寡谋、拙于用兵的本来面目，还使王超所部取得了一定的战绩。

时年十七岁的王德用任西头供奉官之职，任先锋官随父出征。虽是第一次上阵杀敌，王德用却表现得可圈可点，率领一万名宋兵与党项人大战于铁门关，获得了"斩首十三级，俘掠畜产以数万计"的骄人战绩。由于另外几路人马失期不至，李继迁气焰嚣张，王超惧战，踌躇不敢向前。初生牛犊不怕虎的王德用主动请战，率领五千兵马与党项军大战三天，大挫李继迁锐气。

宋军虽小胜，但不敢继续深入，王超决定主动撤军。王德用再次主动请缨自领兵断后，下令"乱行者斩"，于是"一军肃然"。李继迁见状，也不敢追杀。

此战，王德用表现得有勇有谋、临危不乱，有良将风范。在见识了儿子的军事才能后，王超不禁发出"王氏有子矣"的感慨。战后，王超因避嫌，未为儿子请功。

咸平三年（1000）九月，宋廷由庆州运往灵州的粮草为李继迁所劫。次年，李继迁率兵攻破清远军，灵州形势岌岌可危。真宗将王超从河北军前调回，"以马步军都虞候王超为西面行营都部署，环庆路部署张凝副之，入内副都知秦翰为钤辖，领步骑六万以援灵州"。

当真宗问及王超如何解灵州之困时，王超以二图献上："其一置资粮在军中，布兵周防，贼无以钞略；其一遇贼即变而为方阵，阵形之外分列游兵，持劲弩，贼至则易聚而并力。图颇采李靖辎重法，上甚奖之。"

阵法是指行军作战以及宿营时的布局方法。阵图则是对阵法用文字或者符号加以标识，制成的一整套作战方案，直观、一目了然，类似现代军事沙盘，只是缺乏立体性而已。

阵法在古代战争中的运用很是平常，早期有步兵协同的单元方阵，随着骑兵的出现发展至多元方阵。有三阵、五阵、八阵、十阵等，最直观的阵法，可参考西安秦始皇陵兵马俑坑。一个合格的军事将领，既要上知天文、下知地理，还必须知己知彼，懂得八阵之经。杜甫诗句"功盖三分国，名成八阵图"，感慨诸葛亮用兵如神。

古今中外名将，都十分重视阵法在战争中的实际运用，以最大限度地发挥群体与单兵、多兵种组合的战斗力，打击消灭敌人。久经沙场的将领都知道，阵法须适应瞬息万变的战场形势，绝不能墨守成规，成为束缚手脚的枷锁。

简而言之，阵法只是练兵的范式，而非准绳。《孙子兵法·谋攻篇》云"将能而君不御者胜"，聪明的统治者，大多不会对前线将帅指手画脚，横加干涉。

阵图

宋代统治者喜欢御赐阵图、阵法，且美其名曰"将从中御"。宋太祖戎马半生，熟知阵法、阵图，却只是授以方略，至于具体作战，则依靠将领临场的自由发挥。宋太宗则反其道而行之，雍熙北伐前，将御制《平戎万全阵图》分授诸将，耳提面命一番，"亲授以进退攻击之略"。至道二年（996），宋廷兵分五路进剿李继迁，宋太宗再一次"自为阵图与王超，令勿妄示人"。

事实已然证明，御赐阵图在对辽、西夏作战中根本无济于事。然而，真宗皇帝不知战争为何物，居然有样学样，将赐阵图视作克敌制胜的法宝，时不时给前方将领授阵图，直接指挥军队行动。咸平二年（999）冬，宋真宗亲征北上途中，"内出阵图"，下令依此动作。次年"内出阵图三十二，以示辅臣"。咸平四年（1001）再"出阵图示宰相"，并说明其妙用。咸平六年（1003）望都战败后，宋真宗又向辅臣出示阵图，并授诸将作战方略云云。

宋太宗毕竟生逢五代乱世，北伐时亦曾中箭落荒而走，虽不堪，但毕竟是亲历过战阵。真宗皇帝生于膏粱，除了儿时游戏，完全不知兵凶战危，却醉心于御赐阵图，可谓无知无畏，"有胆有识"。

上有所好，下必甚焉，一时，朝臣纷纷献上阵图。人情练达之王超岂敢后人？虽有纸上谈兵之嫌，却投其所好，果然，王超此举正中真宗下怀。王超一门心思用在了揣摩官家喜好上，自然就拙于用兵了。

王超率军才到环州，灵州已然陷落，得知情况有变，只得复退回陕西。这次虎头蛇尾的军事行动，虽然无功，却也没有大的纰漏。

王超的两次西北之行表现得中规中矩，尤其符合真宗用人标准，真宗继而对他委以重任。咸平四年（1001）七月，真宗命王超为镇、定、高阳关副都部署，兼镇州都部署，诏王显领河北都转运使，王超副之。

王超走马上任，王显亲自于郊外相迎，王超不敢托大，急忙跳下马望尘便拜。史称"上闻之，以为将帅有让，甚嘉之"。

当时，王显为山南东道节度使，同平章事，镇、定、高阳关三路都部署，而王超不过是天平节度使，马步军都虞候，镇、定、高阳关副都部署，王显为正职，王超为副职。二人何以相互彬彬有礼？如果以为这只是二王同僚之间的正常交往，则大错特错。

王显（932—1007），字德明，开封人。与王超同为太宗藩邸旧人，史称"性谨介，不好狎"。赵光义上位后，王显先是任殿直，其后又任军器库副使、尚食使、东上阁门使。太平兴国八年（983），不知怎的，王显忽然时来运转，一跃成了宣徽南院使兼枢密副使，加检校太保。又半年后，曹彬罢枢密使之职后的第二天，王显进枢密使加检校太傅。

从小侍从升至最高军政机构领导人的枢密使，只用了短短数年时间，这样的升迁速度，史称"时无儗之者"。王显任枢密使八年，此后被贬出京，在地方多年郁郁不得志。真宗即位后，咸平元年（998），王显改横海军节度，出知镇州。第二年，枢密使曹彬卒，王显复出，拜枢密使。

咸平三年（1000）五月，王显以使相身份出帅定州，任定州路行营都部署、河北都转运使兼知定州。有宋一代，凡节度使带同中书门下平章事者，非真宰相，为使相，别名节相。都转运使则为差遣名，非两制以上官员不授。

王显两次任枢密使，两次被罢免，表面看都与曹彬有关。实则二人之间并无交集，所以如此，不过是赵官家以文驭武的一种尝试。王显所任虽是武职，实则其从未上过战场，有武将身份，却无武夫本色。与桀骜不驯的武夫相较，类似王显这种伪武官显然容易驾驭得多。

自有枢密使之职以来，其担任者便多为元从亲信，太宗朝时，除曹彬之外，其余楚昭辅、石熙载、王显、张逊等或为藩邸旧人，或是元从亲信。咸平二年（999），真宗拜王显枢密使制书云"图任旧人，冀成元化"，直接实话实说了。

王显的继任者周莹，资历名望更不及王显，但同样是太宗藩邸旧人。周莹的继任者为王继英，则干脆就是真宗藩邸亲信了。

在选拔将帅的时候，太宗皇帝根本不会考虑唯才是举，任人唯亲从而将军队牢牢把握在手中才是他想要的结果。作为继任者，真宗皇帝自然心领神会，继承了这一传统。

但真宗皇帝心知王显、周莹等人能力有限，因此主动打破"中书主民、枢密主兵、三司主财，各不相知"的传统，每得边奏，必先送中书，谓毕士安、寇准曰："军旅之事，虽属枢密院，然中书总文武大政，号令所从出。乡者李沆或有所见，往往别具机宜。卿等当详阅边奏，共参利害，勿以事干枢密院而有所隐也。"

王超与王显虽同为太宗藩邸旧臣，但王显较王超年长，资历也老，且曾任枢密使，王超必须给予应有之尊重。且王超心思灵敏，明白官家如此人事安排，意在以文驭武，自己表现得越谦恭，越得真宗欢心。

一切果如王超所料，真宗甚嘉之。

王超处事圆滑，为人低调，因此人缘颇佳。咸平六年（1003），王超升任镇、定、高阳关都部署。辽军南侵，兵围望都，桑赞等将领听从号令前往救援，唯有周莹不服从调遣，声称"本路甲马，非诏旨不可兴发"。

周莹为人峻急，与王超俱是太宗藩邸旧人。只是周莹此前曾任宣徽南院使、枢密院使，二人虽年龄相当，却自觉比王超资深望重，因此不将他放在眼里。宋军救援不力，最终导致王继忠陷入契丹。王超并没有大肆声张，而是"因表上其事"。真宗并未处罚周莹，而是手札褒谕王超，或者心中正是欲借重周莹牵制王超，有意令二人不相能。

王超既为镇、定、高阳关都部署，却不能令行禁止，对其求全责备，似乎没有必要。

王超虽不堪，其子王德用后来却成长为宋廷军界一哥，多少为他挽回些颜面。

那年随父亲西征回朝后，王德用只是迁为东头供奉官，咸平二年（999）升为内殿崇班，次年升为马军都头。王超在陕西、河北来回奔波时，王德用却被留在京师英雄无用武之地，这样的少年英雄，为何未能随父往河北境上再立新功？

用最大恶意忖度，赵官家无非担心王超有这样的儿子为助手，如虎添翼，若是在河北尾大不掉，岂不是弄巧成拙？因此，将王德用留在汴梁城为人质，至少可令王超心下有所顾忌。

大中祥符五年（1012），王德用出任环庆路指挥使，未几即因奏事忤旨而责授郓州马步军都指挥使。雪上加霜的是，不久，王超病逝于知青州任上。

王超死后，真宗命王德用回京师护丧，不久王德用官复原职。大中祥符七年（1014），王德用又迁散虞候、散都头，次年迁散员、内殿直都虞候。乾兴元年（1022），王德用官至捧日左厢都指挥使、英州团练使。

待仁宗即位、刘太后垂帘听政，王德用获重用，五十岁时终于做到了殿前都虞候，却比父亲任此职晚了近十年。宝元元年（1038），年近六旬的王德用出任宣徽南院使、定国节度使、知枢密院事，人生到达巅峰时刻。不久，开封府推官苏绅捕风捉影弹劾他宅子位于汴梁西北的泰宁坊，面相与太祖皇帝仿佛（宅枕乾纲，貌类艺祖）。仁宗览奏，一笑置之。待"刚毅直谅名闻天下"的御史中丞孔道周奏称王德用"得士心，不宜久典机密"时，一举击中官家软肋。宋仁宗当机立断免去王德用枢密使之职，将他贬出京师，任知徐州。

庆历年间，契丹大军压境，宋仁宗慌了手脚，迅速任王德用为节度使观察留后，命他知青州，未等王德用赴任，又令他知澶州，旋即复节度使。王德用起复，一时流言四起。用人之际，宋仁宗假惺惺表示："赐卿重地，勉视事，勿以人言忧。有伤卿者，朕不听。"

待王德用"不战而退契丹之兵"，危机解除，言犹在耳，王德用即被调离定州，辗转陈州、相州、澶州及郑州等地。

皇祐三年（1051），七十多岁的王德用以太子太师致仕，但仍获得"大朝会缀中书门下班"的特权。这天是乾元节，仁宗圣诞日，王德用按例前来赴宴，恰好被同来贺寿的契丹使者看到。契丹使臣见须发皆白的王德用仍位列朝班，吃惊不已："黑王相公乃复起耶？"

消息传出，仁宗立即任命已致仕的王德用为"河阳三城节度使、同中书门下平章事、判郑州"。至和元年（1054）三月，又以王德用为枢密使。次年，契丹以保安节度使、左监门卫上将军耶律防为使入宋贺乾元节。

景德元年（1004）十二月，辽使送国书至陈桥驿。有朋自远方来，真宗皇帝命石保吉接伴来使，宴射于汴梁南熏门外玉津园。辽宋化干戈为玉帛，比试箭术便多了现代竞技体育的意思。虽说友谊第一、比赛第二，但宋廷始终想着力压辽使一头，在伴射人的选择上绞尽脑汁。宋辽邦交正常化后，每有辽使至汴梁，宴射于玉津园便成了定例。

此番耶律防到了汴梁，仁宗遍视朝堂，一时竟无人可用，只好请老当益壮的王德用救场了。王德用奉命与耶律防射于玉津园，一招"劈笴箭"技惊四座。所谓劈笴箭，乃是后箭将前箭箭尾一分为二的射法。耶律防一箭中的，而王德用的箭却将他的箭一分为二，二者难度不可以道里计。耶律防自然知道厉害，感慨道："天子以公典枢密而用富（弼）公为相，将相皆得人矣。"仁宗闻言大喜，特赐王德用弓一张、矢五十。

送走了辽使，箭法如神的王德用立即再次成为众矢之的。群臣纷纷上表弹劾他，不惜恶语相向，甚至讥讽其为滥竽充数。王德用忧谗畏讥，心力交瘁，六次上表请致仕，终于在嘉祐元年（1056）十一月卸任枢密使，次年二月病逝。

第八章　大宋都部署

《景德四图》之"北寨宴射" | 北宋 | 佚名 | 台北故宫博物院藏

第九章 景德和约

经略西北

就在契丹与宋廷在河北大打出手的时候，李德明厉兵秣马，袭杀了吐蕃六谷部首领潘罗支，报了杀父之仇。等他准备再有所动作时，契宋已经以迅雷不及掩耳之势订立了和约，实现了邦交正常化。

消息传至灵州，李德明心下忐忑，立即安排手下人往汴梁打探究竟。景德二年（1005）六月丁亥（十一日），使臣至京。《续资治通鉴长编》对此却载为李德明"遣牙将王旻奉表归款，赐旻锦袍、银带，遣侍禁夏居厚赍诏答之"。甲午（十六日），真宗心腹太监张崇贵从延州赶回京师入见官家。真宗命人将李继迁从前种种变诈之事一一历数，告知张崇贵。如果李德明愿意"自为誓约，纳灵州土疆，止居平夏，遣子弟入宿卫，送略去官吏，尽散番部汉兵及质口，封境之上有侵扰者禀朝旨，凡七事"，则宋廷授李德明定难军节度使之职，封西平王，赐金帛缗钱四万贯匹两、茶二万斤，给内地节度使俸，听回图往来，放青盐之禁。

宋廷所谓奉表归款，根本就是自欺欺人。真实的情况是，真宗以澶渊之盟为蓝本，一厢情愿地开出了媾和条件，向李德明抛出了橄榄枝。

此时，负责西北事务的是因奏对不实被罢职的前相向敏中。向敏中与李沆、寇准、王旦等俱为太平兴国五年（980）同科进士，且向敏中长子娶李沆之女，二人既是同僚，又是儿女亲家。

咸平四年（1001）十月，向敏中罢相，出知永兴军（治所今陕西西安）。史家言是因买故相薛居正宅引来弹劾的，实际上却是真宗皇帝担心朝政为李沆、向敏中把持，将向敏中派往西北任职，一则有意削弱相权，二则意在以文臣安抚经略边境。

与契丹结盟后，真宗皇帝自信心爆棚，准备一股脑儿地解决西北党项人问题。不过他不准备对西北用兵，而是希望不战而屈人之兵，如澶渊故事，破财消灾。真宗皇帝任命向敏中为鄜延路缘边安抚使，负责对李德明和议事。真宗许其便宜从事，但又不能全然放心，另外委派了宦官张崇贵任鄜延钤辖，实则为监军。

在见过张崇贵后，真宗又命阁门通事舍人焦守节与之偕往，与李德明手下接洽。

真宗开出的媾和条款，共计七条：归还之前被李继迁占领的西北重镇灵州；从此，李德明的活动范围只限于平夏地区；遣子弟宿卫，即送人质入汴梁；解散番汉军队，等于解除李德明武装，自废武功……

如果李德明同意上述条件，宋廷就会授以他定难军节度使之职、封西平王；每年赐金帛四万贯匹两、茶二万斤；给予李德明内地节度使俸银；与西夏自由贸易往来；撤销青白盐禁令。

为此，张崇贵在保安军北十里左右的地方修筑高台，专门用来向李德明手下传达真宗旨意。

真宗皇帝要求李德明"自为誓约"，张崇贵向李德明使人传达后，不忘提醒道："如能顺命，即降恩旨。"李德明自然也有他的小九九，命谋臣张浦与张崇贵面议，面授机宜，"但多邀求，不肯自为誓约"，反将宋廷一军，要求"先赐恩命，徐议之"。张崇贵则针锋相对，要求归还灵州及遣子弟入质。

一时双方来回扯皮，僵持不下。

只是李德明心下雪亮，明白此一时彼一时，如今契宋实现邦交正常化，圣宗皇帝收了赵官家的钱，难免吃人嘴软拿人手短，不便如从前那样公然维护偏袒西夏。因此，他一边与宋使虚与委蛇，一边在年底时又派遣人往汴梁朝贡，以示归顺。

转眼便是景德三年（1006），李德明始终对宋廷开出的条件不予认同，但依然不停派遣使臣入贡。五月初一，其兵马使贺永珍来贡马，五月初三又有兵马使贺守文来贡。

真宗皇帝渐渐失去了耐心，却并不是急于诉诸武力，而是急于订立和约，于是，率先放宽了条件，只要李德明遣子弟入汴梁宿卫，宋廷就默认其对灵州的占领。同时重申李德明不得攻劫西域往宋进贡的各番部，如果发生争执，由宋廷断定，就算其余条件不坚持，"亦不听回图往来及放行青盐之禁"。向敏中与张崇贵对此头痛不已，认为如果"二事苟不如约，恐乖前议，请皆与之"。真宗以李德明变诈难信,仅务姑息必贻后患,赐诏向敏中等边臣,令熟计复奏。

向敏中与张崇贵虽不得要领,也只得硬起头皮继续与李德明周旋。双方对和约内容各执一词,各说各话,根本不可能达成共识,一时形成僵局。真宗一怒之下,以李德明誓约未定,即命向敏中自知永兴军改为鄜延都部署兼知延州,负责对李德明和议事,许其便宜从事。

境上空气顿时紧张起来。

泾、原、仪、渭都钤辖秦翰,知镇戎军曹玮等各请出兵讨贼,真宗却担心影响和议大局,坚决不允。李继迁逝后,曹玮曾上疏主动请缨:"李继迁擅河南地二十年,边不解甲,使中国西顾而忧。今方其国危子弱,不即擒灭,后更盛强难制。愿假臣精兵,出不意,捕德明送阙下。复以河南为郡县,时不可失。"

真宗皇帝根本没有武力解决的打算,于是曹玮的建议就搁置不议。

此番眼见和议受阻,官家面上无光,向敏中等人建议,等李德明的弟弟到了汴梁,"并得誓章,则先许五事悉愿与之,姑务羁縻,以缓争战可也"。

春去秋来,也不见李德明弟弟到阙。真宗逐渐失去了耐心,复赐向敏中等人诏书,令亟图之。边臣立即在境上招降纳叛,对番族万山、万遇、庞罗逝安、万子都虞候、军主吴守正马尾等广而告之,能率部下归顺者,授团练使,银万两、绢万匹、钱五万缗、茶五千斤,其有亡命叛去者,释罪甄录。很快,便有康奴酋长等率属来降。

不久,渭州地方官报称妙娥、延家、熟嵬等党项部族率三千族帐、一万七千余人马要求内附。这次真宗没有丝毫犹豫,当即遣使抚劳,并赐袍带、茶䌽等物,授折平族首领撒逋格为顺州刺史,充本族都军主。

此前,就有受李德明欺侮的党项部族派人前来镇戎军求援,希望率部族归附。众人唯恐触怒李德明,犹豫不决,只有知镇戎军曹玮力排众议,挺身而出道:"德明野心,今不折其羽翼而长养之,其飞必矣。"当机立断率领手下出石门,直至天都山(镇戎军西北一百五十里),接应内附部族,悉徙其族帐而还。李德明见曹玮来势汹汹,也不敢出兵拦阻。

事后，都钤辖秦翰上疏奏知真宗，真宗皇帝有诏嘉奖。

曹玮是曹彬之子，太宗朝时，李继迁叛，宋军数次进剿皆损兵折将，太宗皇帝于是向曹彬问计谁可为将，曹彬内举不避亲，推荐了自己的儿子曹玮。于是，十九岁的曹玮以本官（西头供奉官、阁门祗候）同知渭州。

渭州（今甘肃平凉）"襟带西凉，咽喉灵武，左控五原，右带兰会"，地控陇山之险，是古丝绸之路的军事重镇。随着李继迁势力崛起于西北，渭州成了大宋泾原路司所在地，是对抗党项人，随时准备战斗的极边地区。

如此险要位置，其地方官的选任自然是慎之又慎，十九岁的曹玮虽只是任同知州，但必有过人之处。

真宗继位，曹玮升内殿崇班、知渭州。景德元年（1004），曹玮已然任西上阁门使、知镇戎军。

曹玮出知镇戎军不久，李继迁死于凉州六谷部潘罗支之手。当时，李德明新立，人心不定，部族离散。李德明知道自己根基未稳，难与宋廷为敌，因此明智地遣使入宋奉表归附。契宋澶渊之役，宋真宗心甘情愿付以岁币三十万的代价，换来了难得的和平。李德明失了依恃，决意归附宋廷。

真宗以为契丹已安，西面李德明又欲归化，从此天下太平，更加坚定了"以恩致德明"的心思。

对李德明附宋之事，曹玮却独持异议。李继迁播乱西北二十年，完全是因为其得地利、人和，现在好不容易死了，新立的李德明未孚众望，"弱子抚不辑之众，人心离而无为之效死"，应当趁天赐良机，一鼓作气予以剪灭。

无奈曹玮人微言轻，他的建议真宗当作了耳旁风，宋廷错失良机。

曹玮大胆接纳党项各部族内附，很快引发连锁反应，受李继迁、李德明父子欺侮压榨的党项、吐蕃各部族闻讯，奔走相告，纷纷前来镇戎军要求内附。李德明不能禁止，只得上表章向真宗诉苦，称"臣所管番部近日不住归镇戎军，盖曹玮等招纳未已"，要求赵官家约束。

真宗皇帝只得装模作样，告诫边将毋生事。话虽如此，境上一些将领依然我行我素。

李德明知道长此以往，必然受制于宋廷，立即又派出使臣左都押衙贺永正等入汴梁贡奉。

七月，李德明又命人贡马一百五十匹。双方关系再次趋于和缓。

八月，李德明趁热打铁，与向敏中再议朝廷所降要约事。

双方依旧各执一词，李德明仍坚持认为"遣亲弟宿卫，上世未有此例，其他则愿遵承"。为表示诚意，李德明主动提出欲以良马橐驼千计入贡，而且辞意恳切。

李德明坚持底线不动摇，向敏中也不敢专擅，立即表奏朝廷称"要约未备，故不敢请行封爵"，请官家宸纲独断。真宗对此的看法颇耐人寻味，表示"远方之俗，本贵羁縻耳"。不久，向敏中等人便接到诏书，"如德明再遣人至，果不欲令亲弟宿卫，则所乞回图往来及放行青盐之禁，朝廷并不许。然不阻其归顺之志也"。

真宗一再让步，无异于自打耳光，之前提出七项条款，最后只是对夏人入内贸易与青盐禁销做了保留。

李德明情知再得寸进尺，惹得赵官家失去耐心，反而弄巧成拙，九月派牙校刘仁勖来进誓表，同时对宋廷不允夏人入内贸易与禁青盐之事表示遗憾，信誓旦旦称"虽宣命未许，然誓立功效，冀为异日赏典"。

真宗大喜，令人将李德明誓表遍谕边臣、西凉府、诸番，转告甘、沙回鹘。同时命手下作《答赵（李）德明誓表诏》云："卿门承勋绪，世享国封，屡拜章函，来修贡职，愿为屏翰，以绍祖先。朕乃眷至诚，用颁温诏，今陈信誓，洞见倾输，嘉奖之怀，寤兴良积。"

尽管史家竭力掩饰，但字里行间处处流露出真宗皇帝的求和心切。对于议和，他竟然比李德明还要急迫。

十月初一，双方终于达成和议，真宗皇帝"以赵德明为定难节度使，封西平王，给俸如内地"。数日后，有诏赐李德明袭衣、金带、金鞍勒马、银万两、绢万匹、钱二万贯、茶二万斤。

宋廷颁《赵德明拜官封西平王制》诏告天下称："利用建侯，外监方国，抚宁陬落，临长士民。在名器以斯崇，匪勋贤而弗授。故定难军节度使赵保吉男德明，袭其令绪，蔚有长才。举宗联命氏之荣，奕世荷殿邦之寄。务尊王室，动守朝经。率职献琛……可特进检校太师、兼侍中、夏州刺史、充定难军节度使、夏银绥宥静等州管内观察处置押蕃落等使、上柱国，封西平王，食邑六千户，食实封二千户，赐推忠保顺亮节翊戴功臣，仍依内地节度使例给俸。"

此前，鄜延副都部署大将石普曾建议真宗皇帝"夏州请盟，朝廷加以恩制，望不授以押蕃落使"。哪知真宗听了不以为然，认为李德明已经表现出了十二万分的善意，"宜令只兼管内押蕃落使"。

押蕃落使之职始于李唐，本是为加强对周边地区内附、臣属的部族、政权的控制，朝廷授权缘边府州（藩镇）官员，负责监督、掌管对邻近地区外蕃的外交事务，也称押蕃使或押使。其设置初心本是加强对内附游牧部族的控制，哪知发展到后来，被授予押蕃使的这些地方大员跋扈不臣，竟然成了割据一方的藩镇势力。唐玄宗天宝年间，分平卢为节度，以安禄山为节度使，兼柳城太守，押两蕃、渤海、黑水四府经略使，导致安禄山尾大不掉，最终成为大唐噩梦。

宋太宗也曾封李继迁为押蕃落使，使李继迁得以名正言顺号令诸部族，与宋廷为敌。如今真宗不听石普老成谋国之言，再次将押蕃落使之职授予李德明，实在是愚不可及。

左右逢源

其实，李德明在与宋廷折冲樽俎时，也在与契丹公开往来，希望得到辽人册封。史称，李德明成为党项人新的领军人物后，一年多也未膺册封，于是人心浮动，蕃族多怀观望之心。行军司马赵保宁（李继冲，李德明叔父）建议道："国家疆宇虽廓，自西凉扰乱、先王被害，蕃众惊疑，若不假北朝威令慑之，恐人心未易靖也。"

李德明深以为然，于景德二年（1005）春派赵保宁往契丹献方物，以请册封。辽圣宗表示："此吾甥也，封册当时至。"

统和七年（989），契丹封宗室耶律襄之女为义成公主，嫁给李继迁。

本来，和亲就是李继迁借重各方豪族势力，扩大自身影响的政治联姻。这样的妻子有无数个，义成公主不过是其中身份最尊贵者。也许因两人脾性不相投，义成公主不为李继迁所喜，竟未能诞下一儿半女。李继迁死后，义成公主再未回契丹，留在西夏孤独终老。

名义上，契丹与西夏为甥舅之国，辽圣宗故有此说。

圣宗皇帝话虽讲得漂亮，却考虑到与宋和议初成，不应做出伤害宋皇兄感情的事情，心下不免有所顾忌。因此他只是虚与委蛇，打发走赵保宁了事。

六月时，李德明满腔怒火不得发作，忽地率军攻取了宋青城，命使臣再往契丹告捷。

宋廷见状，表面上对李德明封官许愿，暗中却加紧在境上招诱党项各部。史称："诸部内附者数千人，禁之不能止。"

听之任之而毫不作为，所属部众必然分崩离析。

等到六月，仍不见契丹使臣，李德明决定低头，对宋廷奉表求纳款。

其略曰"同轨同文，王者大车书于一统；至神至圣，远人瞻天日于无疆。臣父承阃边陲，蒙恩优渥，方且心乎王室，拱北极而抒诚；縻意难起同袍，纠西蕃而生事。遂致鞠躬尽瘁，赍恨莫伸。然而恋阙深情，平时恳切；作忠遗教，垂没叮咛。臣赋性颛蒙，素怀恭顺，向居苫块，欲进表而无由；今属禫除，敢请臣之或后。恭维皇帝陛下，德超邃古，道建大中。海不择乎细流，朝宗者必纳；山岂遗乎土壤，环向者咸依。伏望俯鉴孤忠，得尽小心翼翼，重怜微末，克遵先训谆谆。存没衔恩，子孙感德"云云。

李德明没有如此文笔，这样的马屁文章自然有汉官捉刀。文中先是将真宗皇帝好一顿肉麻吹捧，然后又放低身段哀恳一番。真宗御览后欣欣然，命厚赐来使。

哪知无巧不成书，李德明才上表宋廷求纳款，七月，契丹北院枢密副使萧承德也姗姗来迟，辽圣宗册李德明为西平王，赐车、骑、衣、币等物。

李德明心下五味杂陈，得了辽廷封赐之后，自觉有了靠山，腰杆不免又硬了起来，绝口不提归还灵州、送子弟入质之事。宋真宗满腔怒火无处发泄，立即将知永兴军向敏中改任鄜延都部署兼知延州，负责经略西夏。

此前，知镇戎军曹玮上疏建议："军境川原夷旷，便于骑战，非中国之利，请自陇山以东，缘古长城凿堑以为限。"曹玮在任上笼络蕃部，于境上修城筑寨，疏浚壕堑，大规模营建屯田，招募境上各部族为弓箭手，闲时耕种，战时为兵，以弥补宋军战斗力不足等问题。真宗有旨，"人给田二顷，出甲士一人，及三顷者出战马一匹。设堡戍，列部伍，补指挥使以下，校长有功劳者，亦补军都指挥使，置巡检以统之"。

见李德明如此不识抬举，真宗传旨命于西北境上屯田募兵，鄜、延、环、庆、泾、原、并，河东诸州军，一同照此施行。

宋廷之西北边防东起麟、府，西至仪、秦，绵延二千余里。宋人联络党项熟户、吐蕃、回鹘各部，步步为营，假以时日，李德明少了闪转腾挪的空间，难逃覆亡命运。契丹所与不过杯水车薪，且远水解不了近渴。形势比人强，李德明明智地选择向宋廷纳款。

经过一年多的讨价还价，宋廷与李德明终于求同存异，就部分条款达成协议。这一史事，后世称为"景德和议"。

本来，李继迁死后，情势对宋廷极其有利，如今与契丹和议已成，宋廷越发可以放开手脚，全力对付李德明。如果说宋辽之间实力相当，彼此奈何不得，那么西夏与宋完全不是一个重量级的。只要真宗皇帝一门心思对付李德明，军事手段加上经济制裁，再联合吐蕃、党项、回鹘各部族，剿灭李德明亦非难事。只是赵官家苟且心一生，朝堂上厌战情绪弥漫，最终养痈遗患，铸成大错。

辽圣宗得知宋廷与西夏罢战息兵，真宗封李德明为西平王后，立即针锋相对，派金吾卫上将军肖孝诚赍玉册金印往西夏，册李德明为尚书令，大夏国王。

李德明左右逢源、名利双收，一时好不得意。

在得到宋辽两国的封赐后，李德明也论功行赏："以左都押牙张浦兼行军左司马绥州刺史，赵保宁兼右司马指挥使，贺承珍兼左都押牙，刘仁勖为右都押牙、破丑重遇贵为都知蕃落使，白文寿、贺守文都知兵马使，何宪、白文赞为孔目官，郝贵、王旻等为牙校，复以李继瑗为夏州防御使，李延信为银州防御使，其余升赏有差。"

名单中，汉臣张浦位列第一，乃是实至名归。

李继迁叛宋之始，即注重笼络人才，尤其注重招纳汉人士子为己所用。银州（今陕西米脂）张浦很快脱颖而出，被李继迁"引为谋主"。从此张浦追随左右，鞠躬尽瘁，死而后已，每在党项人面临重大抉择的时候，他总是帮助做出正确的判断，为西夏国的创建立了殊勋。

初，李继捧因"失礼诸父，宗族多不协"，献四州八县地予宋廷，李继迁表示强烈反对，其弟李继冲主张"乘夏州不备，杀诏使，据绥银"。张浦却认为"夏州难起家庭，蕃部观望，克文兼知州事，尹宪以重兵屯境上，卒闻事起，朝发夕至。银州羌素不习战，何以御之"，建议"走避漠北，安立家室，联络豪右，卷甲重来"。

李继迁听从了张浦意见，率亲信逃往地斤泽，"联络豪右"，举起反宋大旗。

雍熙二年（985）春，银州党项与李继迁联络，计划里应外合攻占银州。李继迁势单力薄，犹豫不决。张浦却以为机不可失，献诈降计。李继迁依计而行，诱杀曹光实，一举夺得银州。胜利来得如此简单，李继迁手下一时冲昏了头脑，议推李继迁为"定难军节度，西平王"，做起了称霸一方的美梦。

张浦却表现得非常冷静，对现实有着清醒认识。他深知夺取银州只是迈出了反宋的第一步，等待他们的只有更加艰苦卓绝的斗争。他劝李继迁"预署酋豪，各领州郡，使人自为战，则中国疲于备御"。

李继迁从谏如流，只是称都知蕃落使、权知定难军留后。李继迁毕竟势单力薄，夺取银州后，对宋陷入了被动挨打局面。为走出困境，李继迁遣张浦持重币往契丹请附。

张浦在契丹施展辩才游说，辅以金帛贿赂，终于说得萧太后、辅圣宗同意缔结外交关系，封李继迁定难军节度使，都督夏州诸军事。此后，李继迁又亲往求婚，表示"愿婚大国，永做藩属"，最终抱得义成公主归，又收获良马三千匹，实力大增。

有了契丹做靠山，李继迁声威大震，号令西北各部族，无不禀遵。

淳化五年（994），李继迁同张崇贵、田敏大战不利，伤亡二千余人，损失"牛羊索驼铠甲甚众"。转攻夏州，与许均"一日十二战不胜"，被迫"走漠中"。眼见情势危急，李继迁又派出张浦入宋求纳款，从而赢得喘息之机。

次年，张浦入宋廷，为李继迁求封号，太宗皇帝在崇政殿召见张浦，令卫士挽一石六斗的硬弓夸耀武功，笑问张浦："戎人敢敌否？"

张浦顺水推舟，故意奉承道："蕃部弓弱矢短，但见此长大人则已逃遁，况敢拒敌乎？"

太宗皇帝见张浦有如此胆识，待知其为李继迁谋主后，当即任命其为郑州团练使，有意留而不遣。李继迁闻讯，恼怒异常，次年点集"党项诸族兵围灵州"，欲索回使人张浦。

直至三年后李继迁降宋，张浦才得以放还。

咸平六年（1003），李继迁突袭凉州，潘罗支眼见不敌，遂伪降。李继迁连得灵州、凉州，不免志得意满，遂不疑有诈。

张浦劝李继迁道："兵务慎重，贵审敌情。罗支倔强有年，未挫兵锋，遽尔降顺，诈也。不若乘其诡谋未集，一战擒之，诸蕃自伏。若悬军孤立，主客势殊，未见其可。"然而李继迁不听良言相劝，反将张浦打发回了灵州，结果身陷伏击，中箭而亡。

李继迁临终之际，托付张浦："公等并起等夷，谊同兄弟，孺子幼长兵间，备尝艰苦，今俾以灵、夏之众，虽不能与南北争衡，公等勠力辅之，识时审务，或能负荷旧业，为前人光，吾无憾矣。"

李继迁英年早逝，令党项人元气大伤，张浦受命于危难之际，力主对宋和议，建议"先王遗命，应即表闻"。经历了无数波折，李德明终于与宋廷达成和议。

和约签订后的二十余年间，西夏与宋基本再无大的战事，对初兴的西夏政权起了稳定作用，李德明在世之日，西夏社会经济、文化各方面飞速发展，出现了"塞垣之下，逾三十年有耕无战，禾黍云合"的局面，为最终实现李继迁"西掠吐蕃健马，北收回鹘锐兵"的战略目标夯实了基础。

张浦卒于宋大中祥符七年（1014），一生事李继迁、德明父子三十余年，史称"忠诚练达，知无不言"。李德明因此亲临其丧，"哭之恸"。就连宋廷也不得不承认"继迁器识凡下自叛乱以来，引亲校张浦为谋主，军中动静一以咨之,遂能倔强穷庐,苟延岁月者,浦之力也",予以张浦很高的评价。

其实,最终令李德明主动低头的是治下严峻的经济现实,李继迁连年征战,使西夏脆弱的经济处于崩溃边缘。

他接二连三地遣使入宋贡奉,并非出于本心,而是利用朝贡之便,图谋宋廷的巨额回赐。史料记载,西夏使臣"入贡至京者,纵其为市",如果有货物没有出脱,由官方收购转售。有宋廷托底,入宋廷纳贡的西夏使臣自然是络绎不绝了。宋廷有意放纵,结果到后来,德明所遣贡使,除允许在开封公开进行正当贸易之外,还非法贩卖私物,逃避纳税。有关部门不得不上奏真宗,希望"规免市征,望行条约"。

真宗皇帝对西夏使臣纵容,应该是希望李德明政权对宋廷产生经济依赖,按现代人的说法,真宗皇帝在布局,扬长避短,用自身经济体量对西夏政权形成有效制约。公允地讲,宋廷这一政策大获成功。这也是宋真宗为什么坚持不许夏人入宋贸易与禁青盐的原因。

夏人贡奉的多是马匹、骆驼,宋廷回赐李德明的则多为器币、袭衣、金带等贵重物品,既不能当饭吃,更解不了燃眉之急。因此,除了在开封贸易,西夏使臣一入宋境,便在其来往的途中,以马匹同当地百姓贸易,换取急需之物。他们带的马匹品质高、价格低廉,边民有利可图,于是争相购买。时间一久,使臣带的马匹越来越多,严重影响了正常的市场贸易。由于对沿途各地居民的骚扰时有发生,西夏使臣习惯了走私后,真宗才下诏有司予以约束。

李德明遣往宋廷使臣的频繁出入,使境上的保安军变得重要起来。保安军(今陕西志丹)位于内蒙古自治区鄂尔多斯市南缘,地形复杂,沟壑连绵。既有横山为自然屏障,亦有秦长城岭这个人工屏障。南连宋延州,北接党项人宥州,为塞上要津。

北宋与西夏的边界,主要分布在秦凤路、鄜延路、河东路等西北地区。宋时,又于地势冲要而户口少的地方设军。军,是地方行政单位,与州、府平级,实际地位低于州、府,而高于监。保安军原属延州永安镇,宋太宗将其更名为保安,意在保境安民。

保安军虽山谷不通车轨,却因为距离宋延州最近,既是西夏国信使入宋路线，也是党项人犯边要路。直至今日，保安军仍是地寒霜早，不宜五谷的地方。然而就是在这样一个偏远的地方，宋廷须常年驻军上万人以防西夏侵扰。名臣范仲淹任陕西安抚经略副使，于保安军筑栲栳寨，《渔家傲》中的"千嶂里，长烟落日孤城闭"，吟咏的便是保安极边地的满地寒霜。

一切果如宋真宗所料，在双方达成和议不久，李德明便急着请置榷场于保安军，许蕃汉往来贸易。毕竟，遣使入宋贡奉，虽有利可图，但路途遥远，往来不便。

真宗慎重考虑之后，点头应允。保安军榷场，从此成为宋夏商贸交易中心。

宋与西夏贸易大致分为两种：一种是官方管理的贸易，如设立榷场、和市；另一种则是沿边各族群人民私下的贸易，一般称为私市。

保安军榷场规模较大，往来货物种类繁多，"以缯帛、罗绮易马、牛、羊、玉、毡毯、甘草，以香药、瓷漆器、姜桂等物易蜜蜡、麝脐、毛褐、羱羚角、碙砂、柴胡、苁蓉、红花、翎毛"。

宋廷输出的大宗商品主要为茶，真宗皇帝赐予李德明两万斤茶叶，是供党项贵族消费的，西夏境内的党项人民想喝茶，必须要用牛、羊、土特产等物来做交换。史载，宋人"以茶数斤，可以博羊一口"。几斤茶叶就换一只羊，这样的生意，宋人自然是喜闻乐见。

庆历六年（1046），宋廷在保安军及镇戎军榷场各市马两千匹、羊一万只。庆历和议前，镇戎军榷场未设置时，唯有保安军一处榷场，市马、羊应该远超这个数量才是。

青盐物美价廉，深受境上百姓喜爱，却因为宋廷有言在先，属于禁榷物资。因此它的交易，暂时只限于民间走私。

李德明为敛财不择手段，公然派人劫掠西域往中原的商队。回鹘物产丰富，商人至宋廷、契丹贸易，西夏为必经之路，党项人率十取其一，而且是只择其上品。人在屋檐下，不得不低头，回鹘商贾只得忍气吞声。哪知李德明得寸进尺，居然要求宋廷命大食贡使也取道西夏，方便他们掠夺。如此贪得无厌的强盗行径，宋廷虽心下耻之，却也听之任之。

范仲淹 像

奉正朔

大中祥符六年（1013），西夏大旱，李德明以乏食为由上表真宗皇帝，要求宋廷支援数百万斤粮食。李德明狮子大开口，朝臣旗帜鲜明地强烈反对。真宗却力排众议，悲天悯人地劝慰一众文武："盖抚御戎夷，当务含容。不然，须至杀伐，害及生灵。"命令准备数百万斤粮食，传谕"德明自遣众来取"。

此后，每逢西夏境内遭饥馑，宋廷就会取消禁令，允许粮食出口。李德明需索不已，真宗皇帝尽可能予以满足，以保证招抚羁縻政策得以顺利实施。

农业经济与游牧经济的结构差异决定了宋夏贸易的互补性。保安军榷场蕃汉人民各取所需，人来人往，商贩如织。宋人将二者关系形象地比喻为水与鱼："天朝，水也；夏国，鱼也。水可无鱼，鱼不可无水。"

正是这种事实存在的差异性，真宗皇帝欣然同意于保安军设置榷场。如此一来，除了满足双边正常贸易需求，还可以利用宋夏经济的不对等性，通过榷场贸易加强对西夏的经济控制，进而对政治施加影响。

宋廷在对西夏贸易中居有绝对主导性，对此宋人并不讳言。对赵官家的小九九，司马光曾一语道破天机："西夏所居，氐羌旧壤，地所产者不过羊马毡毯，其国中用之不尽，其势必推其余与他国贸易。其三面皆戎狄，鬻之不售，惟中国者，羊马毡毯之所输，而茶綵百货之所自来也。故其人如婴儿，而中国乳哺之矣。"

保安军榷场的开设、贸易物资及贸易方式的选择无不是宋廷意志力的体现。榷场，表面上看是宋廷通过名正言顺的收税，以弥补财政亏空，实则是令党项人在经济上对宋产生依赖，最终达到其战略目的——制裁。

每当双方交恶，宋廷军事上一落下风，便立即关闭榷场。很快，西夏便派遣使臣求上门来请求恢复。这一手段，宋廷运用娴熟，屡试不爽。

李德明洞若观火，他向宋称臣，也有自己的如意算盘：在与宋廷保持相对和平的状态下，先挫败西部的唃厮啰、甘州回鹘等部，无后顾之忧后，徐图进取。

这既是其父亲的既定方针，也是形势所迫，不得不如此。但他的儿子李元昊初生牛犊不怕虎，对父亲臣宋表示强烈不满。《续资治通鉴长编》记载，李元昊几次三番谏李德明无臣中国，李德明苦口婆心地告诫儿子："吾久用兵终无益，徒自疲耳。吾族三十年衣锦绮衣，此圣宋天子恩，不可负也。"

所谓圣宋天子云云，不过是史家曲笔，不必当真。年轻气盛的李元昊流露出的王霸之气当去史实不远："衣皮毛，事畜牧，蕃性所便。英雄之生，当王霸耳，何锦绮为！"

果然，李德明死后，李元昊便开始各种疯狂试探，不断率兵侵扰边境。

宝元二年（1039），宋廷关闭了保安军榷场。李元昊接二连三遣使请示恢复，都被拒绝。直到庆历四年（1044）议和，李元昊对宋称臣后，保安军榷场才得以重新开放。

对此事，宋人称"元昊倔强构逆，兵势甚锐，竭天下之力不能稍挫其锋。然至绝其岁赐、互市，则不免衣皮食酪，几不能以为国，是以亟亟屈服"。

史家如此记载，似乎不无得意。殊不知，正是由于宋廷绥靖苟且，养痈遗患，党项人在经历了三十年的休养生息后，实力大增，李元昊才会有底气与宋廷叫板。

三川口、好水川、定川寨，宋廷三战皆北。庆历四年（1044），宋夏议和，次年正式订立和议。宋廷再次取得外交胜利，李元昊向宋称臣，宋仁宗则岁赐其银七万两、绢十五万匹、茶三万斤。

这个数字应是宋廷上下仔细斟酌、群策群力所得，既要满足李元昊的贪婪，又不能超过与契丹的纳币数额。

所以如此，完全是因为宋廷对西北境上的党项人，始终存了羁縻姑息的心思，并未引起足够重视。从宋太宗至宋真宗，再到宋仁宗无不如此，终于令西夏政权坐大，成了与北宋、契丹鼎足而三的力量。

为此，宋廷对西北的国防开支庞大。

据史料记载，明道年间陕西四路屯兵二十万，"一卒之费，岁不下百千"，陕西路军费总开支最少为两千万贯。康定元年（1040）宋夏战争爆发，禁军人数增加，军费支出更是猛增至三千万贯之上。庆历八年（1048），宋廷财赋等岁入方攀升至一亿三百五十九万六行四百匹、贯、石、两，西北战事引发的财政压力可见一斑。与数目惊人的军费支出相比，赐李元昊的二十五万完全可以忽略不计。

为此，宋廷除了加大索取两税和禁榷收入力度，还加大了对地方财政的索取力度。如此一来，地方财政越发捉襟见肘。

为解决日益严重的财政危机和层出不穷的各种矛盾，先是范仲淹推行庆历新政，后有神宗朝王安石变法。而由此引发的一系列问题，溯本清源，皆是拜太宗、真宗朝绥靖政策所赐。

宋廷三川口、好水川、定川寨三战皆北，损兵折将，表面看是数十年不识干戈，兵将战斗力低下所致。但仔细分析便知，所以如此，完全是咎由自取。

真宗咸平年间实施的联蕃制夏之策，一度大获成功，吐蕃六谷部潘罗支杀了李继迁，令宋廷上下喜出望外。团结吐蕃、回鹘，围殴党项，不可谓不高明。

令人费解的是，以夷制夷之策从提出之始，朝堂之上即反对声不断。先是有知制诰杨亿认为灵州不必守，西蕃不必联。真宗听了张齐贤的建议，派太常丞梅询出使西凉，联络潘罗支驰援灵州。待见朝中大臣反对者众，又命人将梅询中途召回。待见灵州不保，情势危急，真宗只得重新联蕃制夏，授西凉六谷部都首领潘罗支为盐州防御使、兼灵州西面都巡检使，副首领折道游龙钵为宥州刺史。

此外，宋廷积极招诱西北各蕃部，下诏延州、保安军自今有投来人，并依石、隰州例给廪食，补其酋长。对于一心向宋、对抗李继迁者，加官晋秩；时叛时服墙头草，或徙置内地，或远配南方；对投靠李继迁甘作爪牙者，则坚决无情打击。这种恩威并施的手段，一时收得奇效：向化的蕃部"各于蕃界建立寨栅、戍守要害"，而观望不前者迫于形势，亦"悉诣吏纳质"，表示愿意附宋。

李继迁相继夺取了灵州、凉州，迎来人生高光时刻，结果乐极生悲，死于潘罗支之手。李德明接手的西夏政权，已然四面树敌，宋廷与吐蕃、回鹘等部结盟，形成了围殴党项人的态势。

吊诡的是，宋廷破财免灾，纳币三十万与契丹达成的"澶渊之盟"，意外成了西夏政权的续断草。既然可以用三十万两匹银绢为代价换来与契丹和平，何不成功复制于党项？

真宗迫不及待对李德明进行一系列招抚，联蕃制夏、以夷制夷的方略在姑务羁縻的大政下，变成了消极的守边防御。非但如此，真宗皇帝甚至诏告吐蕃、回鹘等各部族，"其素与为隙者，自今无相侵略"。

虽然双方订立了和议，宋廷依约遵照执行。而李德明根本没有认真执行释放被俘宋军将士、百姓的命令，解散蕃汉部队则更是懒得理会；宋廷提出的居地限于平夏等州的约束，完全当成了耳旁风，不但不时出兵袭扰六谷部吐蕃、甘州回鹘，甚至兴兵骚扰宋廷；至于在境上发生纠纷，听从宋廷处置一事，不过是一纸空文而已。

对于西夏叛逃入宋的族帐及其手下，宋廷唯恐破坏和议，不予收留，派人遣返。为此，真宗曾对张崇贵面授机宜："西鄙宁静，别无经营，苟德明能守富贵，无虑朝廷失恩信也。"

赵官家宁愿失信于境上蕃部，也要维持李德明利益，竭力避免其借机生事。

李德明不断在宋夏境上制造摩擦、挑起争端，泾源仪渭都钤辖秦翰（宦官）、知镇戎军曹玮大怒，准备出手教训李德明。只可惜二人空怀报国之心，真宗先是下诏阻止他们，不久又将这些"不识大体"的主战派官员相继调离西北，表面是对其委以重任，实则是抑制打压，不许其破坏难得的"大好"局面。

宋廷自己消极防御，还限制束缚吐蕃、回鹘手脚，听任党项人侵凌、奴役他们。本来，李德明的野心欲望已经如春草般野蛮生长了，如今摸清真宗脾性，断然不会因宋廷的退缩忍让而有所改变，行事更加肆无忌惮。

李德明没了后顾之忧，不断出兵侵扰吐蕃六谷部、甘州回鹘。回鹘独木难支，请宋廷出兵施以援手，哪知真宗以"德明顺命"为由婉拒。大中祥符八年（1015）西凉府被攻破，厮铎督退至河湟，依附于青唐唃厮啰，不再是吐蕃的领军人物。

此外，宋廷极力满足李德明日益膨胀的各种欲望。景德四年（1007）十月，李德明请供修五台山十寺，借口是追荐其母，实则是欲一窥河东山川地理。真宗不以为意，派遣官员为致祭使，护送所供物至五台山，唯恐天气寒冷冻坏了李德明，巴心巴肺地下诏赐李德明冬服及仪天历，并令延州差人赍往。

得知宋廷赐历书，李德明不敢怠慢，命手下将驿馆粉刷一新，将使臣途经的道路修得整整齐齐。真宗皇帝先前只是随便命边臣寻一个牙校负责此事，得知消息，立即重新派遣阁门祗候前往。

也许现代人不理解，宋廷给予李德明财帛、茶叶，也不见他如何郑重其事，何以送来一册历书就如此郑重其事？

原来，真宗皇帝赐李德明仪天历，这种事情在一千年前称为奉正朔。

《尚书·尧典》介绍帝尧功绩称"乃命羲、和、钦若昊天，历象日月星辰，敬授民时"。帝尧的功绩，居然是命天文学者观测天象以确定时节，并将这时节授予治下的臣民。封建历史时期，官历向社会普罗大众颁布，定期出版，禁止民间私造，颁历授时是国家权力影响和控制基层社会的一种方式。中原王朝对治内臣民及藩属政权颁历授时，也是借助时间秩序构建天下共主地位的重要政治手段。

数千年来，封建王朝统治者热衷于颁历授时，为的便是体现统治确认、身份认同，这是意志力从中央辐射到周边藩属国需要的一种仪式。

历书发布即颁布正朔。正是岁始，朔为月初，指每月初一。正朔是历法的基本内容。时间统一之后，则上下政令统一，军政事务、社会生活可以按照统一时间规律运转，井然有序，浑然一体。

宣布正朔是拥有上天赋予治权的一种象征，而接受正朔就是承认王朝的统治权，是地方臣服中央的表现。如隋文帝开皇六年（586）正月，颁历于突厥；唐武德七年（624）二月，高句丽"遣使内附受正朔，请颁历，许之"；李世民平定吐谷浑内乱，该国王于贞观十年（636）"始请颁历及子弟入侍"……

天文机构在制定好历书后，首先敬献皇帝，此之谓"进历"。进历一般在岁尾年末进行，皇帝在仔细验视之后，才能将新历赐予王公贵戚、文武大臣，这件事称为"颁历"。周边藩属政权接受颁历则称为"奉历"。正常情况，颁历者郑重其事，奉历者心悦诚服。有颁有奉，进而形成长期稳定的"颁正朔——奉正朔"的宗藩政治局面。

前文曾讲到，雍熙元年（984）王延德奉旨出使高昌，得知"高昌犹用开元七年历"，大为欣慰。王延德到高昌，留意高昌所用历法，正是欲观察高昌对中原文化的认同程度，然后相机行事。

史载，德明时，行中国《仪天万年历》垂三十年。说明李德明在位时，西夏政权并未奉契丹正朔，至少在表面上承认了与宋廷的宗藩关系。不管李德明是真心还是虚与委蛇，宋夏三十年间大体保持了和平，双方使节友好往来，并无战事发生。

李德明屈己臣宋，满足了真宗的虚荣心，为西夏政权的发展赢得了充裕的时间。等到了仁宗天圣元年（1023），司天监制成《崇天万年历》，"未及颁而曩霄（李元昊）称帝，自为历日行于国中"。

李元昊叛宋称帝，从此不行宋之正朔。庆历四年（1044），宋夏再次达成和议，第二年，仁宗迫不及待向西夏颁赐《崇天万年历》。

正是有了李德明的委曲求全、韬光养晦，李元昊才得以厚积薄发，大展拳脚，控制伊西，平吞漠北，在西北开疆万里，建立了西夏政权。其中，既有李氏三代人的苦心经营与努力，也与宋王朝绥靖苟且有莫大干系。

赵宋肇基之始，即视契丹为强敌，而西北的党项不过是蕞尔小蕃。因此，真宗对李德明一味迁就，没有对党项人的野心予以重视。抱着"外国相残，中国之利"的隔岸观火心态，坐视西夏对吐蕃、回鹘的步步蚕食，最终酿成大祸，不得不孤军作战。

安史之乱后，吐蕃攻陷河西、陇右，唐王朝失去了对整个西部地区的控制权。在唐廷与吐蕃夹缝中求生存的党项人见状，成了吐蕃人的马前卒，追随吐蕃与唐廷为敌。

吐蕃与唐廷争南诏、河陇、西域、吐谷浑，互争雄长百余年。其间会盟无数次，较大影响力的有八次，会盟的主要内容就是议界、划界，按实力划分势力范围。在会盟中都是吐蕃咄咄逼人，唐廷一退再退，甚至发生过平凉劫盟的恶性事件。

不断会盟，其结果就是双方边界从最初的青海东北部黄河段，向东一直推移至了六盘山、陇山一线。其中，唐廷所受多少屈辱可想而知。史料记载，宋真宗曾观《盟会图》，对吐蕃欺凌中原王朝之过往耿耿于怀。

宋廷上下在联蕃制夏的实施过程中，消极怠惰，是有历史原因的。

吐蕃衰落后，党项首领拓跋思恭审时度势，为保护自身利益，誓讨黄巢的重要力量，义无反顾。对此，史家称"唐末，天下大乱，藩镇连兵，惟夏州未尝为唐患"。

宋初，居于河陇地区的吐蕃部落"种族分散，大者数千家、小者百十家，无复统一"。即便如此，居住生活在秦、渭之间的吐蕃百姓，仍有十余万户。吐蕃与唐廷于西北争雄的历史阴霾，到宋初仍然挥之不去。如何对待吐蕃，宋太宗嘴上虽然说"置于度外，存而勿论"，但心中仍是十分忌惮的。

随着李继迁势力的崛起，宋廷迫不得已联蕃制夏，但在借重吐蕃各部族势力的时候，仍心存疑忌，行事不免瞻前顾后。所以如此，不外是担心"前门驱狼，后门入虎"而已。这也是李德明欺凌吐蕃、回鹘诸部之时，宋廷选择作壁上观的原因之一。至宋神宗朝时，王韶提出的《平戎策》，经略河湟、兼制西夏，为对付西夏，先从吐蕃人下手，同样是基于此识。

正是因宋廷对吐蕃存了深深的猜忌，加上对李德明父子的野心认识不足，才导致了一系列恶果。

综合分析，西夏对宋廷的危害烈度，从某种程度上比契丹更甚。读史至此，唯有掩卷喟然。

第十章

天降祥符

孤注一掷

景德二年（1005）正月初五，参知政事王钦若从天雄军回到汴梁。待到了四月，朝堂有旨，工部侍郎、参知政事王钦若迁刑部侍郎，资政殿学士。

史载，王钦若与寇准不协，因此主动表请罢去参知政事之职。真宗不允，继而面请。真宗挽留再三，只得同意。按惯例，执政罢免后出知地方。真宗却并没有这样做，而是特意为王钦若设置了"资政殿学士"一职，迁为刑部侍郎，位在翰林学士之下、侍读学士之上。

真宗一朝，工部基本为闲置机构，刑部侍郎之职亦不过寄禄官而已。从工部到刑部，也可以勉强视为升迁。

朝堂之上的每一次人事变动，都是权力消长释放的信号。正在权力巅峰的寇准虽然不能阻止官家为王钦若特设新职，却利用手中权力"定其班在翰林学士之下"。

寇准如此做，目的完全就是公然打压政敌。

《续资治通鉴长编》同年十二月辛巳条记载，真宗忽见王钦若班在翰林学士李宗谔之下，大感奇怪。问左右时，左右不敢开罪寇准，只好推托，"以故事对"。

而真正的"故事"则是，"参、枢善罢，例皆进秩"。

王钦若由工部侍郎迁为刑部侍郎，乃是升职。寇准却故意将他的班次排在了翰林学士之后，简单地讲是弄权，说是欺君也不为过。

后世对真宗皇帝评价虽然不高，但他在位期间优礼大臣是值得称道的。资政殿学士就是为了维护高级臣僚罢任后地位的考虑，除升秩本官外专门用来安置宰执官员的新职务。授予王钦若资政殿学士后，真宗宴近臣于秘阁，又赐王钦若七言诗，令其寓直于秘阁。从此，王钦若每日与知制诰杨亿、直秘阁钱惟演等十几人一同编修《历代君臣事迹》，修成后名为《册府元龟》。

资政殿学士乃是专门为王钦若设置的职务，何来故事之说？真宗顿时就黑了脸。王钦若见有机可乘，装作诉苦，告了寇准一状："臣前自翰林学士为参知政事，无罪而罢，其班乃下故官一等，是贬也。"

真宗这才知道是寇准弄权，当即改任王钦若为兵部侍郎、资政殿大学士，班在文明殿学士之下、翰林学士承旨之上。真宗皇帝不但升了王钦若为兵部侍郎，而且迁其为资政殿大学士。文明殿，仁宗庆历年间更名为紫宸殿（后改观文殿）。

史家只是寥寥数笔，但可以想见真宗心中对寇准的不满在蓄积中，而寇准对这一切竟然不知。

"澶渊之盟"后，"契丹既和，朝廷无事，寇准颇矜其功，虽上亦以此待准极厚"。寇准好刚使气，很难与同僚和睦相处。在强敌契丹南下牧马时，寇准表现出的强势，真宗尚可以忍耐，毕竟国家用人之际，不能太过求全责备。一旦没了外敌，寇准脾性中的缺点就成了一种不可饶恕的过错。

从澶州回到汴梁，寇准依然故我，首相毕士安于景德二年十月去世后，寇准独相，行事少了羁绊，越发肆无忌惮。史称"准在中书，喜用寒俊，每御史阙，辄取敢言之士"。

北宋初年的御史主要职责为监察，谏诤皇帝规避犯错，因此，对官员的甄拔须遵守"侍从荐举，宰执不预，君主亲擢"的规则。寇准这样做，不免有越俎代庖之嫌。

寇准不遗余力地打压王钦若，王钦若心下自然恨极，也在寻找时机还以颜色。

史载，景德三年（1006），一日朝会，寇准先退，真宗目送他的身影消失在殿角。

王钦若见有机可乘，问道："陛下敬畏寇准，为其有社稷功耶？"

真宗老老实实点头称是。

王钦若不以为然，道："臣不意陛下出此言，澶渊之役，陛下不以为耻，而谓准有社稷功，何也？"

真宗闻言，一脸愕然，问道："何故？"

王钦若侃侃而谈："城下之盟，虽春秋时小国犹耻之，今以万乘之贵而为澶渊之举，是盟于城下也，其何耻如之！"

真宗听了面上变色，作声不得。

王钦若趁机挑拨离间，道："陛下知道赌博吗？有的人眼见输光了，就会倾其所有，孤注一掷。陛下，寇准之孤注也！"

世人如何看待"澶渊之盟"，是真宗始终不愿正视的问题。王钦若的话如刀子一样，句句诛心，戳在了他的最痛处。

真宗默然，从此疏远了寇准。

不久，真宗打算提拔一人担任马步军指挥使，吏有以文籍进者。寇准问起，小吏老老实实回答"例簿也"。寇准不以为然，说如果选拔官员只是靠论资排辈，还要我这宰相作甚？

如果是战时，寇准这样做也无不可，但在和平时期，插手军事主官的人事任免，这是犯大忌的事情。

果然，景德三年（1006）二月朝堂有旨，中书侍郎、兼工部尚书、平章事寇准罢为刑部尚书，以尚书左丞、参知政事王旦为工部尚书、平章事。

王旦入谢于便殿，真宗对王旦道："寇准以国家爵赏过求虚誉，无大臣礼，罢其重柄，庶保终吉也。"

真宗皇帝这般行为，既是说明罢免寇准的原因，也是对王旦的一种警告与震慑，要他知道怎样做宰相。

不久有旨，寇准出知陕州，被逐出了汴梁。寇准离开才数日，朝堂发生人事变动：刑部侍郎、参知政事冯拯为兵部侍郎；资政殿大学士、兵部侍郎王钦若为尚书左丞；刑部侍郎、签书枢密院事陈尧叟为兵部侍郎，并知枢密院事……这些人一直都是寇准极力打压的人，真宗提拔他们，显然是有意为之。

对这官场升黜，史家自然不敢随意臧否，只是王顾左右推说王钦若善迎人主意而已。

按例，王钦若迁升须叩谢天恩。真宗见了他，不无得意地问道："除此官且可意否？"

得皇帝如此青睐，朝堂之上少了寇准刻意打压，王钦若想不发达都难。

或者有人会持不同意见，王钦若从宰执沦落到修纂图书的总编辑，怎么算得上是受青睐？

第十章　天降祥符　　259

王旦 像

如果想搞明白原委，首先得清楚《册府元龟》究竟是什么样的图书。

如果说王钦若是《册府元龟》的责任编辑，主编兼负责校对的则是真宗皇帝，且书名还是真宗御赐。

与契丹结成"澶渊之盟"后，真宗心中一块大石落地，接下来需要做的就是加强中央集权，加强皇权了。宋廷虽武力不振，但并不影响官家的认知，真宗皇帝明白"王者虽以武功克敌，终须以文德致治"的道理，于是决定继承父志，大力发展文化事业。

此前，太宗皇帝欲令降臣"迟以日月，困其心志……俱老死文字"，于是主持编修了《太平御览》《太平广记》《文苑英华》三部大书。

有其父必有其子，真宗对这种老英雄之长策心领神会，发扬光大也是情理中事。

《册府元龟》共一千卷，其中目录十卷，是近千万字的皇皇巨著。从景德二年（1005）九月开始组织人手编纂，历时九年，直至大中祥符六年（1013）八月方大功告成。

动议之初，真宗将书名暂定为"历代君臣事迹"，明确表示其核心内容为历代的君臣事迹而不是其他。为此，景德三年（1006）四月，真宗亲自往编修地崇文院遍阅《历代君臣事迹》的门类，询问全书的目录次序，在认真听取王钦若、杨亿等编修官员的汇报后，再次指示道："朕此书盖欲著历代事实，为将来典法，使开卷者动有资益也。"

十二月，真宗手札赐王钦若，再次旧话重提："朕于此书，匪独听政之暇，资于披览，亦乃区别善恶垂之后世。俾君臣父子，有所鉴戒。"

记录古人治理国家的经验教训，以为后世的鉴戒，乃编纂此书的目的。维护、加强中央集权统治，是有宋一代大量编纂图书，发展文化事业的初衷。读书乃"教化之本，治乱之源"，就连司马光等人编纂的《资治通鉴》亦是如此，不过它教化的不是寻常人，而是统治者而已。

真宗对图书编纂十分重视，根据王钦若、杨亿的推荐，一共任命了十八名官员负责编纂，又特意安排了两名内臣负责后勤工作。为激发编修官员的积极性，"供帐饮撰皆异常"，真宗每隔一些时候就亲临崇文院视察，分赐修书官员金、帛、器、币、方物。景德三年（1006）赐钱惟演补药；景德四年（1007）为陈从易、陈越、刘筠"月增钱五千"以资鼓励；大中祥符三年（1010），召修书官陈从易等对于崇政殿，命题赋诗"并赐绯鱼"。

王钦若虽领衔其事，但真正负责人是知制诰杨亿。史载，"王若钦骤贵，亿素薄其人，钦若衔之，屡抉其失，陈彭年方以文史售进，忌亿名出其右，相与毁誉"。杨亿与李维、路振、刁衎、陈越、刘筠等人相友善，王钦若与陈彭年沆瀣一气。十八名编修官员，很快形成了以王钦若、杨亿为首的两派。

王钦若等人每次在官家面前诋毁杨亿，真宗都不予理会。大臣不睦，有助于治道，许多时候，没有矛盾也要制造矛盾，此帝王心术不可不知。

"或褒赞所及，钦若自名表首以谢。即谬误有所谴问，戒书吏但云杨亿以下"，有了褒赞，王钦若就将功劳归为己有。而一旦有疏失错漏，官家怪罪下来，杨亿几人就成了替罪羊。

杨亿身体羸弱，以久疾求解近职，真宗皇帝不允，不时派太医前往诊视，杨亿上拜章谢恩，真宗作诗批复，纸尾有意留下"副予前席待名贤"的字句，极尽画饼之能事。

后人多称誉《册府元龟》为文化盛事，往往忽略了其利用宗教维护统治的政治目的。而董其事的王钦若之所以大受真宗皇帝青睐，正因为他的政治嗅觉灵敏，心有灵犀地体察到了官家真实用心所在。

寇准离开朝堂后，王钦若自然不能放过落井下石的机会。

一次，他旧话重提，故意讲起两年前的"澶渊之盟"，建议真宗："陛下如果北伐，尽复幽云旧地，乃可一洗前耻也。"

真宗听了，大吃一惊，摆手道："河朔生灵，始得休息，吾不忍复驱之死地，卿盍思其次。"

王钦若这才道："陛下苟不用兵，则当为大功业，庶可以镇服四海，夸示戎狄也。"

真宗听了，忙问道："何谓大功业？"

王钦若："封禅是已。然封禅当得天瑞，稀世绝伦之事，乃可为。"

《春游晚归图》中官员拥有鱼袋

见真宗不明所以，王钦若鼓唇弄舌道："天瑞安可必得，前代盖有以人力为之。若人主深信而崇奉焉，以明示天下，则与天瑞无异也。陛下谓《河图》《洛书》果有此乎？圣人以神道设教耳！"

真宗皇帝听了不置可否，背地里却去往秘阁，恰好宿值的是老臣杜镐。真宗忽地没头没脑问了一句："卿博达坟典，所谓河出图、洛出书，到底是怎么一回事？"

杜镐不知真宗怎的有此一问，随口答道："此圣人以神道设教耳！"

真宗听了，若有所思，掉头径自去了。

先是，景德四年（1007），真宗皇帝为天下文武臣子增加俸禄。史称：由景德罢兵，始诏尝经掌事、其俸当给他物者，京师每一千给实钱六百，在外四百。帝承二圣恭俭之余，富有多积，以庶官食贫勤事，非厚其廪则无以责廉隅，故因有庆，特议增给。

宋代官员薪俸袭唐末五代旧制，官员俸禄三分之二为实物，三分之一为货币。宋初士大夫俸入微薄，县簿、县尉这种基层官员月给三贯五百七十而已，县令则不满十千。即使如此，其中三分之二还折成茶、盐、酒等，多数官员须举债度日，说是可怜寒酸当去事实不远。

与契丹、西夏达成和议，境内再无战事，节约了大量军费开支，财政有了盈余，真宗皇帝立即为臣子集体涨薪，自然大得臣子真心拥戴了。

景德五年（1008）春正月，宋廷朝堂上热闹非凡，真宗自导自演了一幕神降天书的闹剧。

先是，真宗皇帝招来宰臣王旦、知枢密院事王钦若等几个近臣对于便殿，真宗一本正经地道："朕寝殿中帘幕，皆青绝为之。且暮间，非张烛莫能辨色。去年十一月二十七日，夜将半，朕方就寝，忽一室明朗，惊视之次，俄见神人，星冠绛袍，告朕曰'宜于正殿建黄箓道场一月，当降天书大中祥符三篇，勿泄天机'。朕悚然起对，忽已不见，遽命笔志之。"

真宗有鼻子有眼说出这番话来，王旦与王钦若等人虽然心下不信，却也要细心品味。王旦联想到去年冬天殿中侍御史赵湘上疏请封禅，官家问他意见，他三言两语搪塞过去，不禁心下隐隐不安。

见几个重臣不作声，真宗复娓娓道来，十二月初一开始，自己就潜心斋戒。于朝元殿建道场，结綵坛九级。又雕木为舆，饰以金宝，恭恭敬敬等候神的旨意，一个多月不见动静也不敢撤去。恰好今天皇城司有人来奏，说左承门屋之南角，有黄帛曳于鸱吻之上，立即派心腹太监去察看究竟，回奏称"其帛长二丈许，缄一物如书卷，缠以青缕三周，封处隐隐有字"。仔细想来，这大概就是神人所谓天降之书了。

神人再三叮嘱勿泄天机，真宗却讲得绘声绘色。王旦即便再愚钝，也听出了官家的弦外之音，当即上前恭维道："陛下以至诚事天地，仁孝奉祖宗，恭己爱人，夙夜求治，以至殊邻修睦，犷俗请吏，干戈偃戢，年谷屡丰，皆陛下兢兢业业，日谨一日之所致也。臣等尝谓天道不远，必有昭报。今者，神告先期，灵文果降，实彰上穹佑德之应。"

众人闻言，皆再拜称万岁。

王钦若不忘提醒真宗："启封的时候，最好屏退左右！"

哪知道真宗肃容正色道："上天如果指出我政治有阙失，就应该与众卿家一同改正。如果上苍告诫我有失德，朕就必须谦恭修身，怎么可以隐瞒不公之于众呢？"

一番话说得正气凛然，众臣子无不钦敬。

天降祥符

于是一众文武如众星捧月，随真宗步行至承天门，焚香望拜，两个亲信太监轻手轻脚上去，取了帛书。王旦接在手中，毕恭毕敬跪进。真宗不敢大意，再拜方受。

将书放在舆上，返回到道场，知枢密院陈尧叟奉命上前小心翼翼启了封，定睛看时，却见上面写的是："赵受命，兴于宋，付于恒。居其器，守于正。世七百，九九定。"陈尧叟朗声读罢，王旦率众人皆拜，称贺于殿之北庑。

当晚，真宗命王旦留宿中书，晚上至道场值守。等王旦赶到时，真宗早已在道场等候多时了。

真宗为何先至，君臣二人当日晚又说了什么，史料中有蛛丝马迹可寻。

作为寇准的继任者，王旦绝非平庸之辈。由于其父王祜人缘颇佳，为儿子织就了一张关系网，王旦科举入仕后，一帆风顺，很快做到了知制诰。真宗即位，王旦被委以重任，为中书舍人、翰林学士，成了天子近臣。咸平三年（1000），枢密使王显罢，王旦出任同知枢密院事，跻身宰执集团。一年后，升任参知政事。

景德元年（1004），王旦随真宗出征，后又潜回汴梁权留守事。此事做得极为机密，"旦既至京，直入禁中，下令甚严，使人不得传播"。待真宗班师还朝，王旦家人出城郊迎，听得背后清道的吆喝声，这才知道王旦早已回到了京师。

此事之后，真宗越发觉得王旦"堪任大事"。因此，寇准罢相当天，王旦便成了继任者。

论魄力，王旦或者远不如寇准，但论为官之道，王旦远过寇准多矣。真宗数次想提拔王钦若为相，王旦婉转表示不同意见，道："臣见祖宗朝未尝有南方人当国，虽古称立贤无方，然须贤士乃可。臣为居元宰，不敢沮抑人，此亦公议也。"

南方人不得为相，既是祖宗家法，也是朝臣共识，真宗如果执意拜王钦若为相，便是冒天下之大不韪了。真宗见他如此讲，自然不好再坚持。

如今，官家拉开神降天书的大幕，剧情如何发展，便绕不过王旦这个宰相了。换言之，即便是真宗本色担纲主演，若没有王旦的配合，这戏也没法继续。真宗提前登场，正是准备放低身段，希望与王旦坦诚相见，仔细研究一番。

事后分析，君臣二人显然做出某种让步，王旦虽心有不甘，也未能阻止事态的进一步发展。真宗付出了一笔数额巨大的封口费，从此，"凡天书、封禅等事，旦不复异议"。

第二天，得知神降天书的一众文武大臣入贺于崇政殿。旋即，真宗命吏部尚书张齐贤等人奏告天地、宗庙、社稷及京城祠庙。

两天后，真宗皇帝诏告天下，大赦改元。其文云：

陈尧叟　像

朕钦承命历，思惠黎元，抚御万邦，忧勤一纪，何尝不顺考古道。钦怀永图，严祀事以奉神祇。洁至诚而享宗庙。政刑是恤，茂育于群生。恩信所加，同跻于寿域。罔敢自逸。期臻太和，荷上帝之眷怀。启灵心而降鉴，烛祥辉于寝殿。神告先期，肃清醮于斋坛。天垂宝箓，祇膺景贶，躬受丹书，所期纯嘏以及人，岂止殊禧而在己……可大赦天下，改景德五年为大中祥符元年……

二月乙巳，以天降书遣使告凤翔府太平宫、亳州太清宫、舒州灵仙观。

三月甲戌（十三日），山东兖州父老吕良等一千二百八十人诣阙请封禅。真宗命引进使曹利用慰问，假惺惺表示："封禅大礼，历代罕行，难徇所请。"

吕良等人坚称："国家受命五十年，已致太平，今天降祥符，昭显盛德，固宜告成岱岳，以报天地。"

真宗假意推辞道："此大事，不可轻议！"

吕良等人复劝道："岁时丰稔，华夏安泰，愿上答灵贶，早行盛礼。"

真宗命赐缗帛遣之。再后来，吕良因为率先率人请愿，得任本州助教。所谓兖州父老，原来是个读书人。

不久，知州邵晔率官属请封禅，不允。

数日（己卯）后，又有诸道贡举人兖州进士孔谓等八百四十六人伏阙下请封禅。

参加春闱的举人请赵官家封禅尚可理解，而兖州到京师数百公里，很难想象，那些日出而作、日落而息的百姓如何知晓朝堂之上有神降天书之事，又怎么会自发组织起来前往汴梁请皇帝封禅。一千多人会耽误春耕，自费往京城请愿？费用谁来出？在这种只争朝夕的事情上，兖州地方官怎么会落于百姓后面？最合理的解释就是，事情是出于某人授意，地方官组织了这次声势浩大的集体请愿。

不是所有的史官都是董狐，白纸黑字地记载下来，是留给有心人思考的。

一切，都在按计划有条不紊地进行中。

不久，宰相王旦率文武百官、诸军官吏、蕃夷、僧道、耆寿、二万四千三百七十人诣东上阁门，凡五上表请封禅。

万众一心的虔诚，终于感动上苍。四月初一，天书再降于大内之功德阁。

初四，真宗终于诏告天下，今年十月有事于泰山。

数日后，真宗命知枢密院事王钦若、参知政事赵安仁并为封禅经度制置使。

兖州父老为何率先伏阙请愿封禅？这还要从早期的封禅文化讲起。

封禅，是古代帝王祭祀天地神祇的一种带有宗教色彩的仪式，最初并不限于泰山。最早的封禅不过是在山上封土为坛以祭天；又在山下一处小山上清理出一块地面以祭地，合称封禅。周武王克商之后，于嵩山封禅祭告天地，《诗经》中"崧高维岳，骏极于天"说的便是此事。"崧"即嵩，"崧高"即是嵩山。周武王之所以选择嵩山，一者因嵩山在王畿之内，二者因嵩山乃天下之中央。

秦王一统六合，于泰山封禅，泰山信仰开始深入人心。阴阳五行学说兴起之后，刘向《五经通义》认为："王者受命易姓报功告成必于岱宗也，东方万物始交代之处，宗长也，言为群岳之长。"班固《白虎通·封禅》则称："所以必于泰山何？万物所交代之处也。"

五行论者认为王朝是按五行之德来禅代的，因此凡新皇登基，建立一统一王朝，有了天下太平的功业，就必须向上天汇报工作。去泰山封禅，就成了历朝历代君王的理想。

此前，往泰山行封禅的有始皇帝、汉武帝、汉光武帝、唐高宗、唐玄宗，真宗皇帝虽排名老六，却是学习借鉴了前人的成功经验的。此前五人封禅，不过是欲求不死仙方，而真宗皇帝是欲树立政治自信，为国为民祈福。

天下臣民此起彼伏的请愿声，消除了真宗内心深处的忐忑。万事俱备，只欠东风，真宗皇帝担心出现经费不足的窘况，便去寻权三司使丁谓问个究竟。

三司使，权位仅次于二府执政大臣，是"掌邦国财用之大计，总盐铁、度支、户部之事，以经天下财赋而均其出入"，协助官家主抓经济财政事务的官员。表面上看，三司使权位较宰相、枢密使略低，但宋代政治体制是"中书主民，枢密院主兵，三司主财，各不相知"。宰相、枢密使、三司使分别掌管民政、军政、财政三权。三者互不统属，各自为政，都是向官家直接汇报工作。

因此，有宋一代，三司使也被称为"计相"。《容斋随笔》载，"国朝除用执政，多从三司使、翰林学士、知开封府、御史中丞进拜，俗呼为'四人头'"。按例，"凡除执政，必先除三司使，更历钱谷之事"。如果没有担任过三司使，不懂经济，则没有资格做宰相。

景德元年（1004），为应对契丹南犯，宰相民政、军政胡子眉毛一把抓，不过是权宜之计。如今和议已成，宰相如果再过问军政、财政，则有越职侵权之嫌。

景德四年（1007）正月，真宗朝拜皇陵，将长袖善舞的丁谓任命为随驾三司使。另一个擅长理财的盐铁副使林特为丁谓副手。

皇帝出行需大量花销，尤其为了显示皇恩浩荡，不时还要进行赏赐。君无戏言，如果赏赐得太多无法兑现，则会贻笑中外。真宗对财政一无所知，为免闹笑话，因此带了丁谓、林特这样的财政官员随时咨询。丁谓的表现令真宗非常满意。从此，真宗一有出行或大规模支出，首先想的就是向丁谓这个理财专家征求意见。

当真宗正色问起朝廷财政真实情况时，丁谓毫不犹豫地回答："大计有余！"丁谓的回答，无疑是给官家吃了一颗定心丸。

正是因丁谓"大计有余"四字，坚定了真宗泰山封禅的决心。如果没有丁谓这个"计相"的支持，也就没有后来的东封西祀了。真宗大搞封建迷信，后人归罪于丁谓，而非王钦若，正是缘于此。

计议已定，封禅前期工作按部就班进行：真宗命丁谓计度泰山之行的路途粮草，引进使曹利用、宣政使李神福相度行营道路，翰林学士晁迥、李宗谔、杨亿、龙图阁直学士杜镐、待制陈彭年与太常礼院详定仪注。

几天后，真宗又任命王旦为大礼使，王钦若为礼仪使，冯拯为仪仗使，陈尧叟为卤簿使，赵安仁为桥道顿递使。

真宗继位之初，曾装模作样地诏告臣民"勿得以祥瑞来贡"，言犹在耳，各地祥瑞已然纷沓而至。

五月壬戌，王钦若先是言泰山醴泉出。两天后，王钦若又上奏称锡山苍龙见。

不久，真宗皇帝又梦见了那位神人，神人告诉他，下月上旬还有天书赐于泰山。真宗立即密谕王钦若。果然，一个名叫董祚的木匠在泰山醴泉亭北干活的时候发现有"黄素曳草上"，立即告知临工的皇城使王居正。王居正如获至宝，第一时间上报了王钦若。立即有专人将它千里迢迢迎至京师，真宗皇帝小心翼翼将天书贡奉在大内。陈尧叟奉旨跪读，其文曰："汝崇孝奉吾，育民广福。赐尔嘉瑞，黎庶咸知。秘守斯言，善解吾意。国祚延永，寿历遐岁。"

既云"秘守斯言"，又命陈尧叟跪读，真宗对天书欲语还羞的复杂心态，只能意会，不可言传。

神奇的是，陈尧叟读罢，百官瞻视毕，将天书送至朝元殿，真宗迎拜入内，立刻"久雨顿晴，景色澄廓，苑中有云五色"。雨后空气清新，出现彩虹也不足为奇，郑重其事地载入史册，也非个例。

读天书次日，黄气如凤驻殿上。史官用眼过度，出现幻视，亦不足为奇。

几天后，朝堂有旨，发现天书的木匠董祚擢为八作副都头，而王居正则升为右班殿直。从此，木匠干活时不能专心致志，总是不由自主地四下逡巡，以至于再也没有出现如鲁班那样技艺精湛的匠人。

十余日后，群臣五上表为官家加尊号，曰"崇文广武仪天尊道宝庆章感圣明仁孝"。

真宗一番忸怩作态，红着老脸允从。

狭义地讲，为皇帝上尊号是武则天最先提出的，通过受尊号既可以奉承高宗皇帝，也可以达到自己的政治目的。史载："帝（唐高宗）自显庆已后，多苦风疾，百司表奏，皆委天后详决。自此内辅国政数十年，威势与帝无异，当时称为'二圣'。"武则天尝到权力滋味后野心膨胀，想亲自做皇帝，为提高自己的政治地位，为高宗上尊号为"天皇"，自己则称"天后"，为后来的篡唐夯实了基础。

至唐末五代时，为皇帝上尊号已然成为政治生活中的重要事件了。后梁开平三年（909）正月，群臣为朱温上尊号睿文圣武广孝皇帝；同光二年（924）四月，群臣为后唐庄宗上尊号昭文睿武至德光孝皇帝……

真宗皇帝即位之初，张齐贤曾率一众臣子为其上尊号崇文广武圣明仁孝皇帝，其后吕蒙正、寇准两次率群臣上尊号皆不允。此番王旦率群臣上尊号，真宗坦然受之，大概率是入戏渐深的缘故。

有宋一代，宋真宗最热衷于群臣为其上尊号，乐此不疲，正是欲宣示中外，昭告天下，一统江湖，唯我独尊。庙号"真宗"，可谓恰如其分，实至名归。

历史上与之相映成趣的则为唐玄宗，一玄、一真，皆是帝王堆里的道流。

泰山封禅

此后，为泰山封禅的准备工作紧锣密鼓地展开，各地祥瑞纷呈，花样百出，其中王钦若推波助澜，功居第一。仅八月时，就有个人献芝草八千一百三十九本。以致泰山方圆数里的狗尿苔一时腾贵。

到九月真宗诏告太庙时，全国各地所献芝草、瑞木、嘉禾罗列于天书辇前，几无落脚之地。

权三司使丁谓也不敢后人，待皇城使刘承珪于崇政殿献上新制天书法物时候，不知从何处找来十四只驯养的仙鹤，在殿上展翅宛转飞翔。

丁谓唯恐真宗不知这是他的创意，次日即上奏真宗，胡说什么"双鹤度天书辇，飞舞良久"。就在现场，目睹实况的真宗，指出丁谓所言不实之处，道："昨所睹鹤，但于辇上飞度，若云'飞舞良久'文则文矣，恐不为实，卿当易此奏也。"

丁谓被当场戳穿，居然丝毫不尴尬，反而故作高深，道："陛下以至诚奉天，以不欺临物。正此数字，所系尤深。皇帝徽猷，莫大于此。望付中书，载于《时政记》。"真宗本欲拒绝，转念一想，封禅之事支出浩繁，仰仗丁谓处甚多，只得"俛然许之"。

于是，史官一丝不苟记载为"有鹤十四来翔"。数日后，翩翩起舞的十四只鹤再次出现在真宗面前。从此丁谓献祥瑞，言必称有鹤来仪。

大中祥符四年（1011），丁谓又奏鹤翔于天书殿上。直到真宗晚年，任地方官的丁谓还上奏说茅山鹤翔。于是，丁谓坊间有了个外号"鹤相"。

王钦若因脖子上生有一个难看的瘤子,被称为"瘿相"。二人一个"鹤相",一个"瘿相",倒也一时瑜亮。

野史称,寇准在陕州,一日闲来无事与几个僚属坐山亭中,有十几只乌鸦飞鸣而过。莱公大笑:"使丁谓见之,当目为玄鹤矣。"

待讥讽过丁谓,寇准上表章请从祀。寇准虽对封禅之事不置可否,却仍想着重返朝堂,故以诗言志云:"魂梦不知关塞外,有时犹得到金銮。"

寇准为刑部尚书,请求参加封禅大典,真宗无法拒绝,只得诏可。真宗皇帝的泰山封禅,寇准是参与其间的。与王旦、王钦若、丁谓等人推波助澜相较,不过五十步笑百步而已。

十月辛卯(初四),真宗皇帝服通天冠,穿绛纱袍,御大辇发京师。壬辰,至陈桥驿。癸巳,次长垣县。甲午,次韦城县。乙未,次卫南县。丙申,次澶州。

一行人浩浩荡荡,仅用五天时间便赶至澶州,竟然比景德元年亲征还要快上许多。

丙午日(十九日),真宗一行人终于赶至泰山脚下翔鸾驿。

庚戌日,真宗登上泰山,史称"祥光瑞雪,交相辉映"。次日,"享昊天上帝于圜台,以太祖、太宗配。命群官享五方帝诸神于封祀坛,仪卫使奉天书于上帝之左"……一番庄重威严的仪式之后,礼成,真宗还御幄……王旦率群臣称贺,山上下传呼万岁,声震山谷。"上即日还奉高宫,百官奉迎于谷口,日有冠戴,黄气纷郁。"

其间种种异象纷呈,自不必说。

第二天,真宗禅祭皇地祇于社首山,一如山上封祀之仪。礼成,日重轮,五色云现。鼓吹振作,观者塞路,欢呼动天地。

十一月初一,真宗服衮袍诣文宣王庙酌献。庙内外设黄麾仗,孔氏家属陪列。历代尊孔崇儒,而宋代尤盛。从前历朝历代不过封公、封侯而已,直至唐太宗时先升孔子为先圣,后诏尊孔子为宣父。到唐玄宗时孔子始进爵"文宣王"。宋真宗这次御驾亲临,又为孔子尊号后面缀了"至圣"二字。

此番泰山封禅折腾得动静太大,或者会令天下读书人以为官家崇道轻儒,为消除误会，真宗有必要亲临曲阜。毕竟，大宋只靠天地神祇庇佑怕是不成，真宗亲自祭孔，正是欲尊孔崇孔，利用儒学维护其统治，为王朝加双保险。

十一月下旬，车驾一行终于回到汴梁。

史称，"上之巡祭也，往还四十七日，未尝遇雨雪，严冬之候，景气恬和，祥应纷委，咸以为精诚昭格，天意助顺之致也"云云。

神降天书，继行封禅大典，举国骚然，文臣士大夫争奏祥瑞，颂声如潮，钱惟演献《祥符颂》，晏殊献《河清颂》，词人柳永亦不甘落后，作《玉楼春》五首以纪其盛。其一曰：

> 昭华夜醮连清曙。
> 金殿霓旌笼瑞雾。
> 九枝擎烛灿繁星，百和焚香抽翠缕。
> 香罗荐地延真驭。
> 万乘凝旒听秘语。
> 卜年无用考灵龟，从此乾坤齐历数。

这首词写的是皇宫中金殿设坛，香烟缭绕通宵夜醮。真宗玉趾亲临道场，恭候仙驾。精诚所至，金石为开，当晚果然有神仙下凡。"香罗荐地延真驭。万乘凝旒听秘语"，真宗皇帝恭恭敬敬聆听教诲。从此，江山一统，四海升平。

柳永的这首《玉楼春》如闻其声，如临其境，与其一贯儿女情长缠绵悱恻风格迥异，应是其初至汴梁跟风纪实之作。

回到京师后论功行赏，工部尚书、平章事王旦为中书侍郎，兼刑部尚书、平章事；知枢密院事王钦若、参知政事冯拯、知枢密院事陈尧叟、参知政事赵安仁等人并进官一等；就连户部尚书寇准也因随从封禅有功，改任知天雄军兼驻泊都部署。而全面主持财政的丁谓，则将"权"字去了，成了真正的大宋计相。

当天下臣民以为这一番封禅功德圆满时，哪知这才刚刚拉开序幕。首先，如何安置天书就成了当务之急。最终，真宗决定在皇宫西北边修建一处宫观供奉天书。如果只是修建一两座宫观，也不会引起轩然大波。但当丁谓拿出绘好的草图，一众文武惊得目瞪口呆。原来，丁谓要修的建筑，居然是东西三百一十步，南北四百三十步，占地面积二十余万平方米的浩大工程（宋制一步约为一点五米）。

如此规制宏丽、规模宏大的宫殿建筑群，汉唐未有，大概始皇帝阿房宫可与之比肩。

消息一出，顿时士论哗然，就连真宗心腹、殿前都虞候张旻（另名张耆）也认为"土木之侈，不足以承天意"。真宗知道众怒难犯，当即找来丁谓商议对策。丁谓略一沉吟，淡淡地道："皇上富有四海，建一宫奉上帝有何不可？何况还是为了祈皇嗣。群臣有沮陛下者，愿以此论之。"

果然，王旦来见官家，欲谏阻此事。待王旦一开口，真宗依丁谓所言一讲，王旦听了，哑口无言。官家年近四旬，膝下无子，后继乏人。社稷大事，花费再多也不容臣下置喙。

真宗见无人再跳出来反对，于是命三司使丁谓为修昭应宫使，翰林学士李宗谔为同修宫使，皇城使刘承珪为副使，代备库使蓝继忠为都监，共同负责昭应宫的施工管理。

很快，便择吉日开工，数万名民工夜以继日地赶工程进度，甚至酷热的三伏天都不得休息。宰相王旦唯恐激起民变，劝真宗"当顺时令"，真宗这才下诏暂时停工。昼夜不停施工的情形，此前只有太宗皇帝建崇文院时才有。这一次修筑昭应宫，工程最难的部分在于每座宫殿墙壁的绘画。

玉清昭应宫为奉天书而建，其供奉之神自然是道家的元始天尊，因此，宫中大量绘制道教题材的壁画。现存文献中所载的道教题材绘画有玉皇尊像、五百灵官像、天女奏音乐像、天女朝元像、太阳太阴像、八十一太一像等。

除了传统的道家人物，又请名家将传说中赵氏飞升成仙者之像悉数绘于墙壁上。为了高质量地完成绘画，征召天下优秀画工三千人进行遴选，最后中选者不过区区百余人。

这些人的画作代表了当时的最高水平，传诸后世必然是惊世骇俗的艺术瑰宝，可惜后来玉清昭应宫付之一炬，这些艺术瑰宝也灰飞烟灭于历史的长河之中，不禁令人扼腕叹息。

玉清昭应宫中，每座宫殿的墙壁皆绘有壁画，且不计成本，"每绘一壁给二烛"。现代人对此很难理解，点个蜡烛施工有什么大惊小怪，居然郑重其事地记载下来。殊不知，蜡烛在彼时乃是奢侈品，价格昂贵。

丁谓不仅工期催得紧，又提议铸造玉皇大天帝像、圣祖天尊大帝像、太祖像、太宗像。在丁谓几人孜孜不倦的监工下，原本预计十五年才能完成的浩大工程，只用了七年左右时间就完成了。

工程质量好到居然挑不出一丝问题来。

说来也奇，昭应宫开工建设的第二年，即大中祥符三年（1010），年过不惑膝下无子的真宗皇帝终于喜得麟儿，这便是后来的宋仁宗了。如此一来，修建昭应宫花费再多，也是理直气壮。

这座规模宏大的建筑，真宗命名为玉清昭应宫。一共花费多少无法知晓，只知仅几座塑像就耗金一万两、银五千两。

工程竣工后，真宗皇帝大手一挥，下诏"玉清昭应宫每岁正月朔望许士庶焚香"，用简单直观的方法，令天下臣民畏服于皇权。为了王朝的长治久安，真宗皇帝真是操碎了心。

作为农耕文明的中原王朝，父天母地的思想一直深入人心。所以，历朝历代的统治者会定期举行祭祀大地的活动。宋真宗自然不能落于人后，封禅归来后，后土祭祀的事情也随之提上日程。

若明白"国之大事，在祀与戎"的道理，或许就会理解真宗的这些行为了。

真宗泰山封禅回到京师，席不暇暖，各地争献"祥瑞"的热度不减，有愈演愈烈之势。朝中陆续有人上奏，请求西祀。

面对此起彼伏的西祀请愿，真宗下诏不允。他谦逊地表达自己资历浅薄，祭祀后土乃国家大事，非有大功绩不可，换言之，他尚无资格西祀。

真宗的婉拒，未能减弱请愿热忱。很快，屯田员外郎、知河中府杨举正言，得本府父老、僧道千二百九十人状，请车驾亲祀后土。节度使宁王元偓也不敢后人，复以为请，真宗再次拒绝。哪知，紧接着又有"文武官、将校、耆艾、道释三万余人诣阙，请祀汾阴后土"。真宗再次予以拒绝。

其实，真宗的拒绝乃是欲擒故纵之举。如此做，不过是欲借重请愿的臣民力量，减轻来自朝堂的阻力罢了。

见时机成熟，真宗召集群臣商议："朕以河东父老再有陈请，复以封禅才毕，议者得不以地远劳费为言耶！"王旦等大臣早深谙官家心思，当即表示"陛下为民祈福，不惮栉沐，圣心既定，固已达于神明"。

真宗兀自惺惺作态：只要粮食能丰收，天下人民能安居乐业，寡人鞍马劳顿也不打紧。

待摸清了王旦等人的态度后，再有臣民请愿，真宗旋即爽快应允。

上有所好，下必甚焉，真宗倡导祥符，地方官员自然闻风而动。前有兖州官员请泰山封禅，东封结束后，真宗大加奖赏，明显是激励后来人。河中地方官员如果再不有所行动，反而是咄咄怪事。况且真宗虽表面拒绝了西祀请愿，却命陈彭年等人着手考证古礼，这也是在公然释放一种信号。

自从黄帝轩辕氏在汾阴后土扫地为坛，祭祀大地之后，汾阴后土就成了历代帝王祀地之所。汾阴后土位于河中府定鼎县（今山西万荣），汾河与黄河交汇处。黄河中泥沙俱下，冲积形成了河中凸地，称为"脽上"。

登脽上下视，如俯视天下苍生，顿生君临天下的豪迈之感。故此，汾阴后土深受历代皇帝青睐。汉武帝去得，唐玄宗去得，宋真宗自然也去得。

"王者以父道事天，母仪事地"，真宗泰山封禅，虽已祭祀天地，但主要是报答天父恩德。若只祭天而不祀地，则于礼不合。与官方提倡宣扬的以孝治天下相悖，因此西祀于情于理势在必行。且五代以来战乱频仍，后土祭祀典礼久遭废弃，复兴后土祭祀有重大政治意义。

尤其重要的是，真宗乃是庶出，他的母亲生前并未母凭子贵，享受应有尊荣，真宗即位后，有司上谥为元德，尊为元德皇太后。真宗在位十余年，元德皇太后仍未升祔太庙，这始终是真宗的一块心病。

西祀之事确定后，判宗正寺赵湘立即知情识趣地第一时间跳将出来，请以元德皇太后祔太宗庙室。真宗大喜，当即表示："此重事也，俟令礼官参议之。"

时人将王钦若、丁谓、林特、陈彭年、刘承珪等五人讥为"五鬼"，却似乎没有留意到这位赵湘在东封西祀、大中祥符年间上蹿下跳、推波助澜，实在是憾事。

西祀汾阴

千人之诺诺，不如一士谔谔。就在天下臣民争相请愿西祀的时候，龙图阁待制孙奭的表现令人刮目相看。

此前，真宗曾向他问起天书的事情，孙奭毫不犹豫地道："臣愚钝，只闻'天何言哉'，岂有书乎？"孙奭借孔夫子的话回复赵官家，令真宗哑口无言。孙奭引经据典，直言"将以欺上天，则上天不可欺；将以愚下民，则下民不可愚；将以惑后世，则后世不可惑"，对官家丝毫不留情面。

此番劝阻西祀，他不厌其烦地罗列了十个不可西祀的理由，奈何真宗嘉其忠而不和其谋，根本不听。

大局既定，紧接着便是紧锣密鼓的前期工作，礼制、安保、沿途供给、地方基础建设，无一不需精心准备安排。

不久，即有河中府百姓巨沼拜见权判河中府事陈尧叟，声称其先祖曾在梦中被告知，中条山苍陵谷有"灵宝真文"，且只有天书出现时，才可知晓其中内容。其祖按梦指引成功取了真文，并将其收藏于家，于今已历二百余年。其制长二尺、广九寸，通判曹谷查验后，见篆文非常，文中言语体例如道家经典。

西祀前夕出现的"真文"，与泰山封禅前发现的"天书"，如出一辙，其意义亦毫无二致。

很快，解盐自生、黄河水清等诸般祥瑞纷纷出现。黄河水清寓意政通人和，河清海晏，乃是太平盛世的重要表现。

大中祥符四年（1011）正月二十三，在安排好留守事宜后，一行人浩浩荡荡往河中府出发。车驾离京之时，"日上有黄气如匹素，五色云如盖，紫气翊仗"，祥云缭绕，尽显大宋至尊威仪。

二月十三日，一行人终于安全抵达定鼎县。

二月十四日，真宗服通天冠、绛纱袍在穆清殿致斋，完毕后赴脽上。

二十六日晚，亿兆人民期盼的后土祭祀仪式正式开始。整个仪式分奠献、封玉册、瘗埋（祭天一般燔燎，祭地则采取瘗埋），其过程纷繁庄严肃穆，事后刻石记碑，兹不一一赘述。

西祀汾阴归来，真宗又躬谒元德皇太后庙。大中祥符六年（1013），真宗得偿夙愿，其母升祔太庙，终获尊荣。西祀回到京师，再次论功行赏，王钦若、丁谓、冯拯、陈尧叟等拥戴西祀的中坚派悉数得到升迁，跻身宰执集团。

真宗执意东封西祀，正是要镇服海内，加强皇权，同时"夸示戎狄"，彰显王朝综合实力。

果然，泰山封禅将契丹、西夏唬得不轻，至少是内心大受震撼。等到西祀时候，周边藩属纷纷遣使致贺，辽圣宗也遣使祝贺，西夏不敢托大，遣使朝贡。泰山封禅前，真宗派人知会了契丹。辽圣宗表示坚守承诺，不会破坏盟约，况且封禅属于宋廷内部事务，他无权横加干涉。

明明知道东封西祀乃真宗神道设教，辽圣宗仍服膺宋廷展现出的软实力，精神大受打击。与宋人的封禅场面相较，辽人的祭祀过于随意。

西夏乃是臣属，不能与契丹一样与宋分庭抗礼，只得遣使入贡。结果发生意外，险些造成外交争端。原来，贡使一行中有人与汴梁人民发生争执，互殴时打落了大宋子民的一颗门牙。按律，这个西夏人应该受杖脊，真宗唯恐因为小事情惹来不必要的大麻烦，便将事情交给鄜延路官员处理，令移文境上，将人交给李德明处置。

李德明见宋廷如此包容，自然也没有发作的借口，只好暗中积蓄力量，加紧在西面的扩张步伐。

受到西夏欺凌，甘州回鹘只得求助于宋廷，希望借助中原王朝的力量护得周全，得知宋廷准备西祀，立即派了宰相与枢密使来朝贡，并请从祀汾阴。

大食、交州政权、东南亚诸小政权也纷纷遣使前来捧场，祝贺宋廷东封西祀。从某种程度上讲，封禅确实达到了镇服海内、夸示戎狄的目的。

为保证西祀顺利进行，真宗沿途不停赏赐，从亲王、宰臣到平民百姓，花钱如流水，导致开支巨大。负责财政的丁谓也开始担心经费不足，上奏称：

"东封及汾阴赏赐亿万，加以蠲复诸路租赋，除免口算，圣泽宽大，恐有司经费不给。"

真宗听了，不以为意，指示道："国家所务，正为泽及下民，但敦本抑末，节用谨度，自当富足矣。"轻飘飘一句话，就让丁谓作声不得。

真宗所谓"泽及下民"不过自欺欺人。那些赏赐的钱，本身就是民脂民膏。西祀的庞大支出，最终还是需要天下百姓来共同分担。

最终，单单是西祀的土木工程就用工三百九十万余人次，整个西祀的费用支出为八百五十万，超出泰山封禅二十万。

所以如此，一来汴梁往泰山较汾阴近上一些，二来太平兴国年间，太宗皇帝亦有意行封禅之事，曾下诏修葺过往泰山的道路。真宗往泰山封禅，其实是执行既定方针。

大中祥符时的岁入不过区区两千万缗，真宗东封西祀的花费用掉了几近一半的岁入。没有了战事，按常理应该是国库有盈余才是。却不知长袖善舞如丁谓者，绞尽脑汁之后，真宗朝财政也仅可以勉强维持。

为应付层出不穷的祥瑞及各种节日的普天同庆，大宋财政捉襟见肘也就不足为奇了。

封禅归来，正月初三天书降日从此成了法定假日，命名为"天庆节"，休假五日。天庆节，等于是大宋朝的国庆节。大宋王朝虽无汉唐的赫赫武功，却实现了汉唐才有的盛世伟业，这是前无古人、后无来者的创举。真宗设置这个节日，正是为了对泰山封禅的纪念与庆祝。纪念与庆祝天书的下降，即是昭告天下臣民盛世来临。

他很清楚泰山封禅劳民伤财，偶尔为之则可，不可常态化。封禅这样的大型活动组织一次就可以了，而天庆节可以年年有。

此后，真宗再接再厉，又设置了四个类似的节日：天书降于泰山称为天贶节，圣祖赵玄朗的两次降临为先天节、降圣节，天书第二次降于大内为天祯节。

真宗设置五个节日，既有夸示四海、扬我国威的小九九，也有与民同乐、共享太平的心思。

宋真宗尊儒、崇道，处处效法唐玄宗。美中不足的是，唐皇姓李，所以顺理成章认了老子为祖宗，唐玄宗几次三番上尊号，行事也心安理得。

宋真宗姓赵，自然不能与李唐抢祖宗，贻笑中外，因此只能物色一个姓赵的道教人物。

俗话说日有所思，夜有所梦，史载，大中祥符五年（1012）冬十月戊午夜，赵宋祖宗赵玄朗闪亮登场。

先是八日，上梦景德中所睹神人传玉皇之命云："先令汝祖赵某授汝天书，将见汝，如唐朝恭奉玄元皇帝。"翌日夜，复梦神人传天尊言："吾坐西，当斜设六位。"即于延恩殿设道场。是日，五鼓一筹，先闻异香，少顷，黄光自东南至，掩蔽灯烛。俄见灵仙仪卫，所执器物皆有光明，天尊至，冠服如元始天尊。又六人皆秉圭，四人仙衣，二人通天冠、绛纱袍。上再拜阶下。俄有黄雾起，须臾雾散，天尊与六人皆就坐，侍从在东阶。上升西阶，再拜。又欲拜六人，天尊令揖不拜。命设榻，召上坐，饮碧玉汤，甘白如乳。天尊曰："吾人皇九人中一人也，是赵之始祖，再降，乃轩辕黄帝，凡世所知少典之子，非也。母感电梦天人，生于寿丘。后唐时，七月一日下降，总治下方，主赵氏之族，今已百年。皇帝善为抚育苍生，无忘前志。"即离坐，乘云而去。

很快便是大赦天下，群臣称贺，告天地、宗庙、社稷，好一通忙碌。真宗为赵玄朗上尊号为"圣祖上灵高道九天司命保生天尊大帝"。立即有臣子请以玉清昭应宫后殿为圣祖正殿，东位司命殿为治事之所。

大概是意识到如此轻慢圣祖不妥，十二月，真宗又命人于京师择地，建宫奉祀圣祖，定名为景灵宫。圣祖既是"保生天尊"，便有为后世儿孙续命的责任。真宗命人于宫内修筑"万岁殿"，为自己祈福。后来又将玉清昭应宫中儿子的读书处命名为"长生崇寿殿"，希望圣祖保佑儿子茁壮成长。

真宗是个喜欢做梦的皇帝，他的梦光怪陆离。他再次令天下臣民肃然起敬：原来赵官家血统无比高贵，其祖上赵玄朗是与李唐玄元皇帝同样神格的存在，甚至就是元始天尊再降。

而据赵玄朗所言，"再降，乃轩辕黄帝"。赵玄朗居然就是轩辕黄帝。

宋真宗为什么这样做？原来，契丹也称"中国"，圣宗亦对外宣称其祖上乃轩辕之后。真宗心下一急，直接说轩辕黄帝就是其祖赵玄朗的化身。在"天有二日"的特殊时期，真宗皇帝能争的只有所谓"正统"了。有了赵玄朗，宋真宗就为宋廷争得国际话语权，自己是嫡传，而契丹人自然就是庶出了。

契丹"国主奉佛"，真宗抬出元始天尊这位道教大神来，正是欲与辽圣宗一较高下。众所周知，道教乃是中国土生土长的宗教，而佛教是外教。宋廷尊奉道教，视契丹为"金狄"。

军事方面宋廷落下风，文化方面则有信心傲视诸夷。泰山封禅、西祀汾阴，各地狂建宫观等一系列崇道活动，弱化了契丹文化正统心理，一定程度上，也淡化了辽统治者破坏和盟的意愿。

自从契丹人得幽云十六州，党项人得灵州后，"役中国人力，称中国位号，仿中国官属，任中国贤才，读中国书籍，用中国车服，行中国法令"，契丹在制度、风俗上中原化，令宋廷上下有了严重的危机感。好在契丹人、党项人同样敬天法祖，因此通过造神在精神上战胜对手，在文化方面始终保持影响力，方能令对手畏服，进而不战屈人之兵。

读史可知，宋真宗选择"降神"与"天书"现世的日子，恰好有辽使至汴梁。建道场、遍告诸庙、改元"大中祥符"的仪式，契丹使臣作为主宾，一切就在他们眼皮下进行。有幸观摩学习的辽使，内心的震撼可想而知。从此，契丹的祭天祭祖，制度典仪或自觉或不自觉地开始模仿学习宋廷。

宋真宗天命在我的文化自信，令契丹深深折服，不敢造次。

因慕华风，辽道宗耶律洪基在做太子的时候，混入使节队伍当中来到汴梁"观国之光"，宋仁宗也没有拆穿令他难堪，而是将他召入禁中，好生款待。回到契丹，耶律洪基发下宏誓，愿来世生在中国。仁宗驾崩后，辽道宗痛哭流涕，如丧考妣。此事虽为野史，但契丹上下向往、认同宋廷的文化却是不争的事实。

真宗自导自演一幕幕造神运动，力保宋辽谨守"澶渊之盟"。这样看来，封禅并非一无是处，也有其合理性的一面。

第十一章 圣宗东征

再燃烽烟

就在宋廷举国若狂,大搞封建迷信活动的时候,辽圣宗也没有闲着,他所做的是对高丽重塑宗藩关系。辽与宋达成"澶渊之盟"后,逐步稳固了皇权,辽圣宗开始将目光转向契丹帝国的东部。

辽统和二十八年(1010)五月,就在承天太后丧葬完毕四十余天,辽圣宗突然下诏称:"高丽西京留守康肇弑其主诵,擅立诵从兄询。诏诸道缮甲兵,以备东征。"

紧接着即遣使高丽"问前王(穆宗)之故",并以"自将伐高丽,遣使报宋",又遣枢密直学士高正、引进使韩杞至高丽"告兴师"。

高丽国主王询忽闻祸从天降,惊得手足无措,立即派出使臣至契丹"乞罢师"。无奈圣宗皇帝决心已定,根本不予理会。

若想厘清契丹与高丽的关系,尚需追溯至隋唐与高句丽的关系。

高句丽政权(公元前37—705年)最初是建立于中国东北东部地区的一个地方政权,乘中原战乱、无暇东顾之机,逐渐发展成为少数族群建立的地方割据势力。

其实力最盛之时,不仅占据了原汉王朝的辽东郡、乐浪郡、玄菟郡、真番郡、临屯郡等地区,还向南北两个方面都有所拓展,势力已经达到朝鲜半岛的中部地区,占据了大同江、载宁江、临津江、汉江流域,其北部疆域甚至到达了牡丹江上游的部分地区。

隋炀帝在灭陈之后,为完成统一,恢复汉家旧疆,先后三征高句丽,却未能成功。穷兵黩武导致民怨沸腾,民变蜂起,最终身死名灭,为后世笑。

高句丽实力逐渐壮大,打破了与百济和新罗两个政权的战略平衡。唐贞观十六年(642),高句丽联合百济进攻新罗。新罗不能抵挡,于是向唐廷求援。

李世民出面调停,无奈高句丽不听,李世民只得准备讨伐。哪知被拖入了战争的泥淖。唐王朝尝试的大一统之战,居然断断续续持续了二十余年。其间,为完成对高句丽的夹击,唐军越海先灭百济,并与援救百济的日本军队发生了白村江之战。此一役，唐军以少胜多，大败日本军，最终俘高句丽王臧，灭亡高句丽政权。

白村江一战，唐王朝基本奠定了此后千余年间东北亚地区的政治、经济与文化格局。此后数十年间，日本不断派出遣唐使向唐朝学习，刻苦钻研，利用汉字偏旁和草书发明了平假名和片假名，日本从此有了属于自己的文字，并逐渐形成了一整套政治、经济、文化制度。

唐玄宗开元二十三年（735），颁布诏书，"敕赐浿江以南地"将浿江（今大同江）以南地区赐予新罗。从此，中原王朝就与新罗以大同江为界，南方属新罗，北方属唐廷，双方划江而治。

开元二十三年是乙亥年，因此史家亦称此事件为"开元乙亥界约文书"。

文书颁布次年六月，新罗王即派遣使臣入唐贺正，上谢表。此后，浿江流域社会安定繁荣，唐廷与新罗友好往来。唐末五代中原大乱，新罗政权也因腐化而日渐衰落，最终为王建夺取政权，建立高丽王国，定都松岳（今开城）。

高句丽易守难攻，虽盛世的隋唐以倾国之力征讨仍不免损兵折将，对高句丽，崛起于漠北的耶律阿保机心底不免畏惧。而王建新立，羽翼未丰，也不敢得罪契丹，一时双方麻杆打狼，因各怀鬼胎而相互交好。

此后，耶律阿保机灭渤海，因俗而治，改渤海国为东丹国，命皇太子耶律倍为人皇王统治渤海故地。许多渤海遗民辗转流离，奔入高丽。

不久，辽太祖驾崩，继任者辽太宗对兄长东丹王心下忌惮，于是下诏迁徙东丹国民于东平（今辽阳城），并升东平为南京，随即"徙倍居之"。

辽太宗的短视与私心，最终铸成大错。渤海国民的南迁，等于是契丹统治者放弃了对黑龙江流域的直接统治管辖。很快，女真各部族取代渤海，成为当地的主体族群。

当时有俗谚称"三人渤海当一虎"，渤海人的战斗力之强悍据此可见一斑。而更可怕的是"女真不满万，满万不可敌"。契丹王朝防备渤海人，却疏忽了对女真人的防范。

辽太宗在位时，取幽云十六州，册立石晋，契丹声望达到了巅峰，东北铁骊、靺鞨、达卢古等各部落朝贡络绎不绝，女真也千里迢迢赶来巴结，请求册封。契丹王朝虽然放弃了对黑龙江流域的直接管辖，但对这一地区的羁縻统治十分有效。而这一切是建立在军事力量强大，国力上升期的。待国力不振时，周边部族就会成为王朝的噩梦。

漫长的帝国边疆，自然会有复杂地缘的烦恼。无论如何应付，总会有难以预料的突发情况出现。大宋与契丹都有这样无法躲避的烦恼，或者，这就是历史的无奈吧！

渤海、高丽同种，本是唇齿相依，契丹灭渤海，许多渤海人亡入高丽，高丽实力大增。渤海遗民居间怂恿挑拨，高丽转而开始敌视契丹，以夷狄视之。而契丹则只顾南下与中原王朝争雄，一时无暇兼顾高丽。就在辽太宗册立石晋，契丹王朝达到巅峰时，高丽也攻灭了百济与新罗残余，完成了半岛的统一。

由于受后唐政权的册封，奉中原王朝正朔，高丽在半岛的正统地位和政治影响获得极大提升，有了北下与契丹争夺大同江以北高句丽旧地的勇气。而南下中原、混一华夏是契丹王朝的基本国策，与后周、宋展开激烈角逐，无暇旁顾，对高丽的咄咄逼人保持了最大克制。

因此，契丹与高丽虽一直处于敌对状态，却没有兵戎相见。

统和十一年（993），为防止首尾受敌，断绝高丽与宋廷勾结往来，萧太后将女真人所据鸭绿江东数百里地赐予高丽。

史载，高丽成宗得讯，喜出望外，当即与宋廷断交，奉行契丹年号。遣使契丹告行正朔，亲禘于大庙，赐文武爵一级，治下百姓大哺三日。继而进伎乐、设榷场，派使臣请婚，又安排童子往契丹国学习契丹语，一时忙得脚不沾地，兴奋得夜不能寐。

毕竟，摊到天上掉馅饼的概率实在小得可怜。一直以来，高丽太祖对恢复高句丽旧疆念兹在兹，所以就连国号也沿用了高丽二字。虽然彼时半岛上群雄割据，但高丽太祖立国之初就一门心思致力北方边疆的开拓。先是开拓已然荒芜的唐安东都护府所在地平壤，改名为大都护府（后为西京），筑城作为北上的前哨基地。高丽太祖逝后，北上就成了其继任者念念不忘的祖训。

如今兵不血刃得了数百里地，实在是意外之喜。殊不知不断北进，得意忘形之下，最终侵犯了契丹的国家利益。

"澶渊之盟"后，辽宋实现正常邦交，与宋廷东封西祀如火如荼相较，契丹境内显得风平浪静许多。

"国之大事，在祀与戎"，一般来讲，一个政权不是在祭祀，就是在征伐。宋真宗既然将祀事发挥至极致，辽圣宗唯有叹服，仔细忖度，似乎只有在戎事上与之一较高下了。忽而忆起十几年前将数百里地赐高丽之事，圣宗皇帝顿时心下愤愤不平。赐高丽数百里地和与宋争关南旧地，怎么看也是丢了西瓜捡芝麻，得不偿失。辽圣宗正在琢磨着如何夺回失地时，高丽国中传来政变消息，西北面都巡检使康兆拥立大良君（高丽显宗）即位。

圣宗见有机可乘，立即传诏征讨高丽，欲趁机夺回江东六州。正在秣马厉兵之际，女真进良马一万匹，请从征高丽。

女真原称肃慎，散布于东北白山黑水间。契丹立国，女真各部便隶属契丹。耶律阿保机恐女真为边患，于是强迁女真强宗大姓于辽阳之南，与汉人及其他族群杂处。这些女真发展变化较快，称为"熟女真"。而那些留在原地未迁的，则为生女真。

而居涑沫江（松花江）之北、宁江州之东的生女真，高丽人又称为东女真。

《辽史》中，女真别称有二十余种，有南女真、南京女真、长白山女真（或称长白山部）、鸭绿江女真（或称鸭绿江部）、黄龙府女真、滨（濒）海女真、顺国女真、奥衍女真部、达鲁古部、蒲卢毛朵部、鼻骨德部、五国部……

这些生女真各部，或臣于契丹、或臣于高丽，或跨海与宋廷贸易往来。叛服无常，契丹人统称为羁縻酋。

高丽成宗四年（985年，宋雍熙二年），女真以木契急告于宋，控诉高丽"导敌构祸"，"与契丹倚为势缓，摽掠生口"。宋以此切责高丽，令使者韩遂龄"归语本国，还其所俘"。

彼时，契丹正在攻击鸭绿江女真，以期打通征讨高丽的道路。而高丽泛海千里与宋廷结盟，正紧锣密鼓准备北伐契丹。与此同时，女真跨海至登州将大量马匹卖给宋人。危急时刻，高丽尚需仰仗宋廷声援，因此高丽成宗不得不派遣使者入宋，谨小慎微地向宋廷解释事情缘由。将"女真来奔者二千余人皆资给遣还"，并强调"以其世事中朝，不敢报怨"。

其实，高丽虽奉契丹正朔，但与宋廷仍暗中保持往来，真宗咸平六年（1003），高丽派使臣泛海至宋，自陈国人思慕华风，为契丹劫制之状，请求宋廷屯军境上牵制契丹。

只是当时宋廷自顾不暇，哪里敢捋契丹虎须，只是与高丽使臣虚与委蛇。

高丽最初的外交关系中最主要的是与女真的关系。因为女真南与高丽接壤，发生冲突摩擦也是情理中事。与其他部落女真不同，东女真（曷懒甸女真）以戈船与刀为战具，不但与高丽摩擦不断，还时不时泛海侵扰高丽东南海岸及日本南海岸。这些女真人烧杀掳掠，高丽及日本沿海居民深受其害，恨之入骨却又奈何不得，因此称这些东女真海盗为"刀夷"。

日本岛民深受其害，转而学习刀夷横行海上杀人越货，于明朝时为祸中国沿海，实是令人愤懑。

就在辽圣宗准备率大军亲征高丽之时，高丽尚书左司郎中河拱辰却发兵去攻打东女真，结果损兵折将，铩羽而归。恰好有其他女真部落九十五个酋长朝见高丽新君，途经高丽和州。和州防御使柳宗怀恨在心，迁怒于这些女真人，将九十五人悉数杀死。于是各部女真泣诉于圣宗驾前，献良马万匹，请从征高丽。

圣宗当即以皇弟楚王耶律隆祐留守京师，北府宰相、驸马都尉萧排押为都统，北面林牙僧奴为都监，亲自率四十万马步军东征高丽。

损兵折将

高丽显宗得讯，心下忐忑，先是将河拱辰、柳宗二人贬于外岛，接着一面派出几拨使臣到契丹东京修好，希望平息圣宗皇帝怒火，一面暗中调兵遣将备战。以参知政事康兆为行营都统使，检校尚书右仆射上将军安绍光为行营都兵马使，少府监崔贤敏为左军兵马使，刑部侍郎李昉为右军兵马使，礼宾卿朴忠淑为中军兵马使，刑部尚书崔士威为统军使，率军三十万准备迎敌。

高丽人放低身段，刻意奉承契丹是前所未有之事，圣宗一眼就识破了高丽人的缓兵之计，不为所动。

十一月辛卯，圣宗亲自率领契丹马步军四十万渡过鸭绿江，进围兴化镇（今朝鲜义州东南二十五里）。高丽巡检使刑部郎中杨规、镇使户部郎中郑成、副使将作主簿李守和等据城固守不降。辽军几次攻城，都无法突破，转而移师通州（今朝鲜宣川西北方）城南。

康兆兵分三路，一路置于州西，据三水交汇处，一路置于近州之山，一路置于通州城。自己居中指挥，以剑车排阵与辽军隔水对峙。契丹军几次冲锋，都被康兆击退。见辽军不过如此，康兆渐生轻敌之心。圣宗命先锋耶律盆奴与详稳耶律敌鲁率一支人马奇袭三水砦。辽军蜂拥而至，守将眼见不支，急忙派人来向康兆请援，哪知康兆不以为意，一脸不屑表示：辽军只管放马过来，来得少根本不够高丽人斩杀的，多多益善。

等到辽军突破城防，攻入砦中，康兆这才慌了手脚，待要跑路，已然不及，终为辽军所缚。高丽军群龙无首，四散奔逃，死三万余人，所弃粮草辎重，不可胜数。

辽圣宗命人解康兆缚，温言劝降，康兆不肯屈服，被杀。辽军假作康兆书信往兴化镇谕降，守将淡定表示："我受王命而来，非受兆命！"守将囚禁辽使，固守城寨。

辽军转攻江东各地，十二月庚戌，陷郭州。

壬子，契丹兵至清水江，安北都护府使工部侍郎朴暹弃城而遁，一州军民皆溃。

癸丑，契丹兵锋至西京，焚中兴寺塔。高丽显宗命智蔡文率军往援西京，正遇到辽使至西京谕降，而副留守与部将崔纬等人决定投降，并且写好了降表。智蔡文闻听，立即引兵赶至西京城门，掩杀辽使一行，将降表付之一炬。

甲寅，辽军陷肃州。

高丽显宗见辽军势大，诸州陷落，心生惧意，连忙派人前来请和。圣宗见高丽人服软，就命韩杞为特使，至西京谕降。哪知守城的都巡检使卓思政与智蔡文一番商议，率领人马突出城来，袭杀韩杞。高丽出尔反尔，一再破坏"两国交兵，不斩来使"的显规则，令辽圣宗怒不可遏，立即命太子太师乙凛攻城。卓思政率军拼命抵挡，辽军稍却。

辛酉,圣宗亲自率军攻西京。卓思政急忙奔回见高丽王,奏明西京战况,建议向辽军请和。高丽显宗惊惶无计,询问群臣意见,皆称应降,唯有姜邯赞表示反对,称:"今日之事,罪在康兆,非所恤也。但众寡不敌,当避其锋,徐图兴复耳。"姜邯赞力排众议,劝显宗南行以避辽军。

于是,壬申夜,高丽显宗与后妃弃城南幸。甲戌,次扬州,派遣河拱辰与户部员外郎高英起奉表往契丹请和。

而圣宗见西京城防坚固,于是主动解围继续东进,兵锋直指开京。

次年正月乙亥,辽军攻破开京。为泄愤,辽军焚烧大庙宫阙,极尽破坏之能事。显宗在扬州,召来河拱辰与柳宗,复其爵位。河拱辰献计称:"契丹本以讨贼为名,今已得康兆,若遣使请和,彼必班师。"

事已至此,别无良策,于是显宗就派河拱辰与高起英至契丹军前请和。

辽军一路攻城拔寨,遭遇了高丽军民的顽强抵抗,亦死伤惨重,随着战事的深入,辽军防线越拉越长,后勤补给越发困难,继续打下去,只怕会闹得灰头土脸,不好收场。权衡利弊,圣宗皇帝决定见好就收,遂同意退兵。高丽人请退兵就退兵,岂不是颜面荡然无存?圣宗同时提出必须显宗亲自来朝觐才肯退兵。

迫于形势,显宗硬着头皮答应,辽遂撤兵。哪知道班师途中,圣宗皇帝终于领教了一番高丽人的狠戾。《孙子兵法》云归师勿遏,穷寇勿迫,但高丽人显然是不谙兵法的。

史载,正月辛卯,辽军兵过龟州时,龟州别将金叔兴与中郎将保良夹攻契丹军前锋,斩获万余级;壬辰,杨规掩击于无老代,斩首二千余级,夺回被俘男女三千余人;癸巳,杨规战于梨树,追至石岭,斩首二千五百级,夺被掳男女一千余人;丙申,杨规复战于余里站,斩首一千余级,夺被掳男女一千余人;壬寅,杨规复邀击契丹军于艾田,斩首一千余级。

在高丽史中,兴化镇巡检使、刑部郎中杨规有如战神附体,先是力保兴化镇不失,后又在辽军退兵时,与契丹连战七阵,斩杀辽军近万人,救出所掳男女三万余人。等到圣宗亲率大军杀至,杨规与金叔兴力战终日,兵尽矢穷,皆战死。

第十一章 圣宗东征

《辽史》则记为:"辽军班师途中,所降诸城复叛,至贵州南峻岭谷,大雨连日,马驼皆疲,甲仗多遗弃。霁,乃得渡,已丑,次鸭绿江。庚寅,皇后及皇弟楚国王隆祐迎于来远城。壬辰,诏罢诸军。"

宋廷方面的记载为:"契丹大败,帐族、卒乘、罕有还者,宫属战没大半。"

显然,高丽史有意夸大胜况,辽史讳败,宋人则有些幸灾乐祸的意味。

严冬季节,鸭绿江边居然大雨如注,岂非天佑高丽哉?

总之,此次征高丽,契丹损兵折将得不偿失,但圣宗皇帝领教了高丽君臣的言而无信,更加坚定了经略东北的决心。

二月,高丽显宗回到寿昌宫,一边下诏安抚百姓,一边遣使往契丹。四月,遣工部郎中王瞻谢班师。八月,遣户部侍郎崔元信往契丹打探动静。十月,遣都官郎中金崇义贺冬至。十一月,再遣刑部侍郎金殷傅贺生辰。

只是,这些使臣绝口不提显宗何时朝觐之事,似乎从来没有应允过。

圣宗一怒之下,将带回国中扣为人质的河拱辰杀了。

第二年(1012)十一月,辽圣宗宣布改元开泰。用"泰"这样一个兼有道家儒家文化的字做年号,显然圣宗是存了与宋真宗角力的心思。

四月庚子,高丽遣使蔡忠顺至,乞称臣如旧。显然,高丽显宗选择使臣时煞费苦心。

圣宗命蔡忠顺传语,须高丽显宗亲自前来朝觐。"无怠无荒,四夷来王",按封建宗藩制度,圣宗皇帝的要求并不过分。

六月,高丽刑部侍郎田拱之复至,告王病不能来朝。显宗年纪轻轻能有什么病,从前答应是火烧眉毛情非得已,现在不朝无非担心有去无回罢了。

圣宗见他出尔反尔,顿时龙颜大怒,诏取兴化、通州、龙州、铁州、郭州、龟州等六城。既然不愿意亲自来朝觐,对不起,赐予的就得收回来。高丽自然不会将吃到嘴里的肥肉吐出来,于是圣宗派遣右监门卫将军耶律行平出使高丽,欲索还江东六州。耶律行平千里奔波,鞍马劳顿,去了两次,两次都空手而归。大概觉得失了颜面,第三次去,他就没了耐心,对高丽显宗言语不逊,结果六州没有索还,自己也被扣留在了高丽国。

圣宗又遣将军李松茂前往,名为索取江东六州,实则暗中留心山川地理,观察地形。频繁遣使，亦有此意。圣宗自然清楚高丽不会轻易将六州之地拱手让出，同时也做好了武力讨要的准备。

开泰二年（1013）五月，在女真人的引领下，辽军渡过鸭绿江，哪知立足未稳，便被高丽大将金承渭迎头痛击，只得狼狈退回。

开泰三年（1014）十月，圣宗遣国舅萧敌烈率军卷土重来，夺取通州、兴化镇。兴化镇大将郑信勇与别将周演率军严阵以待，一番厮杀，契丹军兵死伤千余，溺水而亡者甚众。

开泰四年（1015），契丹改变了战略，于鸭绿江上造浮桥。高丽人慌了手脚，派人来破坏未成功。契丹步步为营，在鸭绿江东岸修建了保州（今朝鲜新义州）城。契丹连克高丽宣化、定远二镇，在鸭绿江西岸站稳了脚。契丹乘胜来攻兴化镇，却被守将高积余、赵戈率军击退，复往攻通州、龙州，皆无功而返。

高丽军殊死抵抗，虽力保六州不失，但大将郑信勇、别将周演、散员任忆、校尉杨春、太医丞孙简、太史丞康承颖及大将高积余、将军苏忠玄等皆战死，兵将阵亡无数，损失惨重。

开泰五年（1016）正月，契丹将领耶律世良与萧屈烈率兵攻郭州，"斩首数万级，尽获其辎重"。

自契丹大举来攻，高丽王迫于情势，一面怀柔西女真，一面遣使至宋，希望与宋廷联合，共同应对强敌。开泰三年（宋大中祥符七年）八月，高丽显宗派内史舍人尹徵古使宋，进金绵织成龙凤鞍幞、绣龙凤鞍幞各二及良马二十二匹，再请交往。

此刻，真宗皇帝正沉浸于东封西祀带来的愉悦感中，得登州地方官报，立即找来王旦等人商议对策。

王旦建议："高丽久未进奉，因契丹阻绝，今须许其赴阙，契丹必不敢言。且使离高丽，契丹必已知之，若有所问，即当以诚对也。"

王钦若在旁，提醒道："此使到阙，正与契丹使同时。"王钦若担心契丹使与高丽使碰到，仇人见面分外眼红，闹将起来不好收场。

王旦不以为然，道："四裔入贡以尊中国，盖常事尔。彼自有隙，朝廷奚所爱憎。"高丽使臣也不是宋廷请来的，对于高丽与契丹间的恩恩怨怨，

第十一章　圣宗东征

宋廷自然不必理会。

王旦所言，正中真宗下怀。

高丽使臣至汴梁，奉上国书，称："契丹阻其道路，故久不得通，请降皇帝尊号正朔……"真宗对高丽人临时抱佛脚的行径心下颇不以为然，只得王顾左右。

翌年，高丽显宗又遣民官侍郎郭元至宋廷进方物及报告契丹年年来侵等情况，请宋真宗主持公道。自"澶渊之盟"后，宋廷小心翼翼维护着盟约，自然不愿冒得罪契丹的风险与高丽结盟，真宗以"朕位处司牧，志在安民"为由，婉拒了高丽使臣。

开泰六年（1017）五月，圣宗命枢密萧合卓为都统，汉人行宫都部署王继忠为副将，殿前都点检萧屈烈为都监，再次伐高丽。萧合卓率兵攻兴化镇，却"月余不下"，眼见师老兵疲，只得班师。

连年用兵并未达成战略预期，为挽回大国声誉，圣宗皇帝不得不咬牙坚持。第二年，以东平郡王萧排押为都统、殿前都点检萧屈烈为副都统、东京留守耶律八哥为都监，率军十万讨伐高丽。契丹派出使臣一行十人，做最后和平努力，哪知高丽在恢复与宋邦交后，彻底拒绝了与契丹外交解决领土争端。

高丽方面则以西北面行营统使姜邯赞为上元帅，姜民瞻为副手，统兵二十余万，屯兵宁州至兴化镇严阵以待。

主将姜邯赞令一万两千名骑兵埋伏于山谷中，以大绳贯牛皮塞城东大川以待之，准备一举歼灭辽军。哪知事与愿违，辽军先头部队遭遇大水拦阻，萧排押索性绕行，由捷径直趋开京。姜民瞻率一支高丽军在后紧追不舍，在慈州来口山大败辽军。另一支高丽军则于大同江上游渡口处截击辽军，斩首万余级。

虽然高丽史将此仗记为大胜，但从战后契丹军依然可以迫近高丽京城，京师戒严来分析，契丹能够抵近开城附近，说明此前辽军只是无关痛痒的小失利，并没有影响大局。

显宗坚壁清野，不敢与战。

眼见情势危急，姜邯赞派遣兵马判官金宗铉率一万人马倍道赶往开京，抵挡契丹进攻。东北面兵马使奉旨率一万三千二百人赶至京师勤王。

见无机可乘，粮草难以为继，萧排押决定退兵。退兵就退兵，萧排押又恐隳了契丹国威，画蛇添足地命人传书于开京通德门，知会高丽班师。

结果弄巧成拙，留在金郊驿的三百名斥候被高丽军袭杀。契丹兵退至涟州、渭州时，姜邯赞率军偷袭，辽军又折损五百余人。辽军数败，军锋已挫，兵无斗志，只得退向龟州。

姜邯赞率高丽军与契丹军战于龟州东郊，两军对垒之际，金宗铉率一支人马赶来助战。恰在此时，忽风雨南来，旌旗北指，高丽军乘势奋击，勇气百倍。契丹军且战且退，"济茶、陀二河，高丽追兵至。诸将皆欲使敌渡两河击之，独八哥以为不可，曰：'敌若流两河，必殊死战，乃危道也。不若击于两河之间。'"

耶律八哥的意思是击其半渡，萧排押一听，言之有理，于是听从了他的建议。哪知辽兵斗志全无，与高丽接战不久即溃不成军。契丹军败至盘岭，僵尸蔽野。高丽军俘获人口、马驼、甲胄、兵仗不可胜数。

此役史称"茶陀河之战"，辽人对此役的记载为"萧排押等与高丽战于茶、陀二河，辽军失利。天云、右皮室二军没溺者众，遥辇帐详稳可里达、客省使酌古、渤海详稳高清明、天云军详稳海里等皆战死之"。而高丽史的记载稍显夸张，说此役辽兵生还者仅数千人，称"契丹之败，未有如此之甚"。

圣宗自然不甘心失败，开泰八年（1019），"加有功将校，益封战没将校之妻，录其子弟"，秣马厉兵，整军备战。八月，派遣郎君曷不吕率诸部兵，准备出师征讨高丽。但在此之前，他也做了两手准备，连年争战毫无所得，也希望寻求和平解决之道，于是在五月间和出兵之前派了文集院少监乌长公、工部少卿高应寿往高丽，展开外交斡旋。

对圣宗递来的橄榄枝，高丽显宗立即予以积极之回应，派遣考功员外郎李仁泽使辽。很快双方达成妥协，圣宗同意了高丽王乞和纳贡的请求，随后，高丽也很快释放了从前扣押的耶律行平等人。

一场大战消弭于无形，双方恢复宗藩关系。开泰九年（1020），圣宗遣使赦高丽王之罪。双方心有灵犀，皆小心翼翼闭口不提显宗亲朝与江东六州。

高丽重新奉契丹正朔，圣宗郑重其事地遣使册封显宗为开府仪同三司守尚书令上柱国高丽国王，食邑一万户，实封一千户，又赐车服衣物。

辽以释亡

圣宗皇帝武力收复江东六州的企图终告失败，为确保东部边境的安全、加强对生女真人的统治，契丹于鸭绿江东南岸设保、定二州，与从前的来远城互为掎角，形成了控扼高丽的屏障。

为防止契丹铁骑突入，高丽显宗听从姜邯赞建议，在开京周围建造了六十余里的罗城，此项工程浩大，历时二十一年方完工。

此后双方交恶，高丽又趁机于西起鸭绿江口，东至今咸镜南道定平郡都连浦北部边境的崇山峻岭间修筑了千里长城。此为后话，略过不提。

一连数年兵戎相见，契丹未能完成战略预期，按高丽史的记载，契丹每次来侵都损兵折将，但显然是夸大战功。毕竟，每次战事都发生在高丽境内。连年战争，双方数以十万计的精壮男子不事生产，消耗巨大，成了契丹、高丽国力不能承受之重。契丹虽然始终无法战胜高丽，但几次攻入开京大肆烧杀，战争对高丽的破坏丝毫不比契丹轻。

表面看，战争没有胜利者。仔细分析，高丽并没有归还江东六州，与契丹的关系较之前还有所改善。而契丹连年征战，每每铩羽而归，闹得灰头土脸，在十余万大好男儿血沃高丽后，最终让双方重回宗藩关系，不过是稍存大国体面而已。高丽臣服于契丹，不过是趋利避害的权宜之计，根本当不得真。

连年战争中，与高丽军兵勇猛善战相较，契丹军表现出的战斗力实在是令人不忍直视，再无从前征党项、讨阻卜、破赵宋的神勇。

何以如此？

仔细忖度便知，契丹为征讨高丽，每次在战前都要发布总动员令。其战斗序列中，除契丹马步军外，最多的便是奚人与各部熟女真了。与保家卫国退无可退、斗志昂扬的高丽战士不同，这些女真人战斗意志本身就不强，从征高丽是被动参与罢了。如果契丹军整体占上风，他们的表现尚可圈可点，但一遇高丽疯狂反扑，他们便一触即溃，到后来干脆就是望风而逃了。

也不能怪这些熟女真军兵怯懦，为谁而战，为什么要战才是决定战斗力强弱的重要因素。在殊死搏杀中，胆怯是会传染的，受女真人影响，契丹军作战力下降也就不足为奇了。

更令人难以置信的是，许多契丹兵竟然是出家僧人。据辽史记载，为弥补兵员不足，"诏汰东京僧，及命上京、中京泊诸宫……以备东征"。

这些出家人一心向佛，如果在战后，令他们做法事超度阵亡将士英魂，他们完全可以胜任。若令他们冲锋陷阵，则只好放下屠刀，立地成佛了。

驱赶僧人、熟女真人去征讨高丽，契丹屡战屡败，东征由积极而消极，最终消停，也就不足为奇了。

辽军数年东征，虽然未能令高丽君臣最终屈服，却也确立了宗藩关系。眼见着宋真宗东封西祀，辽圣宗心下也有一种紧迫感。随着汉化深入，圣宗意识到如果自己至尊地位不能得到外部承认，对内统治的合法性也将不断受到挑战。高丽是东北亚地区受儒家文化浸润最深的"礼仪之邦"，向来仰慕中华文化，恭行中原正朔，如果在东北获得高丽道统上的认同，则可以超越赵宋王朝的文化胜利。

如果契丹只是凭着文化软实力怀柔高丽，只能是缘木求鱼，痴人说梦，因此，必须诉诸武力以达到确立宗藩关系之目的。从这一层面分析，辽圣宗无疑是成功的。而高丽显宗既没有将江东六州拱手让出，也没有亲朝，且在连年征战中巩固了统治。

如果说辽圣宗与高丽显宗都是胜利者，那么失败者只能是飘荡在白山黑水间战死疆场的无数冤魂了。

大量僧人加入，令契丹兵的战斗力出现了断崖式的下降。

后世人不解，何以契丹军中有大量的僧人？这个话题需要从契丹统治者崇佛说起了。

契丹人"逐寒暑，随水草畜牧"，过着简单粗放的游牧渔猎生活。最初信奉东北亚古老的原始宗教萨满教，相信万物有灵，崇拜天地自然。

萨满是人与神的媒介，是原始社会生产力水平有限，人们认知水平低下时期的社会产物。萨满教,对契丹国家的形成与发展,有着深刻影响。在契丹尚处氏族部落联盟之时,萨满教的神权和世俗权力相结合,很好地维护了松散的部落联盟,而巫师萨满也获得了极其尊贵的地位。或者,联盟酋长本身干脆就是大萨满。

耶律阿保机就是将自己的政治思想与萨满完美结合,化家为国,将自己推上了皇位。建立政权之初,耶律阿保机将契丹萨满教的祭山仪、瑟瑟仪、柴册仪、再生仪、拜日仪等一并列入了国家礼制。每有出兵征讨四方,"必杀青牛、白马,祭天地日及木叶山神"。凡契丹国之大事,必先告之天地祖先神灵而后行,正是萨满崇拜的历史遗存。

但是,随着皇权的集中与加强,萨满信仰与统治者之间有了不可调和的矛盾,萨满宣扬的原始宗教理念不可避免地与统治者的现实利益发生了冲突,显得不合时宜。耶律阿保机称帝不久,大萨满"神速姑"即支持诸弟叛乱,便是很好的例证。从此史料中再无神速姑的记载,其应该是死于乱军之中。

耶律曷鲁在拥立耶律阿保机为可汗时,言之凿凿:"闻于越阿保机之生也,神光属天,异香盈幄,梦受神诲,龙锡金佩。天道无私,必应有德。"

所谓龙锡金佩,正是神速姑与耶律阿保机的默契双簧。史载,"太祖从兄铎骨札以本帐下蛇鸣,命知蛇语者神速姑解之,蛇谓穴旁树中有金,往取之,果得金,以为带,名龙锡金"。

人有人言,兽有兽语,蛇鸣可以理解,但蛇语的解释权在神速姑口中,就很耐人寻味了。

历史证明,耶律阿保机在上位的时候,神速姑是出过大力的。然而,就是从契丹部族可汗到契丹皇帝的变化,二人关系破裂,进而兵戎相见。这种由亲密无间到反目成仇的情况并非个例,阿保机与神速姑的故事和成吉思汗与通天巫阔阔出的恩怨情仇别无二致。

耶律阿保机称帝后,为加强皇权,渐渐疏远原始宗教萨满教,逐渐出现汉化倾向。神册三年(918)五月,"诏建孔子庙、佛寺、道观"。第二年,耶律阿保机"谒孔子庙,命皇后、皇太子分谒寺观"。

《辽史》记载,时太祖问侍臣曰:"受命之君,当事天敬神。有大功德者,朕欲祀之，何先？"皆以佛对。太祖曰："佛非中国教。"长子耶律倍建议道："孔子大圣，万世所尊，宜先。"于是建孔子庙，春秋释奠。

耶律阿保机所以问左右，意在试探众人反应。神速姑的死于非命，众人自然知晓其中利害，如果再提出祀萨满，岂非不智？

众口一词"皆以佛对"，则旁证了佛教在契丹国中已蔚然成风。

其实，耶律阿保机与神速姑之间早已开始了宗教权力争夺，发展到后来兵戎相见，乃是矛盾不可调和罢了。

据史料，唐天复二年（902），耶律阿保机于代北河东用兵，攻下九郡，城龙化州（今内蒙古自治区通辽市奈曼旗西孟家段古城）于潢河之南，建开教寺，从此，契丹国中出现了第一座佛教寺庙。称帝的第三年夏天，阿保机又诏左仆射韩知古建碑龙化州大广寺以纪功德。两年后，又于西楼兴建天雄寺。此后，义节寺、崇孝寺、安国寺、贝圣尼寺、福先寺等寺院如雨后春笋于上京城内陆续出现。

在平息了诸弟与神速姑之乱后，耶律阿保机于龙化州重行柴册大礼，建元神册。所谓"神册"，正是诏告天下自己得以登基称帝，乃是君权神授。

待到了辽太宗耶律德光时，"梦一神人，花冠美姿容，辎轩甚盛，忽自天而下。衣白衣，佩金带，执骨朵，有异兽十二随其后，内一黑色兔入德光怀而失之。神人语德光曰：'石郎使人唤汝，汝须去！觉告其母，忽之不以为意'"。

等他到了幽州城，在寺庙中看到大慈大悲观世音菩萨像后，方知梦中神人正是这尊菩萨。

从此，契丹皇室将"白衣观音，尊为家神"。

耶律德光对佛教奥旨也有所领悟，甚至可以说超越了多数每天只知诵经的僧人。

北宋陶毂的《清异录》记载，耶律德光灭了后晋，进了汴梁城，忽有一日听到了杜鹃鸟的啼鸣声，问降臣李崧："此为何物？"李崧老老实实回答是杜鹃，语含深意道：杜甫有诗云，西川有杜鹃，东川无杜鹃。涪万无杜鹃，云安有杜鹃。汴梁洛阳也有杜鹃。

番王礼佛图卷（局部）| 北宋 | 赵光辅（传）| 克利夫兰艺术博物馆藏

杜甫《杜鹃》诗取望帝化鹃的典故，抒发忠君爱国之情。杜鹃象征帝国，引申开来亦象征国家社稷。李崧吟杜甫《杜鹃》诗，实则是感慨亡国之痛。

耶律德光显然听懂了李崧的弦外之意，语含机锋道："许大世界，一个飞禽，任他拣选，要生处便生，不生处种也无。佛经所谓'观自在'也。"

观自在即观世音。观世音本是梵语，鸠摩罗什译作观世音，数百年后，唐玄奘译作观自在。何以出现这种情形，原来，鸠摩罗什所处的是十六国时代，百姓流离失所，需要救民出水火的观世音。鸠摩罗什走的是亲民路线，译作观世音是迎合底层百姓的口味；而玄奘所处的时代是盛唐，其翻译也是走上层路线，译作观自在，明显要比观世音文雅。

耶律德光不说观世音，而说观自在，很是得体。他是在婉转地劝李崧，执着过往则难得解脱，最好是用般若智慧超脱世俗痛苦。

耶律德光可以将佛教典故信手拈来，说明佛教已然为契丹统治阶层接受并尊崇。统治者的提倡，自然推动了佛教在契丹国中的传播。

在进入汴梁后，耶律德光俨然成了天下共主。为长治久安计，势必对汉人笼络安抚，而尊崇佛教可以控制言论，钳制思想，具有隐蔽性和欺骗性。

幽云地区从北魏时即佛教兴盛，石晋献地后，随着大量汉人的加入，如何迅速安定民心成了考验统治者智慧的难题。汉人安土重迁，而身安不如心安，耶律德光从建城邦立州县，修寺庙，再由尊萨满到弘佛教，推行众生平等，是与时俱进的无奈之举。

到了世宗、穆宗时，佛教在契丹国中发展缓慢。景宗继位后，佛教迎来勃兴，保宁六年（974），景宗皇帝以沙门昭敏为三京诸道僧尼都总管，加兼侍中，开契丹授予僧侣高官之先河。从此，契丹国佛教管理驶入制度化、正规化的快车道。

景宗笃信佛教，身体力行，长子辽圣宗小字义殊奴，次子隆庆小字普贤奴，四子药师奴，长女观音女……用佛菩萨的名号为皇子公主命名，无形中便起到了对佛教的宣传作用。统和二年（984）九月，景宗忌日，"诏诸道京镇遣官行香饭僧"，为景宗祈福。

这个时候，军政大权掌握于萧太后手中，"饭僧"必是萧太后旨意。萧太后"每岁正月，辄不食荤茹，大修斋会及造寺，冀复获福佑"。显然，她是一个虔诚的佛教徒。

统和四年（986），萧太后又以杀戮太多，"诏上京开龙寺建佛事一月，饭僧万人"。佛事一月、饭僧万人，可见消耗惊人。

与此同时，佛教也在民间广泛传播，邑社组织盛行。邑社是佛教信徒自发成立，带有明显宗教色彩的组织，名目繁多，有千人邑、念佛邑、建塔邑、供塔邑等。其公约为"以谦讽同德经营，协力唱和，结千人之社。合一千人之心，春不妨耕，秋不废获，立其信，导其教，无贫富后先。无贵贱老少，施有定例，纳有常期，贮于库司，补兹寺缺"。

统和年间，尤其是与宋达成"澶渊之盟"后，"四民殷阜，三教兴行"，国力达到了巅峰，圣宗皇帝除亲临佛寺礼佛，在外巡幸时也会驻跸佛寺。非但如此，圣宗还于国内营建许多寺院，在南京地区修建了弘福寺、广济寺，在中京则有圆宗寺、感圣寺……

圣宗还出资支持续刻房山石经，敕令编修契丹《大藏经》，一时契丹国中佛教大昌。圣宗钦哀皇后"善全六行之余，洞达三乘之义，动必协于人心，静必从于佛义"，是个虔诚的佛教徒。圣宗虔信佛教，受其影响，次女秦越大长公主将南京的私宅舍予寺庙，并布施上百顷良田、上百民户及十余万钱作香火之资。皇亲国戚如此，各地官员富豪群起效仿，将大量土地、庄园、民户、钱粮施舍予寺庙，以求得福报。

此举，不但增加了寺院经济收入，还提高了僧侣的社会地位，崇佛之风越刮越烈。

统和十九年（1001）春正月，"回鹘进梵僧、名医"；开泰元年（1012），"那沙乞赐佛像、儒书，诏赐《护国仁王佛像》一，《易》《诗》《书》《春秋》《礼记》各一部"。

回鹘进贡梵僧，那沙部祈求佛像，可见圣宗皇帝崇佛的名声已然远播域外。

很快，佛教勃兴的弊端开始显现。建造寺院消耗了大量的财力，寺院的正常运行，又需要大量资金保障，丰厚的财物转移到寺庙后，为僧人所把持，使寺院成了强大的经济实体。

土地被大量集中至寺庙，耕种土地的收成除了要交给官府，还要交给寺庙，这种受双重盘剥的农户，称为"二税户"。

随着"二税户"数量的增加，政府收入锐减，农民辛苦一年仍不免食不果腹，却养肥了无数不事生产、不劳而获的僧侣。

寺院的经济实力又吸引了大量想要逃避税赋和刑罚的人，更有作奸犯科者遁入空门以求得庇护。如此一来，寺院僧侣良莠不齐，不免令佛祖蒙羞。许多僧人以弘法为名出入宫廷，妄言祸福，得以封官晋爵。如此一来，宗教势力在契丹国中越发膨胀。

随着剃度僧尼的增加，为供养出家人，有的寺庙僧人开始放高利贷。时日一久，无法偿还贷款的百姓沦为寺庙奴隶，越发加深了社会矛盾。

随着佛教势力的膨胀，私度僧尼便成了社会现象。统和九年（991）、统和十五年（997）、开泰四年（1015），圣宗三次下诏限制僧尼人数，希望将其数量限制在可控范围之内。

开泰年间征讨高丽，所暴露出的兵员不足，战斗力不济等诸多问题，即与过度崇佛有关。圣宗皇帝嗅到了危险，不得不多次颁布抑佛诏令，取缔无名寺院，严禁私度僧尼，抑制寺院兼并土地，防止寺院经济壮大。只可惜佛教已然成了气候，积重难返。

如果说圣宗对待佛教还有些许理性，其继任者辽兴宗则在崇佛的道路上越行越远。他干脆跑到寺庙亲自受戒，不时招来高僧赴阙谈佛论法。僧侣则投桃报李，将辽兴宗比作"转轮王"。

转轮王，是佛的俗家对应者。在佛教领域最高的是佛，在世间最高的就是转轮王，简单的理解就是真命天子。在佛教的大一统人间乐土中，"居四天下统领万物"的便是转轮王。历史上，僧人将隋文帝杨坚描述为转轮王，玄奘曾将唐太宗、唐高宗描述为转轮王，武则天也曾称自己为"金轮圣神皇帝"。

如今这顶佛家桂冠落在了辽兴宗头上，实在是意外之喜。兴宗一高兴，二十多名僧人就出任了三公、三师这样的重职。

到辽道宗上位时，更是疯癫，"一岁而饭僧三十六万，一日而祝发三千"。契丹国中，尽是缁衣飘飘的僧尼，木鱼声诵佛之声不绝于耳……

　　后世称"辽以释废"，确是切中肯綮之言。

　　宋真宗崇道，好在他的继任者仁宗皇帝做了纠偏。辽圣宗崇佛，他的后世儿孙干脆就是佞佛了。

第十二章 庆历（重熙）增币

孺子成名

唐末,在漠北立国近百年的回鹘汗国被黠戛斯击破,部族溃散,或南下,或西迁。迁居河西地区的回鹘人,不得不依附吐蕃。待张议潮打败吐蕃,唐政府在沙州设归义军,迁居河西的回鹘又依附了张议潮。

哪知,"后中原多故,王命不及,甘州(今甘肃张掖)为回鹘所并,归义诸城多没"。这些西迁的回鹘鹊巢鸠占,反客为主,建立了甘州回鹘政权,控制了河西走廊。

河西走廊有着优良的天然牧场,自古以来便是兵家必争之地。两汉以后,这里又成为丝绸之路上的孔道。在甘州回鹘建立汗国政权后,一直向中原输送马匹,数量巨大。因地处津要,甘州回鹘成了中西贸易的桥梁,往东既可至汴梁,亦可至契丹首都临潢府,西越葱岭,可直达波斯等地。

由此,甘州回鹘积累了大量财富。而其政权结构松散,各部落首领拥兵自重,不相统属,便成了各方觊觎的对象。

契丹政权的崛起,打破了形成数百年之久的以中原政权为中心的局面。契丹统治者凭借武力,在向南深入汉地掳掠的同时,在西北和东北展开了大规模的军事行动。高丽、高昌、龟兹、于阗、甘州、沙州、凉州等在向宋纳贡的同时,也纷纷向契丹称臣纳贡。

迫于军事压力,甘州回鹘很早就臣服于契丹,成了其属国之一。然而,因贸易的互补性,甘州回鹘与宋廷的联系更加密切。甘州回鹘源源不断地向宋廷输送马匹,保证了宋廷马军力量始终不衰。

"澶渊之盟"后,宋真宗东封西祀,甘州回鹘都是坚定的拥趸。甘州回鹘与宋廷亲密无间,自然是辽圣宗无法容忍的。

于是,辽圣宗在经略东北的同时,于统和二十六年(1008)、统和二十八年(1010)、太平六年(1026)先后三次遣军远征甘州回鹘。三次征伐皆铩羽而归。

先是,宋真宗于乾兴元年(1022)驾崩,其子赵祯继位,是为宋仁宗;

第十二章　庆历(重熙)增币　　307

其后，辽圣宗于太平十一年（1031）驾崩，其子耶律宗真继位，是为辽兴宗；西夏李德明于宋明道元年（1032）病死，其子李元昊继位。

随着三个人的相继去世，历史进入新纪元。

此前，就在辽圣宗对甘州回鹘用兵的同时，西夏党项人也开始出兵攻击河西吐蕃与甘州回鹘。向西发展，消灭河西吐蕃与甘州回鹘是西夏既定国策，党项人视河西走廊为禁脔，李继迁自臣宋后一直致力于向西发展，自然不愿意见到契丹势力染指河西地区。

奉父命，李元昊率军长途奔袭，回鹘可汗来不及与九部宰相协商调集兵力迎敌，甘州城池即被攻破。见甘州回鹘政权覆灭，以西的瓜、沙二州相继出降。李元昊越战越勇，回师途中，声东击西，顺道又攻破了凉州。

李元昊一战成名，威震中外，因战功显赫被册立为太子。控制了河西走廊，为西夏建国夯实了基础。

李德明逝后，李元昊又将矛头指向了青海西宁附近以唃厮啰为首的青唐吐蕃力量。哪知唃厮啰兵强马壮，几次交锋李元昊也未占得便宜。宋景祐三年（1036），李元昊转而率军攻灭了盘踞于瓜、沙、肃三州的曹氏政权。完全据有了河西地区。

如此一来，党项人控制了夏、银、绥、静、宥、灵、盐、会、胜、甘、凉、瓜、沙、肃、洪、定、威、怀、龙等十九州，地方包括今宁夏、甘肃、青海东北部、内蒙古以及陕西北部等地区，东北境与契丹接壤，西面触角延伸至敦煌、玉门关以西地区，北边到达沙漠戈壁南缘的额济纳（今黑水城），南面以黄河为界与宋对峙，幅员万里，境内有党项、汉、吐蕃、回鹘等族群三百余万人。

李元昊自以为有了与宋廷叫板的资本，于是"敢行僭叛"。李德明生前，年轻气盛的李元昊就对父亲臣宋之事表示不满，数次劝谏毋臣宋。李德明苦笑摇头，劝诫儿子："吾久用兵，疲矣。吾族三十年衣锦绮，此宋恩也，不可负。"

李元昊听了，不以为然，道："衣皮毛，事畜牧，蕃性所便。英雄之生，当王霸耳，何锦绮为？"

与稍显鲁莽的儿子不同，李德明行事稳重，为长远计，在与宋廷达成妥协，每年有了大量岁赐，政治经济情势大有好转后，于宋天禧四年（1020），悄无声息地将政治中心迁至了黄河以西、贺兰山东麓的怀远镇（今宁夏银川）。

怀远镇既有黄河天险，又有灌溉之利，方便农业发展。对李德明将政治中心灵州迁往怀远镇，宋廷并未在意，只是简单地记为"赵德明始城怀远镇而居之，号兴州"。

李元昊在夺取了瓜、沙等地后，第二年先是将兴州升为兴庆府，大兴土木，广修宫城殿宇，使兴庆府渐成规模。

宋宝元元年（1038）冬，李元昊筑坛受册，始受英武兴法建礼仁孝皇帝，国号大夏，改天授礼法延祚元年。第二年，李元昊派出使臣至汴梁，乞宋廷"许以西郊之地，册为南面之君……地久天长，永镇边防之患"。

契丹分庭抗礼，赵宋迫不得已接受"天有二日"的现实，已颜面尽失。如今又跳出来一个李元昊，更令宋人抓狂。

西夏立国，李元昊称帝，在宋人眼中就是"僭号"，完全是一种大逆不道。名臣范仲淹怒不可遏，称"西戎僭中朝之号，四海愤怒。虽困天下，义当讨伐"。于是君臣共议讨伐，群臣咸曰："元昊小丑也，旋即诛灭矣。"

一时众议汹汹，血气方刚的赵官家头脑一热，随即下旨："华戎之人，有能捕斩元昊者，即授定难军节度使，仍赐钱、银、绢。元昊所部之人，能归顺者，并等第推赏。"

仁宗皇帝的诏书正好给了李元昊发动战争的理由，他反唇相讥，指出"持命之使未还，南界之兵躁动"，指责宋廷"既先违誓约，又别降制命，诱导边情，潜谋害主"，认为"蕃、汉各异，国土迥殊，幸非僭逆，嫉妒何深"。一番慷慨激昂的陈词后，李元昊于境上展开了大规模军事行动。

一面是数十年不用兵，疏于战事的宋军，一面是"善忍饥渴，能受辛苦，乐斗死而耻病终"的党项战士，结果不问可知。李元昊非但没有被旋即诛灭，反而在三川口（今陕西安塞）、好水川（今宁夏隆德）、定川（今宁夏固原）三战三捷，打得赵宋溃不成军。

宋军损兵折将，铩羽而归，朝野震动。

福无双至，祸不单行，正当宋廷上下秣马厉兵之际，北面传来惊人消息，契丹谋聚兵幽蓟，遣使致书求关南地。果然，一个月后，辽兴宗派遣宣徽南院使、归义节度使萧英、翰林学士、右谏议大夫、知制诰、同修国史刘六符前到汴梁，递上国书。其书云：

> 维契丹重熙十一年，岁次壬午，二月。弟大契丹皇帝谨致书兄大宋皇帝，粤自世修欢契，时遣使轺，封圻殊两国之名，方册纪一家之美。盖欲洽于绵永，固将有以披陈。窃缘瓦桥关南是石晋所割，迨至柴氏，以代郭周，兴一时之狂谋，掠十县之故壤，人神共怒，庙社不延。至于贵国祖先，肇创基业，寻与敝境，继为善邻。暨乎太宗强登宝位，于有征之地，才定并汾，以无名之师，直抵燕蓟，羽召精锐，御而获退。遂至移镇国强兵、南北王府并内外诸军，弥年有戍境之劳，继日备渝盟之事，始终反覆，前后谙尝。窃审专命将臣，往平河右，炎凉屡易，胜负未闻。兼李元昊于北朝久已称藩，累曾尚主，克保君臣之道，实为甥舅之亲，设罪合加诛，亦宜垂报……曷若以晋阳旧附之区，关南元割之县，俱归当国，用康黎人。如此，则益深兄弟之怀，长守子孙之计。缅惟英悟，深达悃愊。适届春阳，善绥冲裕。

辽兴宗国书的意思可以归纳为三点。

首先是旧话重提，指出关南旧地本是石晋割给契丹的，被后周柴荣夺去。宋辽虽"世修欢契"，宋太宗朝时却曾兴"无名之师"，这种"始终反覆"的行为，必须予以强烈谴责。

其次是责问与李元昊构兵的缘由，宋廷不顾夏与辽"久已称藩，累曾尚主"的宗藩关系，悍然兴师，是"已举残民之伐，曾无忌器之嫌"，居然打狗不看主人，没有丝毫顾及辽廷颜面。

最终责备宋人违反盟约，指出宋于"澶渊之盟"后，依然"营筑长垣，填塞隘路，开决塘水，添置边军"，属于单方面破坏盟约。

在啰里啰唆列举了宋廷的三宗罪之后，辽兴宗一把扯下遮羞布，指出了解决之道，"曷若以晋阳旧附之区，关南元割之县，俱归当国，用康黎人"，并不无威胁道："如此，则益深兄弟之怀，长守子孙之计。"

言外之意，可想而知。

契丹国书非但是讨要关南旧地，居然还狮子大开口地想要北汉的太原十州、四十县，宋仁宗御览罢，心底既惊且怒，作声不得。

公允地讲，契丹国书所述皆为事实，并非无的放矢。后人多奉宋为正朔，视契丹、西夏为夷狄，因此对契丹与西夏沆瀣一气，欺凌赵宋而心下愤愤不平。其实，澶渊结盟后，宋廷表面严格遵守盟约，实则暗中"营筑长堤，填塞隘路，开决塘水，添置边军"，被宋廷誉为守边第一将的李允则，即是个中翘楚。

李允则（953—1028），名将李谦溥之子，"少以材略闻"。在毕士安举荐下，李允则脱颖而出，先后出任沧州知州、瀛州知州、雄州知州、镇州知州，守雄州长达十四年之久。

李允则在知雄州任上，最为人津津乐道的就是他善于自导自演、瞒天过海的能力。

"澶渊之盟"明确禁止宋辽两国强化边境防御设施："所有两朝城池，并可依旧存守，淘壕完葺，一切如常，即不得创筑城隍，开掘河道。"墨迹未干，李允则即无视盟约，"治城垒不辍"。

雄州城北有瓮城，李允则想将瓮城与主城连为一体，但又害怕契丹知晓，给对方破坏和议的口实。为此，他自导自演了一出闹剧。李允则先是在城外修了一座东岳庙，"出黄金百两为供器"，然后命手下四下宣扬，唯恐世人不知。过了几天，他派人悄悄地将金银撤走，对外宣称被契丹人盗了，于是下令追捕盗贼，数次移文与辽交涉。功课做足后，李允则下令兴筑城墙，对外宣称是加强东岳庙安防。

等到竣工，人们惊奇地发现，瓮城与主城已然合体。辽人大概自觉理亏，也没有来寻衅滋事。

后来沈括出使契丹，途经雄州，立在城墙上大发感叹："大都军中诈谋未必皆奇策，但当时偶能欺敌而成奇功。"

侦知契丹国中崇佛，李允则灵机一动，将城内的瞭敌楼拆了，原地兴建了一座高九层的佛塔。这座佛塔建得美轮美奂，耗资不菲，"出官库钱千缗，复敛民间钱"。如此一来，引得反对者众。李允则不得不耐心解释，"某非留心释氏，实为边地起望楼耳"。

望楼

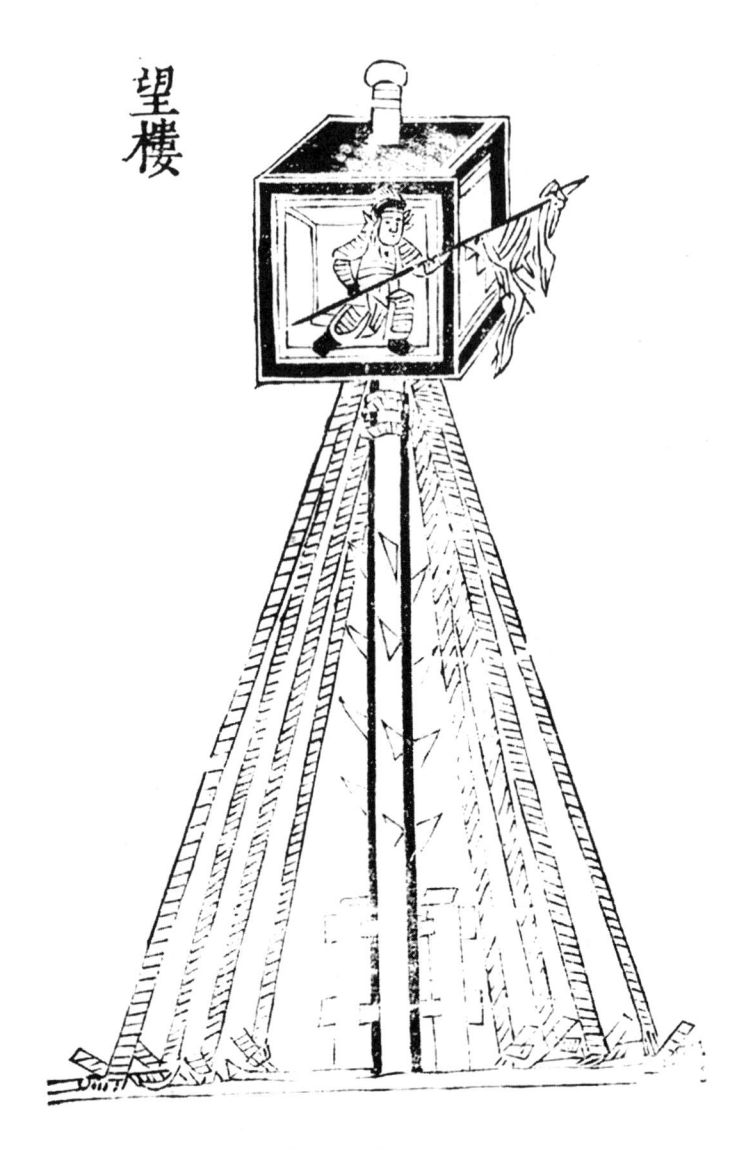

《武经总要》中的望楼

拆一低楼，建一高塔，李允则投其所好，实则是为穷千里目罢了。

类似的事情还有许多，兹不赘述，至于运至境上的绢以次充好、尺寸不足之类的事情亦非鲜见。这些琐事虽无关痛痒，影响不了和平大局，但毕竟是上不得台面的小手段、小伎俩，辽兴国国书中指责宋单方面破坏盟约，也没有冤枉宋廷。

面对契丹的政治讹诈，宋廷君臣一番商议，字斟句酌回了契丹国书，其文曰：

维庆历二年，岁次壬午，四月。大宋皇帝谨致书于契丹皇帝阙下：昔我烈考章圣皇帝保有基图，惠养黎庶，与大契丹昭圣皇帝弭兵讲好，通聘著盟。肆余纂承，共遵谟训，边民安堵，垂四十年。兹者专致使臣，特诒缄问，且以瓦桥旧地，晋阳故封，援石氏之割城，述周朝之复境，系于异代，安及本朝……两地不得相侵，缘边各守疆界，誓书之外，一无所求，期在久要，弗违先志。谅惟聪达，应切感思，甫属清和，妙臻戬穀。

在回复契丹的国书中，从太宗皇帝灭北汉，到此次与西夏的战争，再到边境上何以营筑堤塘之事，宋廷极力为自己辩诬。总而言之，不必纠结于过往，所有的不愉快就让它随风而去，希望辽兴宗谨守盟约，珍惜得之不易的和平，"誓书之外，一无所求"。

富弼出使

宋廷国书回复得不卑不亢，深得大国之体。根据史料大致还原历史如下。

辽兴宗耶律宗真生于辽开泰五年（1016），七年即封梁王，太平元年（1021）即册为皇太子。太平十一年六月（1031），辽圣宗驾崩，时年十六岁的宗真即位，是为辽兴宗。重熙十一年（1042），辽兴宗不过二十多岁，正是初生牛犊不怕虎的年纪。

得知宋廷与李元昊三战皆北，契丹上下开始蠢蠢欲动。南院枢密使萧惠主战，他认为可以乘宋人新败之机，趁火打劫一番。北院枢密使萧孝穆则持

第十二章 庆历（重熙）增币　313

相反意见，当年太宗皇帝灭晋入汴得不偿失，应当重视双方的和平约定，况且宋廷虽小动作不断，却没有公然背盟，辽人师出无名。

两方各抒己见，争辩起来，搞得辽兴宗也不知如何是好。这时翰林学士、右谏议大夫、知制诰、同修国史刘六符挺身而出，愿往宋廷求割关南地。

对于刘六符为何主动请缨一事，陆游《老学庵笔记》的记载大致如下。

刘六符告诉辽兴宗，燕、蓟、云、朔本为汉地，那些汉人不乐意依附也是情理之事。辽兴宗一听，顿时紧张起来，急忙问刘六符如何是好。刘六符告诉兴宗，必须收拾人心，这样才可以长治久安。兴宗自然而然追问如何收拾人心。

刘六符坦诚相告："敛于民者十减其四五，则民惟恐不为北朝人矣。"

兴宗一听，眉头紧锁，连年对高丽用兵，导致国库空虚，十几年都未能恢复元气，如果再将幽云赋税减半，自己岂不是要喝西北风？犹豫再三，他嗫嚅道："如国用何？"

刘六符见辽兴宗一脸肉痛的样子，不敢再卖关子，说出了自己的打算："臣愿使南朝，求割关南地，而增戍阅兵以胁之。南朝重于割地，必求增岁币。我托不得已受之，俟得币，则以其数对减民租可也。"

不花自己的一分钱，还可以收买民心。兴宗一听此计大妙，岂有不从之理。

一般来讲，契丹人为正使、汉臣为副使，因此刘六符只能是副使。宋廷负责接待的是接伴使富弼。

富弼（1004—1083），字彦国，范仲淹许以王佐之才，推荐他应试茂才异等科，入第四等次，诏授将作监丞、知河南府长水县，此后屡获升迁，康定元年（1040）擢知谏院，历三司盐铁判官，改右正言、知制诰，纠察在京刑狱。

刘六符与富弼之间的对话耐人寻味。

初入宋雄州境时，刘六符对富弼道："在途久荷庇护，今日功亏一篑矣。"

富弼道："九仞之功已大，岂当以一篑遽弃焉？"

次日，刘六符仍不忘提醒富弼："朝来九仞之言甚好，愿善承之。"

富弼答曰："敢不承教！"

从二人对话可以忖度，刘、富间私下曾有沟通，甚至是就某些事情达成了共识。

富弼 像

递交国书前，刘六符一语双关道："国书中事，可从者从之，其不可从，宜别思一策以善言答之。况王者爱养生民，旧好不可失也。"

萧英也在旁边敲边鼓道："此来盖因两国相疑，初闻南朝疑北朝借兵助元昊，而北朝疑南朝将违约袭幽燕。"

富弼正色道："北朝与南朝欢好既久，纵有间言，南朝不疑也。凡疑不可有，有则两情不通，而奸人得逞其离间之计，若两朝洞达此理，自然无事。"

萧英与刘六符见他讲得义正词严，只得笑谢："如此议论通达，夫复何疑。"

见富弼不语，刘六符又道："此来，国书大意止欲复晋祖所与故地关南十县耳。吾主深戒使臣，毋得先泄书意。今不免为公言之者，欲公先闻于天子，议其可否，思所以答之耳。吾侪当为两朝共惜生民也。"

富弼沉默不语，掉头去了。刘六符瞅了个机会，又与宋人副使耳语一番："六符燕人，与南朝之臣本是一家。今所事者乃是异类，则于公敢不尽情，彼方盛强，且与西夏世婚相党，南朝幸勿与之失欢也。"

刘六符迫不及待地将底线泄露给富弼，不过是试探宋廷上下反应如何，然后相机行事。他在辽兴宗面前夸下海口，事到临头，不免心下惴惴。万一宋廷态度强硬，与契丹兵戎相见，怕是从此兵连祸结，倘若契丹作战不力，损兵折将，兴宗怪罪下来，他难逃诛戮。从上述记载可知，契丹与西夏勾结共同对付宋廷乃为事实。辽兴宗所做的是趁火打劫。

辽使一行来到汴梁，刘六符口出狂言，言宋人从太宗朝始苦心经营的河北水长城，不足依恃。他胡吹大气，说什么辽军"一苇可航，投棰可平，不然决其堤十万土囊遂可逾也"。

刘六符信口开河，却将宋人唬得不轻。西北新败，人心惶惶，如果北面再燃战火，国家危矣。

富弼并未理会辽人的政治讹诈，只是将自己途中所见所闻一一奏明仁宗。仁宗即命御史中丞贾昌朝充馆伴，与辽使进行协商。

一切果如刘六符所料，宋廷坚持不许割地。萧英与刘六符退而求其次，提出了和亲。

贾昌朝不敢做主，急忙入宫来请示汇报。仁宗有一女，踌躇片刻即表示"苟利社稷，朕岂爱一女乎"，有意将女儿嫁给契丹太子梁王耶律洪基。

富弼听了，忙来寻辽使，劝萧英、刘六符道："结婚易以生衅，况夫妇情好难必，人命修短或异，则所托不坚，不若增金帛之便也。"

刘六符笑道："吾闻南朝皇帝有一女。"

富弼无奈，只好实言相告："帝女才四岁，成婚须在十余年后，虽允迎女成婚，亦在四五年后。今欲释目前之疑同，岂可待哉？"

见萧、刘二人兀自坚持，富弼复劝道："婚姻易生嫌。本朝公主出降，赍送不过十万缗，岂若岁币无穷之利哉？"本来，辽人也是借和亲勒索钱财的，听说皇帝女儿嫁妆不过区区十万缗，不禁大失所望，转而与富弼、贾昌朝讨价还价，商议增币之事。

刘六符不再坚持和亲，也是有原因的。一者，世人皆知，契丹国内，皇室唯与后族萧氏通婚，设若真的迎娶了赵宋公主，置萧氏于何地？二者，辽兴宗将兴平公主赐婚李元昊，哪知李元昊待兴平公主甚薄。嫁到西夏没几年，兴平公主即郁郁而终。为此辽兴宗命人专门往西夏诘问李元昊。李元昊天性凉薄，百般抵赖，兴宗一怒之下，禁吐谷浑鬻马于夏，沿边筑障塞以防之。史称"此契丹、西夏开隙之始"。

后世有人以为宋人反对与辽和亲，乃是歧视心理作祟。其实这是戴了有色眼镜看历史，彼时的契丹"典章文物、饮食服玩之盛，尽习汉风"，与汉之匈奴、唐之突厥截然不同。

到了宋代，有识之士对汉唐"社稷依明主，安危托妇人"的和亲政策开始有了反思。和亲的效果究竟如何？汉高祖与匈奴和亲，北周、隋王朝与突厥和亲，根本没有达到预期政治目的。唐天宝年间与契丹、奚和亲，可是他们反叛时，直接将唐室公主杀了。前车之鉴不远，宋人岂能不考虑与契丹和亲可能带来的严重后果。

一番商议未果，仁宗皇帝派富弼出使契丹，不次拣拔其为枢密直学士之职。哪知道富弼坚辞，表示："作为臣子，为国为君赴汤蹈火，乃义不容辞之事，怎能啖以官爵呢？"

宋仁宗坐像 | 宋 | 佚名 | 台北故宫博物院藏

非常时期，仁宗也顾不得其他，立即安排他上路。

见到辽兴宗，富弼开门见山问道："两朝人主父子继好垂四十年，一旦忽求割地，何也？"

辽兴宗知宋使必有此问，略一沉吟，径直将责任推给了臣下，道："南朝违约，塞雁门、增塘水、治城隍、籍民兵，此何意也？群臣竞请举兵，而寡人以谓不若遣使求关南故城，求而不得，举兵未晚也。"

富弼不为所动，淡淡地道："北朝忘章圣皇帝之大德乎？澶渊之役，若从诸将言，北兵无得脱者。且北朝与中国通好，则人主专其利，而臣下无所获，若用兵则利归臣下，而人主任其祸。故北朝诸臣争劝用兵者，皆为其身谋，而非为国计也。"

富弼回顾了历史。正是因为真宗皇帝的大度与包容，才有了得之不易的盟约。他又设身处地地为辽兴宗换位思考。

辽兴宗不解地问道："何谓也？"

富弼见状，不紧不慢地道："晋高祖欺天叛君而求助于此，末帝昏乱，神人弃之，是时中国狭小，上下离叛，故契丹全师独克，虽虏获金币，充斥诸臣之家，而壮士健马，物故大半。此谁任其祸者？今中国提封万里，所在精兵以万计，法令修明，上下一心，北朝欲用兵，能保其必胜乎？"

辽兴宗听得频频点头，脱口而出："不能！"

富弼复娓娓道来："胜负未可知，就使其胜，所亡士马，群臣当之欤？抑人主当之欤？若通好不绝，岁币尽归人主，臣下所得，止奉使者一二人耳，群臣何利焉？"

辽兴宗听了，颔首不语，显然他对宋使的话心下很是认同。

富弼趁热打铁，慷慨陈词道："塞雁门者，以备元昊也，塘水始于何承矩，事在通好前。地卑水聚，势不得不增，城隍皆修旧，民兵亦旧籍，特补其缺耳，非违约也。晋高祖以卢龙一路赂契丹，周世宗复伐取关南，皆异代事。宋兴已九十年，若各欲求异代故地，岂北朝之利哉！本朝皇帝之命使臣则有词矣，曰：'朕为祖宗守国，必不敢以其地与人，北朝所欲，不过利其租赋耳！朕不欲以地故，多杀两朝赤子，故屈己增币以代赋入。若北朝必欲得地，是志在败盟，假此为词耳！朕亦安得独避用兵乎？澶渊之盟，天地鬼神实临之，今北朝首发兵端，过不在朕，天地鬼神岂可欺也哉！'"

富弼一番话对辽兴宗触动很大。他虽然年轻，却也深谙守成不易。自从与宋廷达成盟约以来，辽廷上下也清楚自家军事实力与宋在伯仲之间，想要打破这种政治均衡，重夺东亚秩序主导权，就需要寻找突破口，孤立宋廷。

圣宗皇帝在时，连年征讨高丽，数次征甘州回鹘，正是试图凭借武力打破与宋廷的这种均势。哪知就在契丹经略河西的时候，西夏也积极参与，不时利用辽军劳师远征的空隙，对河西地区进行军事干涉。开泰七年（1018），吐蕃欲借道西夏向辽朝贡被拒，契丹与西夏的矛盾终于公开化。

辽圣宗不动声色，于开泰八年（1019）封沙州节度使曹顺为敦煌郡王，第二年又赐曹顺衣物并交换使节。圣宗这样做，正是欲培植亲辽势力，从而达到控制河西走廊的目的。为了迷惑李德明，辽廷又以狩猎为名，统大军来攻凉甸，哪知却为西夏所败，导致李德明加快了对河西走廊的军事行动。

此后，辽廷忙于讨平阻卜叛乱，对河西的经略无暇顾及，等到平定阻卜叛乱，河西走廊也完全为西夏人掌控。

契丹打通西域，与宋廷争夺更多藩属国的图谋宣告失败。辽兴宗心下清楚，宋廷虽然三战皆北，但实力仍不可小觑，无论经济还是军事，都是西夏不可企及的存在。

辽兴宗还想做最后一次努力，次日请来富弼与他一起打猎。二人并马而行，兴宗旧话重提："得地则欢好可久。"

富弼劝说良久，见他仍固执己见，冷冷道："北朝既以得地为荣，南朝必以失地为辱，兄弟之国，岂可使一荣一辱哉？"

富弼的话绵里藏针，晓以利害，辽兴宗竟然无言以对，这才不再坚持索地。兴宗又提到和亲之事，富弼不得已，又将和亲易生嫌隙，夫妻感情难以和美的大道理讲了一番。

兴宗一琢磨，确实如此，如果夫妻关系影响了两国关系，怕是会贻笑中外。只得令富弼回国商议具体细节，再来时须携誓书。

富弼不辞辛苦，千里迢迢再次至契丹时已是八月。宋廷许增岁币银十万两、绢十万匹,但有一个附加条件,辽廷必须在誓书中载明,助宋使西夏称臣如旧,疆域依旧。

兴宗一眼就瞧出了其中端倪,吹毛求疵地道:"岁增银绢无名,南朝应在誓书中加一献字。"

富弼当即表示:"献字乃下奉上之辞,非可施于敌国。况南朝为兄,岂有兄献于弟乎?"

兴宗不以为然,道:"南朝以厚币遗我,是惧我也。'献'字何惜?"

富弼则坚持不肯退缩,"南朝皇帝守祖宗之土宇,继先皇制盟好,故致币帛以代干戈,盖惜生灵也。岂惧北朝哉?今陛下忽发此言,正欲弃绝旧好,以必不可成冀相要尔,则南朝亦何暇顾生灵哉?"

富弼话中有话,暗示辽兴宗,如果契丹执意如此,宋廷亦不惜一战。

兴宗以为,宋廷既以厚币与契丹,明显是畏惧契丹,又何必在乎一个献字?所谓卑词厚币,正应如此。富弼则坚持,仁宗皇帝为续先朝旧好,爱惜宋辽生民,愿玉帛化干戈,并非畏惧契丹,希望辽兴宗不要误判形势。富弼敢于如此,正是心有底气。就在契丹聚兵幽燕,遣使求割关南之地前,宋廷早已然谍知此事,仁宗皇帝已经命人于境上密修边备,欲和谈不成,就与契丹兵戎相见。

因此,富弼针锋相对,坚决不肯退让。

皆大欢喜

辽兴宗见富弼如此强硬,略一思忖,退而求其次道,那就改用"纳"好了!

富弼仍坚决反对,辽兴宗顿时黑了脸:"必与寡人加一'纳'字,卿无固执,恐败乃主事。我若拥兵南下,岂不祸乃国乎?"

富弼淡淡地道:"陛下用兵,能保其必胜否?"

兴宗老老实实地道:"不能!"

富弼道:"胜未可必,安知其不败邪?"

兴宗对富弼的坚持也感到不能理解,恼怒道:"南朝既以厚币与我,'纳'

字何惜,况古有之。"

富弼仍不紧不慢地道:"自古惟唐高祖借兵于突厥,故臣事之。当时所遗,或称'献''纳',亦不可知。其后颉利为太宗所擒,岂复更有此理?"

当年唐高祖起兵,确实曾厚币卑辞向突厥称臣。但其后,突厥颉利可汗为李世民所擒,献舞于酒筵前也是史实。富弼也是实话实说。

辽兴宗无法辩驳,只好自己找了个台阶下:"我自遣使与南朝皇帝议之,若南朝许我,卿将何如?"

富弼道:"若南朝许陛下,请陛下与南朝书,具言臣等于此妄有争执,请加之罪,臣等不敢辞。"

兴宗对富弼执着于是"献"是"纳"的细枝末节感到不解,听他如此讲才面色稍霁:"此乃卿等忠孝为国之事,岂可罪乎?"

富弼辞出,指着大帐前的高山对刘六符道:"此尚可逾,若欲'献''纳'二字,则如天不可得而升也。使臣颈可断,此议决不敢诺。"

九月,契丹派枢密副使耶律仁先、礼部侍郎刘六符随富弼至宋廷,商议增币名称之事。

刘六符因使宋敲竹杠有功,已然加官晋爵。

回到汴梁,富弼抢先上表章,知会仁宗皇帝:"彼来求'献''纳'二字,臣既以死拒之,敌气折矣,可勿复许!"

最终,仁宗皇帝为求息事宁人,听从枢密使晏殊的意见,同意在国书中用"纳"字。

然而,仁宗也有自己的小九九,居然准备了两份国书、三份誓书:如果兴宗坚持和亲之议,就只有一份誓书;如果辽主不能约束西夏,那么只增十万的保护费有国书一份、誓书一份;如果辽主答应约束李元昊,那么岁币可增二十万有国书一份、誓书一份。

岁币可以有,但是不能简单地一"纳"了事。辽兴宗如果放弃关南旧地与和亲,同意增币,那么每年增加岁币十万;如果同意劝说李元昊称臣如初,另加十万岁币做酬劳。如果不能得人钱财,与人消灾,对不起,只增十万!

辽兴宗未深思其中原委,当即满口答应,同意居中说项,令李元昊重新对宋称臣。

在辽兴宗郑重其事地应允对西夏施加压力后，宋仁宗也爽快地答应在从前三十万岁币的基础上每年新增二十万。其中十万是代替关南十县地的赋税，另外十万是辽兴宗居中调停的辛苦所得。这一段历史，宋人称"庆历增币"，辽史称"重熙增币"。

其誓书曰："窃以两朝修睦，三纪于兹。边鄙用宁，干戈载偃。追怀先约，炳若日星。今绵纪已深，敦好如故。关南县邑，本朝传守，惧难依从。别纳金币之仪，用代赋税之物。每年增绢一十万匹、银一十万两，前来银绢，般至雄州白沟交割。"

辽廷则对内及对高丽等附属国下诏炫耀此番外交之胜利，自吹自擂："朕以关南十县，我国旧基，将举兵师，议复旧壤。宋朝屡驰专介，恳发重言，定于旧贡三十万两匹外，每年别纳金缯之仪，用代赋与之物，再论盟约，永卜欢和。"

相互妥协，吹散了华北上空战争的阴霾，宋辽再次迎来和平曙光。

表面上看，宋人增加岁币丧权辱国，令人不齿。实则不然，这完全是后人的偏见。面对辽兴宗的政治讹诈，宋仁宗选择了避重就轻，这样做无可厚非。宋真宗东封西祀，十余年如一日地崇道，早已掏空了国库。宋廷根本无法同时应付契丹与西夏，最明智的办法就是尽快与契丹达成谅解。

辽兴宗遣使入宋窥探宋廷虚实，初衷就是趁火打劫，并非真的准备与宋兵戎相见。刘六符在使宋途中窥知宋廷实力远在契丹之上。宋廷有意无意放出风声，透露皇太弟耶律重元与宋暗中往来。

耶律重元，本为耶律宗元，乃是兴宗同母弟。圣宗驾崩后，元妃（兴宗生母，即钦哀皇后）利用家族兄弟的权势杀了仁德皇后（齐天皇后），自己摄政。

兴宗出生后即由仁德皇后抚养，兴宗得以继位正是因养母仁德皇后的加持。钦哀后不顾兴宗阻止，杀了仁德皇后，母子二人之间产生了罅隙。重熙三年（1034），钦哀后与几个弟弟商议，打算废了兴宗，立少子宗元。十三岁的耶律宗元无意中听到密谋，偷偷告诉了兄长兴宗。

辽兴宗抢先发难，将生母钦哀后幽禁于庆州守陵，开始亲政。为了酬谢宗元，封其为皇太弟，对他宠信异常，甚至在一次酒酣耳热之后，许诺将来传位宗元。随着年纪的增长、权势的增加，耶律宗元身周出现了一批政治投机者。对这个弟弟，辽兴宗不得不加以提防。在与宋达成新的盟约后，为安抚宗元，又封其子涅鲁古为安定郡王。

道宗清宁九年（1063），耶律宗元为其妻子及群小蛊惑，兴兵作乱，叔侄双方战于滦河行宫。在群臣的帮助下，耶律洪基最终平定叛乱，耶律宗元遁入大漠，自杀身亡。因其犯上作乱，不得连御名，后世改称其为耶律重元。

这一事件，史称"滦河之变"。道宗虽然很快平灭叛乱，却导致权臣坐大。滦河之变，是契丹王朝覆亡的导火线。

兴宗选择岁币，而不是战争，毫无疑问是理智之举。

随着举国上下的儒化与崇佛，契丹人骨血中的彪悍尚武精神已然不再，兴宗也不愿意轻启战端。

最令人莫名其妙的是，富弼使还，居然有朝臣上疏仁宗皇帝："富弼奉使不了，乞斩于都市！"

富弼先后三次出使契丹，顶风冒雪，鞍马劳顿，没有功劳也有苦劳，而且二次出使时夭折了一个女儿，三次出使时家中填丁进口，生了个儿子。富弼公私无法兼顾，只好因公废私。

宋仁宗对臣下的挑拨离间不予理会，但富弼无法释怀。仁宗为赏其功，擢其为翰林学士，富弼坚辞，上奏称："增金币与敌和，非臣本志也，特以朝廷方讨元昊，未暇与敌角，故不敢以死争尔！功于何有，而遽受赏乎？"

富弼如此姿态，令政敌无话可说。

庆历二年（1042）闰九月，宋人答应增币的消息传到北地，辽兴宗大喜过望，在昭庆殿大宴群臣，奖赏有功之臣。是年，此次敲竹杠过程中表现可圈可点的刘六符知贡举。为了表达辽廷与宋和好的诚心，辽兴宗特意将宋仁宗御赐飞白书八字"南北两朝，永通和好"作为当年科举的题目。这既是对宋廷和平共处愿望的积极回应，也是对仁宗金帛换和平政策的肯定与鼓励。

与此同时，宋廷上下也载奔载欣，庆祝得之不易的和平，声称"本朝无穷兵之忿，无和亲之辱"。

对于宋人提出欲借重辽人压服李元昊之事，辽兴宗未做深思就满口答应。他心中认为只要自己金口一开，李元昊便可指麾可定。哪知事情远非那么简单，很快兴宗就为自己的草率付出了惨重的代价。

辽重熙十二年（1043年，宋庆历三年）正月，兴宗派遣同知析津府事耶律敌烈、枢密都承旨王惟吉往西夏，谕以朝廷之意，哪知李元昊"但依随而已"。

李元昊对宋廷借契丹之力施压表示不满："朝廷果欲议和，但当下谕本国，何烦转求契丹？"话虽如此，但形势比人强，李元昊暂时退兵。其使臣到了汴梁，仍然坚持称子不称臣。

李元昊向契丹称臣，向宋廷却称子。如此一来，宋与辽便无法维持平等之地位，此举令宋廷上下颜面尽失。

不久，契丹西北境上夹西部落呆家等族叛离，投附了李元昊。兴宗遣使责问，李元昊辞不报，自称西朝，谓契丹为北边，并且对外宣称清戢所管部落，所贵不失两朝欢好。

最初，西夏与契丹约定共同对付赵宋，哪知契丹言而无信，在得了大量金帛后，转而与宋结盟，来向西夏施压。年轻气盛的李元昊心下愤恨，在境上生事以表示不满。

本来是南北对峙的格局，忽地从前的小弟西夏自称西朝，想要与自己平起平坐，成鼎足而三的新局面，如今李元昊的嚣张跋扈又到达了新高度，令辽兴宗恼怒异常。

是可忍，孰不可忍，辽兴宗当即举众西伐，聚兵于云州西五百里夹山之侧（今内蒙古自治区呼和浩特市北阴山），准备教训李元昊。庆历四年（1044）六月，兴宗遣使至汴梁，知会宋廷伐西夏，其国书云："元昊负中国，当诛，今将兵临贼境。或元昊乞称臣，幸无亟许。"

契丹国书所云"负中国"，不是辜负宋廷，而是负契丹。从最初的以蕃自居，到自许中国，体现了契丹中华正统意识的觉醒。

多数朝臣主张立即下诏李元昊，命他归顺契丹。仁宗皇帝犹豫不决，令余靖出使契丹再做决定。余靖出使归来，力主即刻封册李元昊，令其无后顾之忧，全力以赴与契丹作战。

李元昊也担心陷入两线作战的窘境，庆历四年（1044）十月，主动遣使上誓表。其表云：

> 朝廷岁赐绢十三万匹，银五万两，茶二万斤，进奉乾元节回赐银一万两，绢一万匹，茶五千斤，贺正贡献回赐银五千两，绢五千匹，茶五千斤，仲冬赐时服银五千两，绢五千匹，及赐臣生日礼物银器二千两，细衣著一千匹，杂帛二千匹，乞如常数，无致改更，臣更不以它事干朝廷。

名为誓表，其实就是李元昊敲竹杠开列的清单。过生日也要宋廷送上银器二千两、细衣著一千匹、杂帛二千匹为赏赐礼物，其厚颜无耻可谓空前绝后。只要满足上述要求，则和议可成。

令人无语的是，仁宗见西夏不再坚持与宋分庭抗礼，愿意称臣，也就欣然同意了李元昊的请求，其诏曰："朕临制四海，廓地万里，西夏之土，世以为胙。今乃纳忠悔咎，表于信誓，质之日月，要之鬼神，及诸子孙，无有渝变。"

表面上，宋夏恢复了宗藩关系，实则李元昊依然故我，西夏所有事务宋廷不得插手，西夏属于完全自治。

最终，仁宗决定册封李元昊为夏国主，同时岁赐银、绢二十五万五千两匹。李元昊既可去腹背受敌之忧，又有岁赐银绢可得，岂有拒绝之理，当即欣然接受宋廷册封。

此一事件，史称宋夏"庆历和议"。李元昊在西北虽然三战三胜，但是始终未取得决定性胜利，反而因国内水灾、旱灾频发，已然无力承担巨大的战争消耗，加上宋廷停榷场，施以经济制裁，导致经济困窘。以西夏的综合实力，与宋廷周旋尚自吃力，如果同时与宋廷、契丹两大强邻为敌，只怕是亡国灭种祸不旋踵。

宋廷存了坐山观虎斗的心思，在契丹与西夏战争爆发之前，完成了对李元昊的册封。如此一来，宋与契丹、西夏皆达成和约，就有了不介入辽夏冲突的理由，避免了选边站队。历史证明，"庆历增币"挑起了契丹与西夏的矛盾与冲突，继而成功实施以夷制夷之策。

果然，一切如宋人所料，契丹与西夏大打出手。

辽兴宗亲率十万大军讨伐西夏，大军越过夏辽边境，渡过黄河长驱直入，向西夏腹地挺进。李元昊不敢大意，亲自坐镇指挥。在辽军铁骑怒潮般的冲击下，西夏军很快就溃不成军。李元昊心生惧意，开始后悔自己的草率决定。只是此刻已然势成骑虎，退无可退了。好在李元昊深谙兵法，在做了一番象征性的抵抗后，果断避其锋芒，率部退守贺兰山捕捉战机。

辽兴宗见西夏军一触即溃，勇气倍增的同时也更生轻敌之心。他不知李元昊的败退乃是诱敌，一味挥师猛进，结果数日之内再次深入西夏界百余里。

很快，辽军弊端尽显，军事进展太过顺利，后援难以为继。雪上加霜的是，李元昊针对游牧族群的作战特点，相应地制定出了坚壁清野的对策——"每退必尽焚其草莱"。

李元昊此举，直接导致了"契丹之马无所食"。担心辽军省过味来，从战场中及时抽身，李元昊再出奇招，因其退，乃许平，假意罢兵派出臣下向辽兴宗主动请降。辽兴宗不知李元昊乃是缓兵之计，只道是他见辽军势大，所以主动请降。挽回些许颜面的辽兴宗顺水推舟，决定给李元昊一个"许以自新"的台阶下。

见辽兴宗准备班师，重臣萧惠感觉难以理解：十万辽兵跋山涉水，就这样回去，岂不为天下人所笑？既来之，则安之，为今之计，莫如……

辽兴宗听从了萧惠的老成谋国之言，第二天，趁天色尚未大亮对西夏不宣而战。

李元昊面对气势汹汹袭来的契丹军，指挥若定，率军主动战略大撤退，后退三十里以避辽军锐气。萧惠率军在后穷追不舍，希望毕其功于一役。李元昊再撤，萧惠再追，一连数日，西夏军共退约百里。每次的大踏步后退，"尽赭其地，辽马无所食"。

就在辽军求战不能、人困马乏的时候，李元昊再次派手下前来主动请降。辽军上下放松戒备，李元昊率西夏军突然发起了反攻。

面对西夏精锐，辽军并没有慌乱，很快李元昊所率西夏军就陷入了辽军

第十二章 庆历（重熙）增币

重围。李元昊正在叫天天不应，呼地地不灵的时候，忽地奇变顿生，一场不期而至的沙尘暴彻底改变了战局！

黄沙漫天，狂风卷着乌云，荒凉无垠的戈壁变得天昏地暗，铺天盖地的沙尘呼啸而来。正在舍生忘死冲杀的契丹军慌了手脚，一时不知如何是好。

居于上风的李元昊暗呼侥幸，急忙乘此良机，率军展开了疯狂的屠戮。战场形势在瞬间发生了惊天逆转，契丹军乱作一团，争相逃命，唯恐落在后面死无葬身之地。

辽军大败，史称"践踏而死者不可胜计"，辽兴宗"单骑突走，几不得脱"。此战发生在今日内蒙古自治区鄂尔多斯市，所以史称"河曲之战"。

是役，辽兴宗损兵折将不说，就连女婿也成了李元昊的阶下囚，夏人缴获的辎重器物堆积如山。

河曲之战不久，李元昊主动遣使向辽兴宗请和。辽兴宗虽对李元昊恨得咬牙切齿，但新败之余，一时间无力再战，勉强答应了西夏人的请和。

担心新败会引来宋廷的轻视与嘲弄，辽兴宗故意隐瞒真相，派人在宋辽边界张榜公告，大肆吹嘘此次征西夏的战绩。哪知，好事不出门，坏事传千里，辽军被李元昊杀得"舆尸重伤者，自西相继而至"的情形，早被宋人侦知上报了朝堂。辽兴宗本想略存体面，哪知落得颜面扫地。

李元昊将部分战俘施以劓刑，向宋仁宗献俘。宋廷君臣都是熟读史书之人，岂不知他是有意嫁祸于人？宋廷将捷报收下，而拒绝接收俘虏。

"河曲之战"一举奠定了宋辽夏三国鼎立的政治格局，也成了李元昊军事生涯的巅峰之作。在战胜之后，立即不失时机地主动向辽兴宗请和，更是他政治手腕日趋成熟老练的表现。

河曲之战过后，检讨战败原因的辽兴宗不得不重新审慎对待西夏政权，重视辽夏漫长边境的防务。改云州（今山西大同）为西京，加强西南防务，是震慑西夏所采取的亡羊补牢之举。

这场契丹与西夏间的碰撞，李元昊笑到了最后。侥幸逃得性命的辽兴宗不免心惊肉跳，保持中立的宋廷君臣对战事结果也瞠目结舌。西夏的胜出虽有自天佑之的一面，但李元昊表现出的诡诈奸狡及西夏军的强悍战力委实令人生畏。

辽兴宗统军十万，本以为可以一举荡平西夏，哪知险些葬送了性命，他自然不甘失败，一直琢磨着报此仇。重熙十八年（1049）六月，辽兴宗借李元昊去世，欺负孤儿寡母，再次兴师讨伐西夏。

这一次的伐夏仍旧是兵分三路，南路萧惠为先锋，辽兴宗自统中军，北路则由西北路招讨使耶律涅鲁古率领。西夏人故技重演，坚壁清野，严阵以待。辽军深入不毛，"战舰粮船绵亘数百里"。因为萧惠自大轻敌，辽军有失备御，为西夏所乘，致使辽朝南路失败，中路退兵。只有耶律涅鲁古率领的北路军在贺兰山北与西夏军队血战，占得上风，掳获甚多，为辽廷挽回些许颜面。

再次战胜契丹来犯之军后，西夏人勇气倍增，主动出击，在边境上不断侵扰。次年二月"侵契丹，围金肃城，败绩"，三月"战于三角川，复败"。西夏人的骚扰，终于招致契丹的报复。辽兴宗命西南招讨使萧蒲奴、北院大王宜新、林牙萧撒抹等率师伐夏。五月，辽军入夏境，兵围西夏都城兴庆府，纵军大掠而还。六月，契丹军又攻破西夏位于贺兰山西北的储粮之地"摊粮城"，尽掠而还。

此后，辽与西夏展开漫长的议和之路，直到重熙二十二年（1053），辽兴宗才同意西夏请降。次年十月，西夏主李谅祚遣使进"誓表"。至此，双方议和基本完成，再次建立宗藩关系。

三次辽夏战争，契丹损兵折将，大量人员物资损失。巨大的战争消耗，使国内经济紧张，史称"契丹自西征败衄，山前后困敝殆甚"。虽然最终迫使西夏俯首称臣，契丹却已不可遏制地开始衰败，道宗继位后更是国内灾害频发，东北女真崛起，西北阻卜连叛。

而连年战争，同样令本来脆弱的西夏经济雪上加霜。双方虽然议和，但猜忌已深，再也无法回到从前联合制宋的蜜月期，契丹与西夏陷入长期冷战。

而宋廷在经历了熙丰年间的变法图强后，国力上升，开始主动出击，重新启动了对西北地区的战略部署。到了宋徽宗时，最终决策失误，联金抗辽，引狼入室，导致了汴梁陷落，二帝北狩。究其原因，或者与背叛澶渊盟誓，忘记了"有渝此盟，不克享国"的誓词有关。

后　记

"人事有代谢，往来成古今"，光阴荏苒，宋与契丹订立"澶渊之盟"距今已有一千多年。

一切历史都是当代史，回顾"澶渊之盟"这段历史，仍有现实之意义。

"澶渊之盟"，究其本质，实则为辽宋双方在势均力敌，谁也无法取得绝对优势情况下的必然结果。盟约虽然表面维持了和平，但对于有志于建立大一统的宋与辽来讲，一切只是政治新博弈的开始。

在"天无二日，民无二主"的封建中国，宋辽并立、和睦相处只能是一种暂时状态。辽圣宗对高丽连年用兵，继而与党项人争夺河西走廊的控制权，皆是为打破辽宋均势所做的努力。文化、经济先天不足，只有凭借武力征服来弥补。在宋真宗东封西祀的时候，他所能做的就是与宋展开藩属国的争夺，树立中原正统的权威。

四次征讨，高丽拒绝还六城，更绝口不提亲朝之事，但同意奉契丹正朔，复行契丹年号时，辽圣宗仍痛快地答应了高丽显宗的请和。与高丽从此与宋断绝往来四十余年相较，损兵折将又算得了什么，他在意的只是四海归心而已。

究竟是称辽帝国，还是称契丹帝国，这是个令契丹统治者十分纠结的问题。辽圣宗受儒家文化浸润，坚定不移地对高丽用兵，正是欲与"岛夷"划清界限，将其强行纳入大一统四夷畏服的朝贡体统。

然而宋人东封西祀，精神文化方面完胜契丹，辽圣宗不得不再次动起染指河西走廊的心思。

打破宋辽政治平衡的，是西夏李元昊政治势力的崛起。年轻气盛的辽兴宗并不满足"澶渊之盟"后宋辽平分天下的现状，他"欲一天下，谋取三关"，试图超越其父的政治成就。因此，趁宋夏交战的良机，挑起事端索取晋阳及关南十县地。事情最终以宋廷的让步解决，这是辽廷在战略相持阶段谋求主动的一次巨大成功。被胜利冲昏头脑的辽兴宗决定再接再厉，出手教训一下麻烦制造者李元昊。

西夏对宋三战三胜，令辽王朝如芒在背，而西夏对辽从中渔利且试图扼制西夏发展壮大的行为也感到愤怒。双方最终兵戎相见，而宋廷明智地选择了作壁上观。

西夏游离、依违于宋与辽两大政权之间，在宋辽的姑息纵容之下逐渐壮大。此前，辽廷在宋夏摩擦中始终扮演调停者，获得最大利益。如果听任李元昊势力坐大，南北并峙将变为三足鼎立之势，显然这是不符合契丹王朝国家利益的。允许西夏政治势力存在，但必须将其控制在可控范围，因此，辽国对西夏用兵也就成了必然。

虽然屡战屡败，但辽兴宗越挫越勇，锲而不舍，直到西夏李元昊表示屈服，这才收兵，双方恢复宗藩关系。当宋夏发生战争时，辽又积极介入，帮助西夏摆脱窘境。

辽兴宗去世后，契丹王朝步入快速衰落时期。耶律洪基、耶律延禧在位时，朝堂之上内斗频繁，女真、阻卜各部族叛乱纷起，辽廷顾此失彼，宋廷的背盟加深其统治危机，辽国终于亡于女真。

而幽云十六州、关南故地这些历史遗留问题，又成了宋金交恶的导火线。宋徽宗、钦宗父子政治智慧不足，无法妥当处置，只知因循守旧，希望通过赎买来收复幽云故地。结果导致女真南下，汴梁陷落，北宋覆亡。

读史至此，令人心中五味杂陈。

对于"澶渊之盟"这段历史，宋人如此认为："不言兵而天下富！"

在付出一笔数额不菲的金帛之后，宋廷偃武修文，天下大治；而契丹"自澶渊之盟后，岁省用兵之费，国享重币之利"，无须战争即有所得，辽国自然十分珍惜这得之不易的局面。但中原地域辽阔、人口繁多，最是劲敌，对此契丹上下也有清醒之认识。契丹征高丽、讨回鹘、伐西夏，接二连三地作战不力，既与其崇佛佞佛导致马步军作战力下降有关，也与需要留下大量精锐人马防范宋廷有可能发动偷袭有关。

因此，辽兴宗在宋夏交兵之际展开政治讹诈，也是情理之中。在国家利益面前，所谓盟约，不过是一张薄薄的纸而已。

或者，有人对契丹"国享重币之利"的政治短视心下鄙之，认为不过区区三十万金帛，就让他们心满意足，是否太过鼠目寸光。这种观点不值一驳，如果搞清楚银十万两、绢二十万匹，在一千年前的价值是多少，相信就不会有这种认识了。

唐末宋初，白银是商品而不是货币，而钱则只有铜钱与铁钱两种。白银的商品价值所在，是因为它可以轻松地与茶、盐、香料、矾、犀角、象牙等物互换。白银的货币性增强，大概是与中亚各民族贸易往来的影响所致。唐时，从西域市马充作货币的除了白银就是绢帛。

> 阴山道，阴山道，纥逻敦肥水泉好。
> 每至戎人送马时，道旁千里无纤草。
> ……
> 合罗将军呼万岁，捧授金银与缣彩。
> 谁知黠虏启贪心，明年马多来一倍。
> 缣渐好，马渐多。阴山虏，奈尔何。

白居易的这首《阴山道》讲的便是回鹘卖马给唐廷的往事。

至宋代，绢仍然可以充作货币参与各种贸易，甚至可以充作俸禄及赏赐。契丹与宋廷订立"澶渊之盟"所商定岁币为银十万两、绢二十万匹，便是基于此。

"澶渊之盟"签订时，一匹绢的价格与一两银价大约等值。宋太宗太平兴国年间一匹绢价格为一千文，到了宋哲宗元符年间约为一千三百文，一百多年间涨了不过三百文。而银价则在宋真宗在位时，价格开始一路狂飙，咸平年间，每两白银八百文左右，景德年间则涨至千文上下，大中祥符年间突破千文,甚至达到了一千六百文,是咸平年间的两倍。

景德之前,宋廷赐河东戍卒银,当然,所谓赐银,不会真的给银子,不过是以银两为单位。当时,每两按七百五十文作价。倘若算上层层盘剥,拿到士卒手中究竟有多少只有天晓得了。直到景德四年(1007),宋廷才不得不将折钱的数量提高至一千文。如此养兵,宋军战斗力不济也就不足为奇了。

宋廷能拿出十万两白银、二十万匹绢对契丹谋求和平绝对是满满的诚意。相信,辽圣宗是有感觉的。

宋真宗天禧年间,国库收入白银为八十八万三千九百余两,此时"澶渊之盟"已过去了十余年。又经历二十多年和平发展,宋仁宗皇祐(1049—1053年)中,坑冶岁得银二十一万九千八百二十九两,创造了有宋一代银课新纪录。按宋白银矿冶业"二八抽分"制可知,在时隔近四十年后,宋廷白银年产量方达到一百万两。据此可知,宋真宗拿出的十万两白银占其岁入白银的很高比例了。如果不是寇准拦阻,曹利用遵照赵官家圣谕去辽营,宋廷至少需要用年入白银的半数来换取和平。

宋真宗时,白银五十两为一铤。"澶渊之盟"宋给辽白银十万两,需要将两千铤白银运至雄州交割。

如此本钱换来的和平,自然需要精心维护了。

宋代绢以"匹"来度量。北宋对绢的宽度、长度、重量等沿袭后周制度,规定"公私织造并须幅广二尺五分,民所输绢匹重十二两,疏薄短狭、涂粉入药者禁之。河北诸州军重十两,各长四十二尺"。

真宗朝每匹绢的价格在千钱左右,与白银价格大致相等。有宋一代财政收入中绢帛的数量仅次于钱币(含铜钱、铁钱、楮币),粮食居第三位,其数量往往达到数百万或上千万匹。宋太宗至道三年(997)时,全年"绢三百三十三万三千余匹,绅(同绸)九十万三千余匹";宋真宗天禧末年则为"绢一百五十五万二千余匹,绅九百四十一万五千余匹",总支出"银五十八万余两","绅七十六万四千余匹,绢四千一百七十三万七千余匹"。

生产相对容易,宋时绢的产量远超过白银。

宋朝支给辽、夏、金的岁币以银、绢为主。给辽的岁币起初是银十万两、

后 记

绢二十万匹，庆历二年（1042）增为银二十万两、绢三十万匹。宋给夏的岁币（岁赐）为银七万二千两、绢十五万三千匹。

令人不解的是，双方国书中竟然对绢的质量没有任何标注或说明。撇过绢的疏密、重量、多少不谈，绢因产地不同其价格也存在差异。此外，新陈之间、生熟之间等都有着价格差异。

契丹笑纳了宋人奉上的银绢后，银子留下，部分绢自用，其余自然会通过贸易卖至中亚西亚地区。虽然双方龃龉不断，但辽人对宋人绢的品质仍给予了充分之信任。

"澶渊之盟"订立后，宋廷奉上的三十万金帛究竟价值几何？

彼时，一匹马值两万五千钱至三万钱，约合二十五两白银或二十五匹绢。三十万，可以购买一万两千匹良马甚至更多。

马匹属于战略管控物资，似乎与寻常百姓关系不大，那么普通百姓日常消费又如何呢？

宋初，米价每斗约为二十文，一两白银或一匹绢可以换得五十斗米。按宋制十斗为一石，一石为一百二十斤。五十斗为五石，即一两白银或一匹绢可以换六百斤米。宋廷岁币如果换作粮食，就是近两亿斤、二十万吨的样子。

按宋真宗时期全国户数为四百万计，每户五口人计，赵宋人口约为两千万人。每人一天消耗米一斤的话，二十万吨足够全体宋人吃十天的了。而同时期契丹全国总人口不过三百万人，这些米足够契丹人吃两个月有余了。

宋廷普通百姓维持每日所需最低标准又如何呢？

宋神宗元丰时，苏轼在乌台诗案后谪居黄州，在《答秦太虚书》中谈到了日用开支情况。他说："初到黄，廪入既绝，人口不少，私甚忧之。但痛自节俭，日用不得过百五十，每月朔，便取四千五百钱，断为三十块，挂屋梁上，平旦，用画叉挑取一块，即藏去叉，仍以大竹筒别贮，用不尽者，以待宾客……"此时，苏轼囊中羞涩，日常支出全靠积蓄与友人资助，花钱自然要精打细算。日用百五十钱，以此推断，当时月支出四千五百钱，至少可以维持一家十余口人的温饱。

苏轼在黄州呼朋唤侣，泛长江吊赤壁，游山玩水羡煞后人，一月所需不过区区四两多银子。

这个时候的斗米价格已然是宋初的两倍，为四十文左右。与此同时的两浙地区，民输绢匹费钱一贯二三百文足。据此可知，普通百姓生活所需较宋初略有增长。宋真宗时，一家五口的百姓家庭每月二千钱足矣，即二两白银或两匹绢。

与契丹岁币，至少可以让十五万户大宋普通家庭过三十天衣食无忧的日子。如果换成一天，则是四百五十万户家庭，全体大宋子民一日生活所需不过如此。

十万白银、二十万匹绢的岁币，宋廷确实是诚意满满。

为了方便契丹使节友好往来，宋真宗特置国信司主其事。辽圣宗亦投桃报李，设通事主之，并于燕京设会同馆，专门用于接待宋使。

"澶渊之盟"后，双方经济文化展开多方位交流，第二年，契丹就在涿州、新城、朔州、振武军等地设立榷场。宋廷则于雄州、霸州、安肃军（从前称静戎军）、广信军设置榷场，互通有无。宋辽双方于榷场互派官员监督贸易，征收赋税。自设立榷场以来，商旅辐辏，交易额动辄百万，极大促进了宋辽经济文化的交流。

《宋史·食货志》载，天圣中，知雄州张昭信请岁会入中金钱。仁宗表示："先朝置互市以通有无，非以计利。"

按宋仁宗所言，则宋廷在边境设立榷场只为弭患、绥边，似乎未考虑过从中获利。但依宋徽宗所云"盖祖宗时赐予之费，皆出于榷场。岁得之息，取之于虏而复之予虏，中国初无毫发损也"。

两个赵官家所言虽有为先人夸饰隐讳之嫌，但至少说明宋廷给契丹岁币几乎毫无压力。

保守估计，双方榷场贸易额每年都在一百五十万两匹之上，如此，每年收取赋税当在十五万左右，通过榷场贸易，宋廷至少节约了过半的岁币。这个数字尚不包括屡禁不止的巨额走私贸易。

宋人在榷场贸易中所获颇丰，辽廷如何不知？

其实，他们也在闷声发大财。史载，契丹人也通过榷场，将"赢老之羊及皮毛，岁易南中绢，彼此利之"。契丹人将国中无法越冬的瘦羊老羊，全运至榷场换了宋人所产绢帛。每年，宋人在榷场购买辽人羊数万只。单是买羊一项支出，"公私费钱四十余万缗"。

大宋百姓对美食的渴求太过热忱，辽人必须小心翼翼保持榷场贸易繁荣。

宋辽互通有无，各取所需，是双赢。在赵官家看来，榷场贸易完全是"以我所不急，易彼所珍藏"，乃是稳赚不赔的生意。契丹统治者又何尝不是如此认识？

如果可以通过平等贸易的方式获得所需生产物资，又何必非要杀个你死我活？毕竟，战争需要投入更多，甚至会有得不偿失的后果。

近代启蒙思想家严复曾云："研究人心政俗之变，则赵宋一代历史，最宜究心。中国之所以成为今日现象者，为善为恶，姑不具论，而为宋人之所造就，什八九可断言也。"

的确，撇开近百年来华夏文明与西方文化的冲突不提，如果寻找中国文化之根源，无论是渊源、推因、穷变、究委，无疑非赵宋三百余年历史莫属了。

前哲陈寅恪认为"华夏民族之文化，历数千载之演进，造极于赵宋之世"。然而，华夏文明如何造极于赵宋之世？两宋政俗人心、社会现象、意识形态又是如何影响近代中国的？这一切都需要深究，历史是一面镜子，我们不能只看到其光鲜亮丽的外表，而对其消极丑陋的部分视而不见。

无法否认，宋是一个承前启后的伟大时代。其文化杂然赋形，诸如批判精神、怀疑精神、创造精神、开拓精神、实用精神、内求精神、兼容精神、会通精神皆值得称道追崇，但其崇文抑武的国策也需要后人反思，包括由此衍生出的保守、妥协、委曲求全更需要批判扬弃。

"澶渊之盟"是宋辽势均力敌的产物，极大促进了民族间的融合与经济繁荣，是值得肯定的。正是有了难得之和平局面，千年前的中国才迎来了蓬勃之发展。但它所形成的一味之妥协、弹性外交、金帛换取和平的思维方式需要后人认真反思。

"打得一拳开，免得百拳来"，和平不能靠乞求与他人的良心发现。积极整军备战，才能最大可能地避免战争。偃武修文等于包羞忍辱，崇文尚武才是王道。

"澶渊之盟"后，双方各自进入高速发展繁荣期。宋廷最应该做的是全力对付西夏党项人，而不是迁就姑息，养痈遗患，最终不可收拾。

倘若据有西北，夺得河西走廊控制权，宋廷无后顾之忧，对付契丹进退自裕，可立于不败之地。

可惜，历史不能假设。到宋徽宗时，宋廷上下再次掀起崇道狂潮，与此同时，契丹国中则一如既往痴迷于佞佛，因此，宋辽携手走上了覆亡的不归路。

而这一切，全是建立在"澶渊之盟"的基础上。

绍兴十一年（1141）南宋和金朝签订"绍兴和议"（也称"皇统和议"），和议的主要内容是：南宋向金称臣，南宋皇帝必须由金朝皇帝册封；双方以淮水中流为界，西有唐（今河南唐河）、邓（今河南邓州）二州，割属金国。自邓州西四十里并南四十里属邓州，其四十里外并西南地区归属宋朝的光化军；南宋每年向金贡献银二十五万两，绢二十五万匹，每年春季差人运送至泗州向金人交纳，称"岁贡"。

南宋虽然是一个主权国家，却被迫称臣，主持和议的宋高宗赵构、秦桧也背负了千载骂名。

其后，金海陵王完颜亮撕毁和议率数十万大军南侵，采石一战身死名灭为天下笑。然而，南宋的北伐也因符离之溃而终告失败。金世宗初继位，统治亦不稳定，宋廷则在战败之后，投降势力重新抬头，宋孝宗无奈，被迫接受金世宗提出的和议。和议内容与"绍兴和议"大体相同，宋金两国疆界并无改变，只是岁币减少到银二十万两，绢二十万匹，称臣改为称侄，皇帝也不再由金朝册封。

此一事件，史称"隆兴和议"。与"绍兴和议"相较，宋廷地位大幅提高。

到了宋宁宗在位时，韩侂胄出兵北伐惨遭失败，金廷提出必须要韩侂胄首级才同意议和。最终，礼部侍郎史弥远等人发动政变，斩杀韩侂胄，将其函首送予金国，宋金达成和议。和议内容更为屈辱不堪：岁贡从此增加到银三十万两，绢三十万匹，两国关系由叔侄降为伯侄。令人扼腕的是，南宋因战败须支付战争赔款三百万贯。

抛开南宋对金廷三次和议的是与非，显然，南宋选择以金帛换取和平的思维模式与北宋契丹订立"澶渊之盟"是一脉相承的。"澶渊之盟"，亦影响了宋金关系的发展。